雷电监测与防护技术丛书

防雷装置与器件

郭在华　刘　俊　覃彬全　常　越　著

电子工业出版社
Publishing House of Electronics Industry
北京·BEIJING

内 容 简 介

雷电防护装置是一个综合的防护系统，它包括外部防雷装置与内部防雷装置。为了加深技术与施工人员对防雷装置与器件的了解，本书从材料与器件的角度来详细介绍防雷工程中用到的材料、工艺、装置及各类防雷电子元器件。本书共 8 章，第 1 章防雷技术基础，为入门者提供雷电及雷电防护的基础知识；第 2 章防雷装置的材料与工艺，介绍了防雷工程中用到的金属与非金属材料；第 3 章介绍金属材料的加工与处理，让读者了解在加工防雷部件的过程中常用到的切削、防腐、连接、镀层等工艺；第 4 章介绍外部防雷装置的设计与制作方法、材料选择、安装应用等；第 5 章主要介绍过电压保护器的发展、种类及性能参数；第 6 章介绍应用于低压系统的防雷电子元件，从元件的结构、原理、性能指标、应用等方面进行详细描述；第 7 章介绍应用于低压系统的电涌保护器，如电源 SPD、信号 SPD 及天馈线 SPD 的原理、结构、性能与安装应用等；第 8 章介绍三相串联型电源防雷箱的设计过程。

本书力求从新的角度来完善防雷工程与技术人员的知识结构，增加读者对防雷材料与器件性能的认识，从而提高防雷工程设计与施工水平。本书可作为高等院校防雷相关专业的教材，也可作为从事防雷工程设计、施工、检测、管理、建筑电气系统设计等人员的技术参考书或专业培训教材。

未经许可，不得以任何方式复制或抄袭本书之部分或全部内容。
版权所有，侵权必究。

图书在版编目（CIP）数据

防雷装置与器件 / 郭在华等著．—北京：电子工业出版社，2017.9
（雷电监测与防护技术丛书）
ISBN 978-7-121-28731-2

Ⅰ．①防… Ⅱ．①郭… Ⅲ．①防雷设施—高等学校—教材 Ⅳ．①TU895

中国版本图书馆 CIP 数据核字（2016）第 204118 号

策划编辑：李　敏
责任编辑：李　敏　　特约编辑：刘广钦
印　　刷：北京七彩京通数码快印有限公司
装　　订：北京七彩京通数码快印有限公司
出版发行：电子工业出版社
　　　　　北京市海淀区万寿路 173 信箱　邮编 100036
开　　本：787×1 092　1/16　印张：15.5　字数：348 千字
版　　次：2017 年 9 月第 1 版
印　　次：2024 年 4 月第 5 次印刷
定　　价：59.00 元

凡所购买电子工业出版社图书有缺损问题，请向购买书店调换。若书店售缺，请与本社发行部联系，联系及邮购电话：（010）88254888，88258888。
质量投诉请发邮件至 zlts@phei.com.cn，盗版侵权举报请发邮件至 dbqq@phei.com.cn。
本书咨询联系方式：010-88254753 或 limin@phei.com.cn。

前言

雷电灾害已经成为电子信息社会的一大公害，随着电子与电气设备的广泛应用，全社会对雷电灾害的认识与应对能力得到了极大的提高，"防雷"已经被社会公众接受。在传统的雷电防护技术中，人类把注意力放在直接雷击防护上，认为雷电的防护只要安装一支避雷针（接闪杆）即可，这种方法在我国的历史文献中与古建筑上可以找到久远的佐证，即人类的直接雷击防护能力和水平在一千多年前已经不可小觑。富兰克林通过风筝试验及对雷电的认识，让这种雷击防护方法变成了一种可以规范的技术手段，让人类对雷电的认识上了一个新台阶，人类从此进入了富兰克林避雷针时代。

远程电力的输送使得雷电灾害出现了新的形式，即不以直接接闪伤害为特征的雷击事故开始出现。雷电在闪击过程中，以不同形式向周围三维空间泄放能量，电、磁、光、声、热等都是雷电能量的体现。由于闪电的瞬发性，各种形式的能量都在极短的时间内以极端的形式出现，因此几乎每种形式的能量泄放都会造成雷电灾害。我们通常遇到的雷电灾害仅是电流触及物体形成的，也就是所谓的直接雷击。因此，当雷电灾害的承受对象不断增加，并且对雷电各要素的敏感性发生变化时，多种多样的雷电灾害便出现了。例如，输电线路对雷电电磁场的感应电压不能忽视，此时雷电防护的手段与方法便不再局限于接闪器，而需要通过新的装置来完成雷电过电压的防护，因此，高压避雷器开始出现。

电子信息技术的发展，使得众多的电子系统进入千家万户、各行各业。全社会每年数以亿元计的雷电灾害损失来自低压电气系统与电子系统的雷电灾害损失。电子信息系统的雷电防护已经成为目前防雷领域最为紧迫的任务之一，也促使防雷技术向精细化防护的方向发展。

另外，雷电防护技术总是与材料的进步和器件性能的提升紧密联系在一起的。不同的防护对象需要不同的防护方案，当技术方案确定时，选择和使用合适的防雷装置，就成为防护系统成败的关键。

本书从材料与器件的角度来描述在防雷工程中如何合理、正确地选择和使用各种防雷器件和材料，达到安全可靠、技术先进、经济合理的防护目的。由于编者水平限制，书中不妥之处甚至错误在所难免，敬请在阅读过程中批评指正。

作　者

2017 年 3 月

目 录

绪论 ··· 1

第1章 防雷技术基础 ·· 3

  1.1 概述 ··· 3
      1.1.1 机械时代雷电防护技术 ·· 6
      1.1.2 电气时代防雷技术 ·· 7
      1.1.3 电子信息时代防雷技术 ·· 8
  1.2 雷电流的特性 ··· 11
      1.2.1 雷电流工程模型 ·· 11
      1.2.2 雷电通道底部电流模型 ·· 14
      1.2.3 闪电的电荷量 ·· 16
      1.2.4 雷电波频谱 ·· 16
      1.2.5 闪电的分类 ·· 16
  1.3 雷电的气候特征参数 ··· 16
  1.4 我国的雷电活动规律 ··· 17
      1.4.1 我国的雷电分布特征 ·· 17
      1.4.2 雷击的选择 ·· 18

1.5 雷电的危害···19
    1.5.1 直击雷的破坏作用···20
    1.5.2 雷电电磁脉冲的破坏作用···21
    1.5.3 雷电危害的新变化···22

第2章 防雷装置的材料与工艺···23

2.1 材料的分类与性能···24
    2.1.1 材料的分类··24
    2.1.2 材料的性能··25

2.2 金属材料···25
    2.2.1 金属的物理性能···26
    2.2.2 金属的化学性能···29
    2.2.3 金属的力学性能···30
    2.2.4 金属的工艺性能···33

2.3 金属的相···36
    2.3.1 金属的晶体结构···37
    2.3.2 合金的结构及相图···38

2.4 防雷工程中的非金属材料··41
    2.4.1 绝缘材料··41
    2.4.2 常用绝缘材料···42
    2.4.3 导线的绝缘···43
    2.4.4 导线连接处的绝缘处理··44
    2.4.5 常见的安装材料···46

第3章 金属材料的加工与处理···47

3.1 冷镀···47
3.2 热镀···50
3.3 连接···52
    3.3.1 焊接··52
    3.3.2 搭接··54

目 录

- 3.3.3 铆接 ··········· 55
- 3.3.4 螺栓连接 ··········· 55
- 3.3.5 螺纹连接 ··········· 56
- 3.4 防腐处理 ··········· 57

第4章 外部防雷装置 ··········· 61
- 4.1 接闪器 ··········· 61
  - 4.1.1 接闪器工作原理 ··········· 61
  - 4.1.2 接闪器防护范围设计 ··········· 62
- 4.2 接闪杆风荷载影响 ··········· 68
- 4.3 接闪器制作 ··········· 69
  - 4.3.1 接闪器材料 ··········· 69
  - 4.3.2 接闪器规格要求 ··········· 72
  - 4.3.3 利用金属屋面与金属构件作接闪器 ··········· 75
- 4.4 接闪杆制作与安装 ··········· 76
  - 4.4.1 接闪杆的分段设计 ··········· 76
  - 4.4.2 接闪杆的连接 ··········· 78
  - 4.4.3 接闪杆的安装 ··········· 78
- 4.5 引下线及断接卡 ··········· 83
  - 4.5.1 引下线 ··········· 83
  - 4.5.2 引下线敷设 ··········· 85
  - 4.5.3 断接卡 ··········· 87
- 4.6 均压环 ··········· 88
  - 4.6.1 雷电侧击及其防护 ··········· 88
  - 4.6.2 均压环及其安装 ··········· 89
- 4.7 屏蔽体 ··········· 91
  - 4.7.1 屏蔽 ··········· 91
  - 4.7.2 屏蔽措施 ··········· 95

4.8 等电位连接导体 98
4.8.1 等电位连接 98
4.8.2 等电位连接导体的材料 99
4.8.3 等电位连接实施 105
4.9 接地装置 106
4.9.1 接地电阻 106
4.9.2 接地体 106
4.9.3 均匀土壤中接地体的工频接地电阻计算 107
4.9.4 人工接地体的接地电阻 108
4.9.5 自然接地体 111
4.10 冲击接地电阻 111
4.10.1 接地的冲击效应 112
4.10.2 接地体的有效长度 112
4.10.3 冲击接地电阻的计算 112
4.10.4 接地体材料选择 113
4.10.5 接地装置设计 117
4.10.6 接地装置的安装 118
4.10.7 接地体的焊接 120
4.11 降阻剂 121
4.11.1 降阻剂的降阻机理 121
4.11.2 降阻剂的分类和应用 123

第5章 过电压保护器 125
5.1 工作原理 126
5.2 伏秒特性与工频续流 127
5.3 电力避雷器分类 127
5.3.1 保护间隙 128
5.3.2 排气式避雷器 128
5.3.3 阀式避雷器 129

5.3.4	特殊场所中使用的避雷器	130
5.3.5	直流避雷器	131
5.3.6	氧化锌避雷器	132

5.4 避雷器的电气性能 ... 132

第6章 防雷元器件 ... 134

6.1 放电间隙 ... 135

6.2 陶瓷气体放电管 ... 139
    6.2.1 结构组成 ... 139
    6.2.2 响应特性 ... 140
    6.2.3 电气使用 ... 142

6.3 玻璃放电管 ... 143

6.4 金属氧化物压敏电阻器 ... 144
    6.4.1 氧化锌压敏电阻工作原理 ... 147
    6.4.2 压敏电阻的失效 ... 148
    6.4.3 氧化锌压敏电阻的主要技术参数 ... 148
    6.4.4 压敏电阻的优点 ... 152
    6.4.5 压敏电阻使用 ... 152

6.5 导通型半导体避雷器件 ... 153
    6.5.1 工作原理 ... 153
    6.5.2 应用场合 ... 154

6.6 稳压型半导体器件 ... 155
    6.6.1 基本原理 ... 155
    6.6.2 瞬态电压抑制二极管 TVS ... 157
    6.6.3 稳压型半导体器件的应用 ... 159
    6.6.4 TVS 选型总结 ... 161

6.7 熔断电阻 ... 161
    6.7.1 熔断电阻分类 ... 162
    6.7.2 保险管、熔断器 ... 164
    6.7.3 空气开关 ... 164

6.8 自恢复保险丝（PPTC） ... 165
6.9 晶闸管 ... 166
    6.9.1 晶闸管的工作原理 ... 167
    6.9.2 晶闸管的种类 ... 167
6.10 隔离变压器 ... 167
    6.10.1 基本原理 ... 167
    6.10.2 应用方法 ... 168
6.11 光电耦合隔离器 ... 169
6.12 去耦器 ... 170

第7章 电涌保护器 ... 171

7.1 电涌保护器的分类 ... 173
7.2 SPD 性能参数 ... 176
7.3 SPD 选用 ... 178
    7.3.1 SPD 的选择 ... 179
    7.3.2 SPD 失效时的安全性 ... 180
7.4 SPD 模块 ... 181
    7.4.1 外壳 ... 181
    7.4.2 接线端子 ... 182
    7.4.3 连接导体 ... 182
    7.4.4 SPD 中的电动力问题 ... 183
    7.4.5 电气间隙和爬电距离 ... 183
    7.4.6 灌封材料 ... 183
    7.4.7 SPD 结构的冲击验证试验 ... 184
    7.4.8 安全性 ... 184
    7.4.9 SPD 过热脱离器 ... 184
    7.4.10 SPD 的状态指示 ... 185
    7.4.11 MOV 漏电流持续增大的原因 ... 186
7.5 防雷箱 ... 186

7.6 信号网络的电涌保护器······188
7.6.1 信号 SPD······188
7.6.2 信号 SPD 选择······189
7.7 电源 SPD 的分类······190
7.7.1 A 级 SPD······191
7.7.2 B 级 SPD······192
7.7.3 C 级 SPD······193
7.7.4 D 级 SPD······193
7.8 电源 SPD 保护模式······193
7.8.1 TN-S 电力接地系统安装 SPD······195
7.8.2 TN-C 电力接地系统安装 SPD······196
7.8.3 TN-C-S 电力接地系统安装 SPD······196
7.8.4 TT 电力接地系统安装 SPD······197
7.8.5 IT 电力接地系统安装 SPD······197
7.9 电源 SPD 保护模块的内部结构······198
7.9.1 压敏电阻模块······198
7.9.2 气体间隙模块······200
7.9.3 压敏电阻与间隙串联组合模块······201
7.9.4 压敏电阻与间隙并联组合模块······201
7.9.5 压敏电阻与半导体管并联组合模块······202
7.9.6 二次保护式压敏电阻模块······202
7.10 电源 SPD 组合结构······203
7.10.1 单级并联 SPD······203
7.10.2 多级并联 SPD······204
7.10.3 多级串联 SPD······205
7.11 信号 SPD 模式及结构······206
7.11.1 信号 SPD 的保护模式······207
7.11.2 信号 SPD 的结构与电路设计······207
7.11.3 信号 SPD 的参数要求······211

7.12 天馈线 SPD ·· 213
  7.12.1 天馈线 SPD 的设计要求 ·· 213
  7.12.2 天馈线 SPD 的分类 ·· 215
7.13 低压电涌保护器 SPD 的安装 ··· 215
  7.13.1 电源 SPD 的安装 ··· 215
  7.13.2 信号 SPD 的安装 ··· 219
  7.13.3 天馈线 SPD 的安装 ·· 221

第 8 章 三相串联型电源防雷箱的设计 ·· 222

8.1 热脱离机构原理 ··· 223
8.2 压敏电阻的选型及配置 ·· 224
  8.2.1 两级通流容量的配置 ·· 224
  8.2.2 压敏型号的选择 ·· 224
  8.2.3 压敏芯片配对 ··· 224
8.3 热脱离机构设计 ··· 225
  8.3.1 脱扣弹片材料的选择 ·· 225
  8.3.2 脱扣弹片上的热传导分析 ·· 226
  8.3.3 脱扣弹片结构设计 ··· 227
  8.3.4 低温焊锡的选择 ·· 228
  8.3.5 热脱离结构整体设计 ·· 229
8.4 去耦装置设计 ·· 230
8.5 防雷箱电路设计 ··· 230
  8.5.1 主电路设计 ·· 230
  8.5.2 辅助电路设计 ··· 231

绪 论

雷电是一种自然大气放电现象，雷电有时也会造成自然灾害。雷电灾害的范围和表现形式在人类社会发展过程中也在不断发生变化，与此同时，雷电科学与防护技术在人类认识雷电、抵御雷电灾害的过程中也不断得到发展。

全球每一时刻大约有 2000 个地点遭遇雷暴，平均每天发生约 800 万次闪电，每次闪电在微秒级的瞬间释放出约 55kWh 的能量。我们生存的环境既被动地接受自然灾害的侵袭，又主动地为灾害的形成和发展提供条件。从久远的过去开始，雷电就对人类、自然资源和人类创造的物质文明构成巨大的威胁。例如，森林火灾有 50% 以上因雷电引发；人们居住生活的建筑物屡遭雷击破坏；电力、石化等工业设施常因雷击而发生灾难性事故。不难看出，雷电灾害的范围随着社会经济发展而扩大，其表现形式随其范围扩大而复杂。

信息、生物、海洋、航天、能源、材料等高技术的崛起促进了社会生产力的迅速发展。作为信息技术的基础，微电子技术具有很好的发展态势和巨大的影响，雷电或更确切地说伴随雷电产生的雷电电磁脉冲（LEMP）对微电子设备存在着严重的潜在不安全性。这是因为微电子设备只耐低压，对电磁脉冲特别敏感。因此，当现代社会越来越依赖通信、电子、计算机等微电子设备时，雷电通过其对微电子设备的破坏作用影响到高技术的应用，其灾害影响可能波及千家万户和社会经济生活各个方面。直接雷击的声、光、电、磁、热等现象同时发生，可击毁其周边的建筑物、生命与财产。因此，LEMP 是现代雷电灾害最显著的特征，也是防雷技术最需要解决的重要课题之一。

防雷装置（LPS）的基本功能是保护生命和财产免遭雷电灾害或减小这种灾害的程度。经过 200 多年的探索和实践，人们得出这样一个基本结论：实现雷电防护的基本途径是提供一个使雷电（包括雷电电磁脉冲）对地泄放的合理路径，而不是任其随机地选择放电通道，其含义是控制雷击能量的泄放或转换。

按照防雷区的划分，防雷装置可分为外部防雷装置（ELPS）和内部防雷装置（ILPS）两类。一般而言，建筑物防直击雷击可归为外部雷电防护；而雷电电磁脉冲（LEMP）的防护可归为内部雷电防护。通常 ELPS 和 ILPS 并非是相互独立的，若建筑物所处的空间、地理环境和其内部各种电气电子及机械设备不同，则所需要的 LPS 往往也不同。这里不仅仅是运用系统工程方法的问题，还存在科学管理和部门之间通力合作的问题。

防雷系统的设计应根据建筑物的性质、结构和用途综合考虑接闪、分流、均压、屏蔽、接地和布线等因素，并适当考虑经济、美观因素。接闪杆（线、带、网）是常用的建筑防雷装置，现代高层建筑多采用暗装笼式防雷结构，符合经济、美观的原则。一般建筑物没有严格的屏蔽要求，做屏蔽的目的是电子设备对 LEMP 防护的需要，屏蔽的有效性还取决于电源线、天馈线、信号线接口的防护措施，需要专门设计和施工。

防雷设计首先要弄清楚雷电波或 LEMP 可能进入的路径，如天馈线路、网络信号线路、电源线路及接地线路等；其次要合理布线，采取屏蔽、阻断等措施。在电子系统建设时同步考虑 LPS 的建设是应遵循的一个基本原则，然而实际情况往往是系统投入运行又遭到雷击后才想到 LPS。这不仅仅是科学管理和运用系统工程方法的问题，也是 LPS 设计技术上的需要，因为在系统建成之后重新改装、设计，不仅人力、物力浪费惊人，而且 LPS 的效果也往往不好。

接地是 LPS 中极为重要而又复杂的问题。接地装置的优劣不仅与接地电阻值和土壤电阻率有关，还与接地方式有关；此外，还必须正确处理各种接地的关系，微电子系统的接地还需要考虑防电磁干扰问题。接地装置应按接地目的而不是接地电阻值设计，系统正常工作是经常性需求，而安全保护则是应付突发偶然事件的，二者需要合理兼顾。

显然，一个设计合理的 LPS 能否发挥功效取决于防雷器件、防雷装置的性能及综合防雷技术的应用。雷电响应过程时间短促，功率巨大，就当今的技术水平和防护对象的复杂程度而言，还尚无一种产品能解决所有问题；而且，中国幅员辽阔，地质地理条件复杂，所以防雷装置和器件的研发任重而道远。但只要依靠科学技术，增强防灾减灾意识，雷电灾害也是可以抗拒的。

第 1 章

防雷技术基础

1.1 概述

人类对雷电的探索从很早就开始了。早在两千多年前，《庄子》中就有"雷霆"的描述。东汉时期的王充将雷电的认识提高到了理性，认为雷电是一种自然现象。到了明代，沈括、方以智等科学家从科学上进一步解释了雷电熔物现象。

不仅如此，在中国，关于雷电防护的实践也很早就开始了，古籍中关于建筑工程避雷的记载也十分丰富。南北朝的孟奥《北征记》中有如下记述："凌云台南角一百步，有白石室，名避雷室。"又有盛弘之《荆州记》中记述："湖阳县春秋蓼国，樊重之邑了，重母畏雷，为立石室，以避之，悉之文石为阶砌，至今犹存。"书中谈及的白石、文石，据分析应该属于绝缘性能较好的石块。

从我国传统的五行、八卦学说解释，八卦中"震"卦为"雷"。八卦与方位相结合时，则有"南离、北坎、东震、西兑"的规定，又有"南属东雀、北属玄武（龟蛇）、东属青龙、西属白虎"的说法，认为"雷从龙"，这样，中国古人们就把"雷"与"龙"联系起来了。为了避免建筑物被雷击，就必须建造避雷设施，就要安装"镇龙"设施。我国古建筑上有许多称为"镇龙"的设施实际上是避雷装置。

这些"镇龙"装置与近代避雷针的避雷原理相同。我国一些古塔的尖端常常涂一层有色金属膜，采用容易导电的材料与直通到地下的塔心柱相连，柱下端又与储藏金属的"龙窟"相连。还有许多古建筑物的屋顶有一种被称为"龙"的装饰物，它的头仰向天空，张着嘴，向上伸出的舌头是一根尖锐的金属芯子，另一端和埋藏在地下的物体相连，这样能将雷电引到地底下而不损坏建筑物，如图 1-1 所示。另外，在许多古塔和宫殿上设置"鸱尾"，在屋顶上设置动物状的瓦饰，在高大殿宇中常设有"雷公柱"之类的避雷柱，这些设施都与大地相通，形成了良好的导电通道。

雷公柱（宋代称枨杆）在宋、元、明、清代的建筑物中广泛使用，如图 1-2 和图 1-3 所示。雷公柱是我国古代在建筑上进行避雷实践的应用典型。它一般用于庑殿建筑屋脊两端太平梁之上，以支顶脊桁挑出部分的柱子，或用于攒尖建筑斗尖部位的悬空柱。这种装置有3种形式：一是亭、阁上的宝顶及佛塔的塔刹，下面设置雷公柱；二是牌坊之类的建筑，在高架柱处设置雷公柱；三是殿堂的顶上，在屋脊两端的正吻下面设置雷公柱。古代匠人懂得，建筑物的这些部位都是最易受雷击的地方。今天我们知道，殿堂屋顶上的正吻是房屋的最高处，而且是尖端，所以最易被雷击。避雷的做法是，正吻触雷后，其电流便沿正吻内的雷公柱、太平梁、角梁、沿柱等引向地面。若是楼阁、亭子、佛塔等建筑，则由顶上的火珠、宝珠、宝顶等接受雷电，由雷公柱传至柱，引入地下。

图1-1 古代建筑中动物状的瓦饰起到避雷作用

图1-2 宋式簇角梁构架

图1-3 北京祈年殿，殿顶为"雷公柱"

雷公柱是中国古代应用最为广泛的避雷装置，为了达到良好的泄流效果，雷公柱、沿柱、角梁等这些构件不能用一般的木材，所用的木材有楠木、格木、松、柏等（这些木材都有较好的导电性），有的也用金属（铜、铁等）。例如，北京昌平时长陵的棱恩殿上用的是楠木；广西容县的真武阁上用的是格木，即铁力木。虽然古人知道可用合适的材料来完成对雷电的防护，也在实践中寻找到了雷电防护的基本方法与技术，这些技术与后来富兰克林所说的避雷方法基本一致，但由于受到当时的科技水平和对雷电认识的局限性，终究没有建立起我国古代防雷的技术体系。

18世纪，美国科学家富兰克林通过"岗亭"和"风筝"试验提出了以避雷针保护建筑物的理论和方法。富兰克林于 1750 年 7 月给 Collinson 的一封信中提出了避雷针的设想。他说，既然尖导体可以把一个离它很远的带电体上的电荷释放掉，避免它对其他物体产生电击，那么尖导体"对于人类可能有些用处"。于是他建议将一根上端尖锐并涂有防锈层的铁杆安装在房屋的最高处，并用导线接在它的下端沿着墙壁直通到地下；在海船上则把铁杆固定在桅杆顶端，用导线连接向下直通入水中。不久，俄国的 M·B·罗蒙诺索夫、L·B·黎赫曼也重复了"风筝"试验，试验结果也证实了富兰克林的理论。他们通过大量的试验建立了雷电学说，认为雷击是云层中大量阴电荷和阳电荷迅速中和而产生的现象；并且创立了避雷理论，发明了避雷针。至此，人类对于雷电的防护进入了快速发展时期。

富兰克林奠定了防雷技术的基础，到目前为止，直接雷击的防护依然脱离不了富兰克林时代雷电防护技术的特征。但随着社会电气化与信息化程度的提高，电力与信息的传送受到雷电的严重威胁。雷电的高电压、大电流和瞬时性，强大的闪电产生静电场、电磁场和电磁辐射，以及雷电波侵入、地电位反击等严重干扰通信系统和各种电子设备的正常工作，会在一定范围内对微电子设备造成破坏。因此，雷电成灾的情况发生了新的变化，由直接雷击发展为与间接雷击共同作用。正如国际电工委员会（IEC）指出："雷电，高科技的天敌"。因此，为了防止雷电对电子与电气系统的干扰和破坏，针对雷电的入侵形式，在传统防雷技术的基础上，出现了以防止雷电电磁脉冲、雷电感应与雷电波侵入为特征的新防雷技术与方法，也就是我们所说的现代防雷技术。

人类社会的发展改变了人类生存的环境。特别是近年来，雷电灾害愈加频繁，究其原因有以下几点：一是从自然气候的变化来说，全球气候的变化，导致极端天气现象出现的频率与强度均在增加，强雷暴天气经常出现；二是人类活动改变了雷电灾害的承载体性质，如高楼、铁塔、远程输电线路等高耸建筑物与设施的存在，增加了直接雷击的接闪条件与概率；三是电气电子系统几何级数的增加也导致雷电感应与雷电电磁脉冲（LEMP）可以随时随地造成系统的损坏。间接雷击的影响日趋频繁、信息化对社会生活的渗入使雷电灾害损失扩大，都导致雷电灾害发生的频率越来越高，损失也越来越大，传统的富兰克林避雷针技术已不能对现代智能建筑和电子电气系统提供全方位的保护。同时，雷电危害的入侵形式也因此发生了巨大的变化，由原来的雷击点的直接破坏，如雷击建筑物造成的爆裂、损坏，向雷电感应所产生的雷云下大片区域内的雷电波侵入及感应高压引起的线路、设备的闪络故障演变。因此，现代防雷技术必须综合考虑、层层设防。

"防雷"并非是预防雷电的发生，而是给雷电能量的泄放开渠筑坝。一方面为雷电流提供一条流入大地的低阻通道，不让它冲击被保护的建筑物和设备；另一方面也为被保护设备筑起电磁能量的防护屏障，从空间和线路上隔离雷电流的间接影响。当然，为了达到理想效果，相关的技术和方法总是结合在一起综合应用的，这些措施的简要概况如图 1-4 所示。

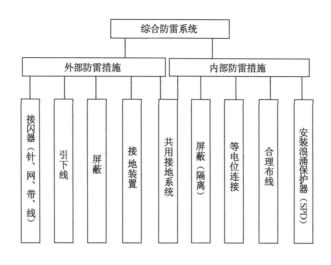

图1-4 现代防雷技术应用体系

任何雷电防护理论都是在一定的物理条件下建立的,科学技术的发展正在改变着我们身边的物理条件,使防雷理论的发展经历了机械时代、电气时代和电子信息时代三个阶段。

1.1.1 机械时代雷电防护技术

从18世纪开始到20世纪初,由于社会生产与生活方式变迁不大,以及大气电学的理论发展缓慢,这个时期的防雷技术以防直接雷击为主,防护手段就是富兰克林发明避雷针加接地线。这个时期防雷的主要目的是防止雷电直接击在建构物上而产生高电位的电效应、热效应和机械效应危害。

机械时代防雷的主要方法是用避雷针防雷,又称富兰克林法,这是18世纪50年代由美国著名物理学家富兰克林发明的方法,他通过著名的风筝试验,知道了雷电实际是天空雷云电场对地放电的现象。基于此,富兰克林提出应用避雷针高出被保护物的高度使雷云下的电场发生畸变,从而将雷电流吸引到避雷针上,通过引下线导入大地,使被保护对象免遭雷电闪击。

如图1-5所示为避雷针(接闪杆)防雷示意。避雷针可提供一个雷电只能击在避雷针上,但不能破坏以它为中心的伞形保护区。同样的原理,避雷带(接闪带)提供的是一个屋脊形的保护区。这个保护伞或区所张开的角度受针或带的设置高度、雷电强度及其他参数的影响,有的采用30°,有的采用45°或60°,尽管关于保护角的计算公式很多,但保护角如何确定一直是富兰克林防雷理论的最大困扰。这个困扰在于理论的不完善性、实践中的不完全性。避雷针实质是引雷针,它使雷电触击其上而使建筑物得以保护,当雷击避雷针或避雷带时,由于引下线的阻抗,强大的雷电流可能会造成避雷系统产生高电位,对地电压可达相当高的数值,以至于造成接闪器及引下线向周围设备跳火反击,从而导致火灾或人身伤亡事故。另外,强大的雷电流泄入大地,在接地极周围形成跨步电压的危险也是不容忽视的。

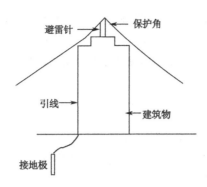

图 1-5 避雷针防雷示意

1.1.2 电气时代防雷技术

20 世纪初,由于电信业、电力业的发展,雷电产生的危害越来越显著,防雷技术不仅要保护建筑物,还要保护电信与输电线路及建筑物内部由继电器、晶体管等组成的电气设备,雷电防护技术走向电气时代。电气时代防雷的主要目的如下:

(1)防止雷电直接击在建筑物上而产生电效应、热效应和机械效应危害;

(2)防止雷电以金属导线或金属管道为通道,以雷电波的形式侵入建筑物内,危害室内人身安全和毁坏设备。

此时的防雷方法主要有法拉第笼防雷法、避雷器防雷法等,其原理如下。

1. 法拉第笼防雷法

法拉第笼防雷法利用钢筋或铜带把建筑物包围起来,如图 1-6 所示。

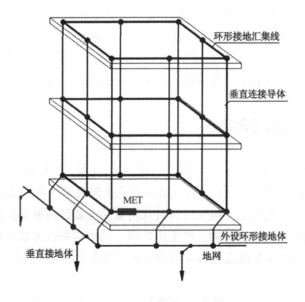

图 1-6 法拉第笼防雷法示意

法拉第笼防雷法的出发点是建筑物被垂直与水平的导体包围起来,形成一个法拉第保护笼。但建筑物有通道和对外的空隙,不能做到天衣无缝,并且法拉第保护笼不能使建筑物的拐角处避免雷击。近年来,用得较多的防雷方法是避雷针防雷法和法拉第笼防雷法混合使用。

2. 避雷器防雷法

避雷器用来保护设备不受雷电波入侵的损害。其防雷原理如下:通过间隙击穿达到对地放电的目的。避雷器必须与被保护设备并联,如图1-7所示。

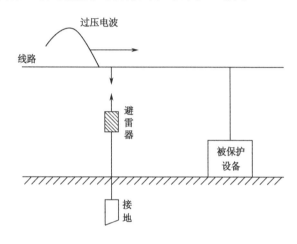

图1-7 避雷器连接示意

避雷器的间隙击穿电压比被保护的设备绝缘的击穿电压低。在正常工作电压时,避雷器间隙不会被击穿,形成对地的开路,当雷电波沿导线传来,出现危及被保护设备的过电压时,避雷器很快被击穿,对地放电,使大量的电荷都泄入地中,从而限制了被保护设备过电压,起到保护设备的作用;过电压过去以后,间隙能迅速灭弧,使被保护设备工作正常。避雷器也可采用波导元件,让有用信号波与雷电波信号分开,有用信号进入接收装置,而让雷电波对地放电,使大量的电荷泄入地中,起到保护设备的作用。

1.1.3 电子信息时代防雷技术

20世纪70年代后,由于电子信息、航天技术的发展,半导体集成技术和微电子技术的普遍应用,导致雷电的电磁干扰、闪电脉冲的危害越来越严重。因此,防雷技术逐渐由电气时代向电子信息时代迈进。电子信息时代防雷的主要目的表现在以下几个方面。

(1)防止雷电直接击在建构物上产生电效应、热效应和机械效应危害。

(2)防止雷电以金属导线或金属管道为通道,以雷电波的形式侵入建构物内,危害室内人身安全和毁坏设备。

(3)防止因雷雨云闪电时,强大的脉冲电流使云中电荷与地面中和,从而引起静电场的强烈变化，导致附近导体上感应出与先导通道符号相反电荷产生的高电位对电子设备和易燃易爆场所的危害。

（4）防止雷电的电磁场感应危害，当雷电流在微秒级时间内，从零变化到几十千安，在其周围空间中产生瞬变的强电磁场，线路上感应电动势会造成危害；同时闪电可辐射从频率为几赫兹的极低频率直到几千兆赫兹的特高频率，当被保护物距离雷电较近时，主要受静电感应影响；当被保护场距离雷电较远时，主要受电磁辐射的影响，轻则干扰信号线、天线等无线电通信，重则损坏仪器设备、引起易燃易爆场所产生火花，甚至发生爆炸。

电子信息时代的防雷方法主要有对雷电流进行分流、泄流和阻断雷电波入侵，以及对保护设备进行屏蔽、等电位等防雷技术及其综合应用。

人类还不可能完全控制雷电，但是经过长期的摸索与实践，已积累了很多有关防雷的知识和经验，形成了一系列对防雷行之有效的方法和技术，这些方法和技术对各行各业行之有效地预防雷电灾害具有普遍的指导意义。

1. 接闪

接闪是指在一定范围内出现的闪电（直接雷击）不能任意选择放电通道，而只能按照人们事先设计的防雷系统及规定通道将能量泄放到大地中去。用来接闪的装置称为接闪器。在国家标准《建筑物防雷设计规范》中说明：接闪杆、接闪带（线）、接闪网是直接接受雷击的装置，统称为接闪器。

在建筑物外部防雷中，通过接闪器接闪后，强雷电流通过规定通道泄入地面，可有效防止雷电流对建筑物自身的损毁；同时，在接闪后泄流的过程中，要注意防雷电感应。外部屏蔽可阻止雷电流产生的强烈电磁场对处在相邻位置的人或物造成伤害。雷电感应还会对建筑物内部的电子、电气设备及人身造成损害，因此，要在电子和电气设备线路前加装电涌保护器，防止瞬态过电压沿线路击毁设备。

到了20世纪，人们开始认识到雷电感应的危害。1914年，德国人W. Peterson提出了接地避雷线（接闪线）防雷的理论；后来美国人F. W. Peek和W. W. Lewis也认识到对电力线路的威胁不仅来自雷电直击，还有雷电感应。直到20世纪30年代后期，人类才取得共识：对应100kV以上的供电线路，避雷线是防避直击雷的基本保护措施，其功能类同接闪杆。

接闪带是指在平顶房屋顶四周女儿墙或坡顶屋的屋脊、屋檐上装上金属带作为接闪器，并把它与大地进行良好的连接即可得到较好的避雷效果。

接闪网是指利用钢筋混凝土结构中的钢筋网进行雷电保护，必要时可以添加辅助的接闪网，因此，接闪网又称暗装接闪网。

2. 均压

接闪装置在捕获雷电时，引下线立即升至高电位，会对防雷装置周围尚处于低电位的导体产生旁侧闪络，使其电位升高，进而对人员和设备构成危害。为了减少这种闪络危险，最简单的办法是采用均压环：将处于低电位的导体等电位连接起来，一直到接地装置。如果金属设施、电气装置和电子设备与防雷系统的导体，特别是接闪装置的距离达不到规定的安全要求时，则应该用导线把它们与防雷装置进行等电位连接。这样在闪电电流通过时，可保证导电部件之间不产生有害的电位差，不发生旁侧闪络放电。完善的等电位连接还可以防止闪电电流入地造成的地电位升高所产生的反击。

3. 接地

防雷接地就是让已经进入防雷装置的闪电能量泄放入大地。良好的接地才能有效地降低引下线上的电压，避免发生反击。过去有些规范要求电子设备单独接地，目的是防止电网中杂散电流或暂态电流干扰设备的正常工作。20世纪90年代之前，通信导航装备以电子管器件为主，采用模拟通信方式，模拟通信对干扰特别敏感。为了抗干扰，通信导航装备都采取电源与通信接地分开的办法。现在，防雷工程领域不提倡单独接地。在IEC标准和ITU相关标准中都不提倡单独接地，美国标准IEEE Std1100—1992也不建议采用任何一种所谓分开的、独立的、计算机的、电子的或其他大地接地体作为设备接地导体的一个连接点。接地是防雷系统中最基础的环节，如果接地不好，所有防雷措施的防雷效果将都不能发挥出来。

4. 分流

分流就是在一切从室外来的线路（包括电力电源线、电话线、信号线、天线的馈线等）与接地线之间并联电涌保护器。当线路上产生的过电压波沿着这些线路进入室内或设备时，电涌保护器的电阻突然降到低值，近于短路，将雷电流分流入地。

采用分流这一防雷措施时，应特别注意电涌保护器性能参数的选择，因为附加设施的安装会影响防雷装置的性能。例如，信号电涌保护器的接入应不影响系统的传输速率；天馈电涌保护器在通带内的损耗要尽量小；若使用在定向设备上，要求不能导致定位误差。

5. 屏蔽

屏蔽就是用金属网、箔、壳、管等导体把需要保护的对象遮挡起来，阻隔闪电电磁场从空间入侵。

6. 浪涌保护

浪涌保护是指在雷雨天为应对雷电流击中输电线路而形成的过电压在线路传播时，可通过电涌保护器中的非线性元件将瞬态过电压限制住，并将电涌电流分别泄入大地，从而使电子和电气设备得以保护。

7. 躲避

躲避是指雷雨来临时，关掉运作的设备，截断电流进线，将天线及馈线连接到接地装置。成功的躲避需要一套可靠的雷电探测预警系统，选址应避开容易落雷的特殊地点。

以上防雷方法，必须根据当地闪电的规律，灵活选用。

1.2 雷电流的特性

雷电破坏作用与雷电流强度、能量及其波形有密切的关系。每次雷击电流的大小和波形差别很大，不同雷击闪电种类的放电差别更大。雷电流具有电流的一般特性，但峰值高、陡度大、持续时间短是雷电流的一大特征。

带负电荷的雷雨云向大地放电为负闪击，带正电荷的雷雨云向大地放电为正闪击。雷雨云对大地放电多为负闪击，其电流峰值以 10～50kA 居多。

通常一次雷电包括 3～4 次以上的放电过程，一般第一次放电（回击）电流最大，正闪击的电流比负闪击的电流大，其电流峰值往往在几十千安以上。

根据 IEC 62305、GB 50057 等规范的定义，对于模拟雷电流的波形有两大类，一类是模拟直接雷击电流波形，另一类是模拟雷电感应电流波形。例如，直接雷击电流 10/350μs 波形，感应雷击电流 8/20μs 波形。

如图 1-8 所示，先由纵轴满刻度的 10%、90% 和 100% 做三条平行于横轴的直线，前两条平行线与波形曲线的头部两个交点做一条直线，该直线与第三条平行线和横轴分别相交于两点，波头时间用 T_1 表示。为了定义波长时间，再由纵轴上 50% 刻度做横轴的平行线，该平行线与波尾部分相交，由交点向下引垂线与横轴相交，得到波长时间，用 T_2 表示。由于波长时间也是波形曲线衰减到半幅值所需要的时间，它习惯上也被称为半幅值时间。在定义了波头和波长时间后，单极性雷电流脉冲波形可计为 T_1/T_2，这里 T_1 和 T_2 一般采用 μs 作为单位。雷电波形在工程上有重要的应用，诸如试验室的雷电模拟、工程计算等。

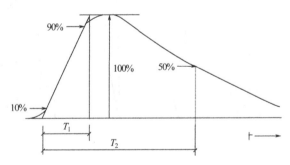

图 1-8 雷电流波形的表示方法

1.2.1 雷电流工程模型

常用的雷电流工程模型有如下几种。

1. TL 模型

TL 模型（传输线模型）是 Uman 和 Mclain 于 1969 年提出的雷电流模型，该模型认为通道中无转移电荷分布。直到现在该模型在国内外仍然有广泛的应用。

传输线模型认为，主放电发生后，电流从先导通道的底部以一定的速度沿通道无衰减向上传播，通道被认为是理想的传输线。通道电流表达式为

$$\begin{cases} i(z',t) = i(0, t - z'/v) & z' \leqslant vt \\ i(z',t) = 0 & z' > vt \end{cases} \quad (1.1)$$

其中，z' 表示电流高度，v 表示回击速度。对于 TL 模型而言，其远处辐射电场及其导数与地表电流之间的关系式为

$$\begin{cases} i(0,t) = -(2\pi\varepsilon_0 c^2 r/v)E(r, t + r/c) \\ \dfrac{\mathrm{d}i(0,t)}{\mathrm{d}t} = -\dfrac{2\pi\varepsilon_0 c^2 r}{v}\dfrac{\mathrm{d}E(r, t + r/c)}{\mathrm{d}t} \end{cases} \quad (1.2)$$

但是，式（1.2）只有当大地电导率无限大、电场为完全辐射场时才有效，这样就可以通过测量峰值电流和峰值电流导数、电场导数得到回击速度。TL 模型的优点是能够使回击电流在回击顶端的数值为 0，实现电流连续性；不足之处在于模型认为通道中无转移电荷分布，只有在大地为理想导体、电场为完全辐射场时才能利用公式进行电流和电场峰值或其导数值与回击速度之间的换算。

式（1.2）假设回击速度 v 是常数，由于该模式要求以相同的电流传播通过任一高度，所以，在回击传播期间，在回击通道内没有电晕出现。如图 1-9 所示为这一模型电流的特征。

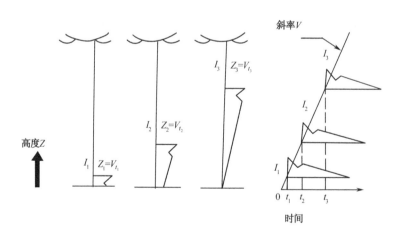

图 1-9　传输线模式（Lin 等，1980）

Lin 等（1980）根据试验资料对上面两个模式进行了检验，发现对于随后闪击，上述两个模式并不合适。为此，Lin 提出了一个新的闪击模式，即 Lin 模式。该模式存在三个电流分量，具体如下。

（1）在回击波顶部向上传播的爆发性脉冲电流：具有回击波的速度，但速度不易确定，假定为一常数 10^8 m/s。

（2）均匀电流 I_u：在静电场中，闪电直线步跃区，为确定电流 I_u，在近闪电发生区测

量电场变化 $\dfrac{\mathrm{d}E}{\mathrm{d}t}$，则由下式可计算得到 I_u，即

$$I_u = -\frac{2\pi\varepsilon_0(H^2+D^2)^{\frac{3}{2}}}{H}\frac{\mathrm{d}E(D,t)}{\mathrm{d}t} \tag{1.3}$$

式中，D 是闪电与观测站之间的距离，H 是随后闪击通道的高度。

（3）电晕电流：电晕电流是由储存于先导通道内的电荷径向向内和向下移动引起的。可以将电晕电流想象为沿通道分布的若干电流源。每当回击峰值脉冲电流达到源高度时，电流源转向。在每个高度上，进入通道的电晕电流是相等的，但其大小随高度呈指数下降。

2. MTLE 模型

由于 TL 模型不认为有净电荷从先导通道中被汲出、中和，所以，用 TL 模型计算长时间的场不切实际。Nucci 等对 TL 模型进行了修订，把回击期间电晕电荷分布、静电荷汲出和中和考虑进模型，于 1988 年提出了 MTLE 模型，即改进的传输线模型。该模型认为通道电流随通道高度呈指数衰减，从而引入了衰减系数 $\mathrm{e}^{-z/\lambda}$。回击通道电流 $i(z',t)$ 表示为

$$\begin{cases} i(z',t) = \mathrm{e}^{-z'/\lambda} i(0, t-z'/v) & z' \leqslant vt \\ i(z',t) = 0 & z' > vt \end{cases} \tag{1.4}$$

式中，λ 是电流衰减常数，根据 Lin 等的试验数据，通常取 2000m。由于 Nucci 等考虑到净电荷从先导通道中汲出、中和过程（从回击波前通过开始，持续到由此产生的电晕电流到达大地为止），故在 MTL 中引入了高度衰减常数 λ_c。

Rakov 等也对 TL 模型进行了修订，提出了 MTLL 模型。该模型将雷电回击电流看作在放电通道底部注入了一个特定的基电流，该电流沿着通道向上传播，形成回击电流，且电流按线性规律衰减，雷电通道电流的时空分布 $i(z,t)$ 由通道基电流 $i(0,t)$ 和波前向上传播的速度 v 确定。模型认为通道电流随通道高度呈线性衰减，从而引入了衰减系数 $1-z'/H$。回击通道电流 $i(z',t)$ 为

$$\begin{cases} i(z',t) = (1-\dfrac{z'}{H})i(0,t-z'/v) & z' \leqslant vt \\ i(z',t) = 0 & z' < vt \end{cases} \tag{1.5}$$

式中，z' 表示电流高度，H 为雷电放电通道的高度，v 表示回击速度，t 表示时间。

3. TCS 模型

Heidler 于 1985 年提出了 TCS 模型（行波电流源模型），该模型认为电流沿通道以光速向下传播，其不合理之处在于电荷不可能被瞬时吸收到雷击头。

TCS 模型假设主放电以一定速度向上传播。当主放电波头到达通道中的点 z' 时，该点的电荷在瞬时产生放电，放电电流无衰减地以光速向下传播。z' 处产生的电流在经过时间 $t = z'/c$ 后到达地面，即

$$\begin{cases} i(z',t) = i(0, t+z'/c) & z' \leqslant vt \\ i(z',t) = 0 & z' > vt \end{cases} \tag{1.6}$$

当 TCS 模型中的放电电流以无限大的速度向下传播时，TCS 模型得到的结果和 BG

模型得到的结果一致。同样，TCS 模型中也存在波头处电流不连续的情况。

4. DU 模型

结合 TCS 模型和 MULS 模型，Diendorfer 和 Uman 在 1990 年提出了 DU 模型。DU 模型采用 TCS 模型的基本思想，即通道在先导阶段积累的电荷在主放电波头到达时放电，该放电电流以光速向下传播。该放电不像 TCS 模型中那样瞬时完成，而是以指数衰减的形式进行。另外，DU 模型将通道电流分成两部分：①通道中心电荷产生的快速放电电流（时间常数较小）；②通道外层电荷产生的电晕电流（时间常数较大）。即

$$\begin{cases} i(z',t) = i(0,t+z'/c) - i(0,z'/v^*)\mathrm{e}^{-(t-z'/v)/t_D} & z' \leqslant vt \\ i(z',t) = 0 & z' > vt \end{cases} \quad (1.7)$$

1.2.2 雷电通道底部电流模型

对于不同的雷电流工程模型，通道基电流的模型可以是相同的。常用的雷电通道底部的电流模型有三种，即双指数函数模型、霍得勒（Heidler）函数模型、脉冲函数模型。

1. 双指数函数模型

Bruce 和 Golde（1941）提出了地闪回击电流的双指数表达式，如果梯级通道内的荷电量为 Q，在单位时间内回击顶端中和的电量为 α/Q，则

$$\mathrm{d}Q = -\alpha Q \mathrm{d}t \quad (1.8)$$

式中，α 取决于通道内的电荷密度和通道值，对式（1.8）积分得

$$Q_t = Q_0 \mathrm{e}^{-\alpha t}$$

式中，Q_0 是 $t=0$ 时刻梯级通道内总的荷电量，有回击发生后来自云闪内的向下电荷在回击顶端处对闪电电流产生贡献，则荷电量的衰减为

$$Q'_t = Q'_0 \mathrm{e}^{-\beta t}$$

在回击通道顶端总的荷电变化率为

$$I_t = \frac{\mathrm{d}}{\mathrm{d}t}(-Q_t + Q'_t) = \alpha Q_0 \mathrm{e}^{-\alpha t} - \beta Q'_0 \mathrm{e}^{-\beta t}$$

若 $t=0$，$I_t = 0$，则有

$$I_t = I_0(\mathrm{e}^{-\alpha t} - \mathrm{e}^{-\beta t})$$

双指数函数是 1941 年由 Bruce 和 Golde 提出的，其表达形式十分简单，便于进行微分和积分运算，而且能够反映出测得的通道底部电流的主要参数。在国际电报电话咨询委员会（CCITT）的推荐防雷标准中，双指数函数作为雷电流理论计算的表达式。其表达式如下：

$$i(0,t) = \begin{cases} 0 & t < 0 \\ \dfrac{I_0}{\eta}[\mathrm{e}^{-\alpha t} - \mathrm{e}^{-\beta t}] & t \geqslant 0 \end{cases} \quad (1.9)$$

式中,常数量 η 表示雷电流峰值计算的修正因子;β 表示雷电流波头时间的倒数,即雷电流的电流波形上升时间因子;同理,α 为雷电流波尾时间的倒数,即雷电流波形衰减因子;雷电流的峰值用 I_0 表示。在计算中即可选取 $\alpha=1/\tau_2$,$\beta=1/\tau_1$,雷电流的峰值可以按照计算需要选取,这里选取雷电流峰值 I_0 为 20kA。

2. 霍得勒函数模型

霍得勒函数模型是霍得勒于 1985 年提出来的,该模型具有优于双指数函数的特点,它在 $t=0$ 时刻的电流导数为 0,与观测到的第一回击电流的波形是一致的。10 阶霍得勒函数已经成为国际电工委员会(IEC)关于雷电流解析表达式的标准(1995 年),在各种关于雷电流的计算中都有广泛的应用,其解析表达式如下:

$$i(0,t)=\left(\frac{I_0}{\eta}\right)[k_s^n/(1+k_s^n)]\mathrm{e}^{(-t/\tau_2)} \tag{1.10}$$

式中,常数量 η 表示雷电流峰值计算的修正因子,取 $\eta\approx1$。雷电流的峰值用 I_0 表示,$k_s^n=t/\tau_1$,$n=10$。此波形比较符合雷电流的实际规律,在目前的雷电流计算中具有较为广泛的应用,对于 10/350μs 和 8/20μs 两种波形都比较适用。

3. 脉冲函数模型

在雷电流的相关计算中,云地闪电的放电过程一般可以看成如下过程:一根垂直于地面的长直导线,雷电流从底部开始以一定的速度向云层运动。根据这个过程建立的导线模型,可以相对简单地计算出雷电流底部通道周围的电磁场表达式,在该表达式中可以发现,雷电流产生的电场即为电流相对时间 t 的积分。但是根据前面列出的雷电流的双指数函数模型表达式,可以发现对于雷电流的双指数函数表达式而言,在 $t=0$ 时,其相对 t 的一阶导数是不连续的,而霍得勒函数模型的积分表达式又比较模糊。为了便于电磁场计算,有人提出了用式(1.11)来表达雷电流的波形,即雷电流的脉冲函数模型。

$$i(0,t)=\begin{cases}0 & t<0 \\ \dfrac{I_0}{\eta}[1-\mathrm{e}^{(-t/\tau_1)}]^n\mathrm{e}^{(-t/\tau_2)} & t\geq0\end{cases} \tag{1.11}$$

式中,峰值修正因子 $\eta=(1-t_a)^n t_a^{\tau_1/\tau_2}$,$t_a=\tau_1/(\tau_1+n\tau_2)$。容易证明 $\dfrac{\mathrm{d}i(0,t)}{\mathrm{d}t}$ 在 $t=0$ 时为 0,且连续可导。

将式(1.11)中的 $[1-\mathrm{e}^{(t/\tau_1)}]^n$ 展开,可以得到

$$[1-\mathrm{e}^{(t/\tau_1)}]^n=\sum_{k=0}^{n}\frac{(-1)^k n!}{k!(n-k)!}\mathrm{e}^{(-kt/\tau_1)} \tag{1.12}$$

脉冲函数展开式(1.12)中,当 $k=0$ 时,其所得的表达式决定了脉冲函数的衰减程度。

1.2.3　闪电的电荷量

闪电电荷是指一次闪电中正电荷与负电荷中和的数量。这个数量直接反映一次闪电放出的能量，也就是一次闪电的破坏力。闪电电荷的多少是由雷云带电情况决定的，存在很大的随机性。大量观测数据表明，一次闪电放电电荷 Q 可从零库仑到 1000 多库仑。然而，在一次雷击中，在同一地区它们的数量分布符合概率的正态分布。第一次负闪击的放电量在 10~20 库仑者居多。

雷云是否会向大地发生闪击，由几个基本因素决定，其一是云层电荷量，其二是它对大地的电场强度。当雷云与大地之间的电位梯度 $\dfrac{du}{dt}$，也就是电场强度达到大气的击穿电场时就会发生闪击，闪击一旦发生，云地之间即发生急剧的电荷中和。

雷电之所以破坏性很强，主要是因为它把雷云的电场能量在几十微秒内释放出来，瞬间功率巨大。但可计算，每次闪击释放的能量只相当于燃烧几千克石油所放出的能量而已。

1.2.4　雷电波频谱

雷电波频谱是研究防雷的重要依据。从雷电波频谱结构可以获悉雷电能量在各频段的分布，从而可以估算通信系统频带范围内雷电冲击的幅度和能量大小，进而确定防护措施。在电力系统建筑防雷工程中，了解雷电频谱分布，也可以优化设计方案，明确防护内容，达到经济合理、安全可靠的目的。

虽然各种雷电波形总体轮廓相似，但是每一次雷电闪击的电流（电压）波形仍存在很大的随机性。

1.2.5　闪电的分类

闪电主要是根据闪电的出现位置、形状、声音和危害等方面进行分类的。

根据闪电发生的空间位置，主要可分为晴天闪电和雷云闪电两类，其中雷云闪电又包括云内闪电、云际闪电和云地闪电。

根据闪电是否发出声音，可分为有声闪电和无声闪电。

根据闪电发生的形状可分为线状闪电、带状闪电、片状闪电、枝状闪电及球形闪电。

1.3　雷电的气候特征参数

（1）雷暴季节：雷暴季节是指一年中雷暴发生的月份，而与这些月份中雷暴发生的天数无关，仅粗略地反映全年雷暴活动的季节分布和强度。平均雷暴季节是指雷暴季节的多年平均结果,近似为平均初雷暴活动的年分布和强弱程度的多年平均情况。

(2) 雷暴持续期:雷暴持续期是指一年中初雷日期与终雷日期之间的天数,在一定程度上反映了全年雷电活动的强弱程度。平均雷暴持续期是雷暴持续期的多年平均结果,代表了一年中可能发生雷暴的平均持续天数,粗略地反映了全年雷电活动强弱的多年平均情况。

(3) 雷暴月:雷暴月是指该月中发生过雷电,而不论该月中发生过几天雷电。年雷暴月是指一年中的雷暴月数,平均年雷暴月是指年雷暴月的多年平均结果,它十分粗略地反映了全年雷电活动强弱的多年平均情况。

(4) 雷暴日:雷暴日是指该天中发生过雷暴的次数,而不论该天雷电发生的持续时间。月雷暴日是指一个月中的雷暴天数,在一定程度上较好地反映了全月雷电活动的强弱程度;季雷暴日是指一个季度中的雷暴天数,在一定程度上较好地反映了整个季度雷电活动的强弱程度;年雷暴日是指一年中的雷暴天数;平均月雷暴日是指月雷暴日的多年平均结果,在一定程度上较好地反映了全月雷电活动强弱的多年平均情况;平均季雷暴日是指季雷暴日的多年平均结果,平均年雷暴日是指年雷暴日的多年结果。

(5) 雷暴时:雷暴时是指该小时内发生过雷暴的次数,月雷暴时、季雷暴时、年雷暴时是指在相应时期内发生过的雷暴时数,分别代表了月、季、年的雷电活动强弱程度。平均月雷暴时是指月雷暴时的多年平均结果,逐时年雷暴时数是指某一小时内的全年中的雷暴时数。

(6) 落雷密度:落雷密度是指在某一时期内某一地区在单位面积上的落雷次数,其单位通常是次/平方千米/年。

1.4 我国的雷电活动规律

1.4.1 我国的雷电分布特征

根据年平均雷暴日这一雷电参数,雷电活动从季节来讲,以夏季最活跃,冬季最少;从地区分布来讲,赤道附近最活跃,随纬度升高而减少,极地最少。

我国地形复杂,东西南北经纬度跨越很大,雷电分布也相差很大。在我国,东经105°以东地区的年平均雷暴日数随纬度的降低而递增,但长江以北地区这一变化规律趋势不明显,而长江以南地区这一变化规律较为明显。例如,我国东北地区的年平均雷暴日数为30~40 天;长江两岸地区的年平均雷暴日数略有增加,为 40~50 天;而两广地区的年平均雷暴日数则递增至 70~100 天。另外,海南省中部地区的年平均雷暴日数超过 120 天,近期资料达 130 多天,是我国年平均雷暴日数最多的地区。

东南沿海地区的年平均雷暴日数低于同纬度离海岸稍远地区的雷暴日数。江湖流域、河谷平原的年平均雷暴日数往往也低于同纬度其他地区的数值。这是由于上述地区受水面影响，使下半年近地层气温偏低，不利于形成可产生强烈对流运动的不稳定层结，从而使年平均雷暴日数偏少。

新疆、甘肃和内蒙古的广大沙漠和戈壁滩地区，以及青海省柴达木盆地等地区，因气候干旱，年平均雷暴日数较少，一般不超过10天，为我国平均雷暴日数最少的地区。

地势较高、地形较复杂的山丘地区，其年平均雷暴日数往往高于同纬度其他地区的数值。例如，青藏高原和云贵高原西部等山区，其年平均雷暴日数比同纬度内陆地区的数值多20～40天。

由此可见，我国年平均雷暴日数具有南方多于北方、山地多于平原、内陆多于沿海地区和江湖流域，以及潮湿地区多于干旱地区的地理分布特征。

1.4.2 雷击的选择

同一地区的不同地点，雷电的活跃程度是不一样的，对大量雷灾事故的统计和试验证明，雷击的地点和建筑物遭受雷击的部位是有一定规律的，这些规律称为雷击的选择性。我国的雷击事故统计表明，雷击发生在靠近河、湖、池、沼和潮湿地区的占23.5%，发生在靠近大树、杉篙、旗杆者占15%，在靠近烟囱、收音机天线、电视机天线受击者占10%，此外，发生在稻田和导电性良好的土壤交界地带的也占10%，球雷事故占5%。

当闪电先导通道向下窜至距地面或建筑物顶端20～30m时，在雷云下方的物体尖顶（或尖端）处发生主放电，把雷云与大地间的气隙击穿。在地面突出物上方发生回闪放电的概率最大，因为在地面导体尖端处附近聚集的导电粒子最多，那里的电场最强。因此，突出地面越高的物体越易遭雷击。

通常雷击受下列因素的影响。

1. 与地质构造有关，即与土壤的电阻率有关

如果土壤中的电阻率分布不均匀，则土壤电阻率小的地方易受雷击，而电阻率较大且岩石含量较多的土壤被雷击中的机会就小得多；在不同电阻率的土壤交界地段易受雷击。雷击经常发生在有金属矿藏的地区、河岸、地下水出口处、山坡与水面（或水田）接壤地区。这是由于在雷电先导的放电过程中，土壤中的先导电流沿着电阻率较小的路径流通；而电阻率较大的岩土表面只是被带电荷的雷云感应积聚了大量与雷云相对应的异性电荷。

由于电阻率小的土壤导电性好，所以，易于为雷电流提供低阻抗通路，如大型盐场、河床、池沼、苇塘等，坐落于这些地区的建筑物易遭受雷击。土壤电阻率有突变的地点，如岩石与土壤的交界处、山坡与稻田的交界处，雷击多落于土壤或稻田处。地下埋有金属导电矿床（如金属矿）处和金属管线较密集处更易落雷。

2. 与地面上的设施情况有关

凡是有利于雷云与大地建立良好放电通道的设施更易受雷击，这是影响雷击选择性的重要因素。在旷野中，即使建筑物并不是很高，但由于它比较孤立、突出，因此，建筑物也比较容易遭受雷击。

从烟囱冒出的热气柱和烟气有时含有导电粒子和游离气团,它们比一般空气易于导电,就等于加高了烟囱的高度,这也是烟囱易于遭受雷击的原因之一。

建筑物的结构、内部设备情况对雷电发展也有关系：金属结构的建筑物、内部有大量金属物体的厂房或内部经常潮湿的房屋具有良好的导电性能,因此比较容易遭受雷击；此外,大树、枯老的树木、输电线、高架电线及其他高架金属管道等也容易遭受雷击。

3．地形和地物条件

从地形来看,凡是有利于雷云形成和相遇条件的地形更易遭受雷击。我国大部分地区山地的东坡、南坡较北坡、西北坡更易受雷击,山中的平地较峡谷更易受雷击。从建筑物所处地理位置来看,建筑物群中的高耸建筑物和空旷地区的孤立建筑物较易引雷。对靠山和临水的地区,临水一面的低洼潮湿地点和山口或风口的特殊地形构成的雷暴走廊地带易受雷击。

从地物看,铁路集中的枢纽和终端、高压输电线架空线路转角处由于容易产生大量感应电荷,从而易遭雷击。

4．建筑物结构及其所附属构件条件

建筑物结构材料所能积蓄电荷量的多少直接影响建筑物接闪的频率。当建筑物结构中,如墙、板、梁、柱、基础内的钢筋较多时,容易积累大量电荷。另外,金属屋顶、金属构架、电梯间和水箱等也是积蓄大量电荷的部位。此外,附属在建筑物上的突出物,如电视天线、旗杆、屋顶金属柱杆等都容易接闪。建筑物上部排气的烟道、透气管、天窗和工厂排出导电性法埃的烟囱及废气管等也容易接闪。建筑物内部安装的大型金属设备和通入建筑物内的架空和地下金属管线等都可以积蓄大量电荷。

雷灾事故的历史资料统计和研究证明,雷击部位是有一定规律的。容易遭受雷击的部位如下。①平屋面和坡度$\leq \frac{1}{10}$的屋面：檐角、女儿墙和屋檐；②坡屋度$> \frac{1}{10}$且$< \frac{1}{2}$的屋面：屋角、屋脊、檐角和屋檐；③坡度$> \frac{1}{2}$的屋面：屋角、屋脊和檐角；④建（构）筑物屋面突出部位,如烟囱、管道、广告牌等。

1.5 雷电的危害

对于云与云之间的放电,其破坏作用主要体现在对飞行物和无线通信的影响,对地面的建筑物和人畜的安全基本没有影响。而云对地放电（包括对地面建筑物）对人类的影响是巨大的,其破坏作用主要是雷电流引起的,它的危害基本可划分为如图1-10所示的类型。

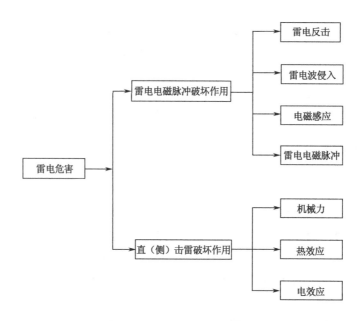

图 1-10　雷电危害的基本类型

1.5.1　直击雷的破坏作用

1. 热效应作用

雷电热效应的破坏作用是由于雷电流很大，通过时间又短，所以，被雷击的物体将产生大量热量。尽管时间很短，但通道的温度可高达 6000～10000℃，甚至更高。强大的雷电流通过被雷击的物体时会产生很高的温度而发生熔化、汽化或燃烧现象，可以使体积较小的金属熔化。许多新技术设备受损，特别是微电子技术产品，如大规模和超大规模集成电路接口和模块的损坏，是闪电电流的热效应所致。

2. 机械效应作用

闪电击中地面物，闪电电流产生焦耳—楞次热效应，被击物缝隙中的气体在雷电流作用下剧烈膨胀、水分急剧蒸发而引起被击物爆裂。

3. 电动力效应作用

由物理学可知，在载流导体周围空间存在磁场，在磁场中的载流导体会受到电磁力的作用。导体受到的电磁作用力称为电动力。这种电动力作用时间极短，远小于导体的机械振动周期，根据安培定律推理可知，凡拐弯的导体或金属构件，在拐弯部分将受到电动力作用，它们之间的夹角越小，受到的电动力越大。导体在它的作用下常出现炸裂、劈开的现象。

1.5.2 雷电电磁脉冲的破坏作用

1. 雷电反击

当防雷装置接受雷击时，雷电流沿着接闪器、引下线和接地体流入大地，并且在它们上面产生很高的电位。如果防雷装置与建筑物内外电器设备、电线或其他金属管线的绝缘距离不够，它们之间就会产生放电现象，这种情况称为"反击"。反击的发生，可能引起电气设备绝缘被破坏、金属管道被烧穿，甚至会引起火灾、爆炸及人身伤亡事故。

地电位反击是指防雷地网与电子设备的地网（如直流工作地、交流工作地、安全保护地）不共网时，在雷击发生时，雷电流在不同地网上产生的电位差可达数百千伏瞬时冲击电压，使电子设备的内外电位差可达几十至几百千伏，从而损坏这些设备。

为了防止雷电反击的发生，应使防雷装置与建筑物金属体间隔一定距离，使它们之间间隙的闪击电压大于反击电压。在条件限制而无法达到间隔尺寸时，应把防雷装置金属体和建筑物金属体用金属导线连接起来，使它们成为等电位体而避免发生闪击。

2. 雷电波侵入

雷电波侵入是指直接雷击或雷电感应能量从金属管道和电力线、通信电缆、无线电天线等金属引入线引入建筑物内发生闪击而造成的雷击事故。高电位沿导线输入是用电设备被雷击的主要原因。高电位引入造成的雷击事故占雷击事故的大多数，所以，凡是有金属引入线装置的地方，都必须对高电位输入加以防备。

3. 电磁感应

由于雷电流有极大峰值和陡度，在它周围的空间出现瞬变电磁场，处于这个瞬变电磁场之中的导体会感应出电动势。假如一个 5m×5m 的开口金属框，在雷电流峰值为 100kA 时，距离雷击点 200m 处也可以感应到 1kV 左右的电压。微电子设备内一个很小的开口金属环，在紧急避雷针引下线处放置，当雷电流通过引下线入地时，在小金属环开口处可感应出高达数千伏的高电压，足以破坏附近的电子器件。所以，在机房内布置设备时，设备应远离建筑物外墙主筋和引下线放置。装有电子设备的金属柜体、通信设备机架、铝保金门窗、防静电地板、吊顶金属龙骨等应接地良好。

4. 雷电电磁脉冲（LEMP）

雷电电磁脉冲在三维空间对一切电子设备发生作用，无论是先导通道或回击通道中闪击产生的瞬变电磁场，还是闪电进入地上建筑物防雷装置后所产生的瞬变电磁场，都会在一定空间范围内产生电磁作用，它可以是脉冲电磁感应，也可以是脉冲电磁辐射。这种雷电电磁脉冲既可以在闭合的金属回路产生感应电流，也可以在不闭合的导体回路产生感应电动势，由于其瞬变时间极短，所以，感应电压可以很高，导致发生空气电离以致产生电火花。

国外曾做过试验，磁脉冲感应强度达 0.03 高斯，计算机会出现误操作；磁脉冲感应强度达 0.75 高斯，计算机器件会出现假性损坏；磁脉冲感应强度达 2.4 高斯，计算机器件会出现真正损坏。LEMP 传输途径有两类：一类是空间传输的辐射干扰，另一类是通过各种管道和导体的传导干扰。

1.5.3 雷电危害的新变化

1. 受灾面扩大

雷电危害从电力、建筑这两个传统领域扩展到几乎所有领域，尤其是与高新技术关系最密切的领域，如航天航空、国防、邮电通信、计算机、电子工业、石油化工、金融证券等，雷电的受灾行业面扩大了。

2. 从三维空间入侵

从直接雷击和过电压波沿线传输变为脉冲电磁场从三维空间入侵到建筑物的任何角落，造成雷电灾害，因而防雷工程已从防直击雷、雷电感应扩展到防雷电电磁脉冲的影响，雷电灾害的空间范围扩大了。

3. 雷灾的经济损失和危害程度增加

雷击对象本身的直接经济损失有时并不太大，但由此产生的间接经济损失和影响却难以估计。雷灾的主要对象已集中在微电子器件设备上，科学技术的发展使得人类社会的生产状况和生活方式发生了改变。

第 2 章

防雷装置的材料与工艺

材料在现代工程与技术领域有着举足轻重的意义,新材料的出现总是带来相关领域革命性的变化。没有钢铁,就没有今天的工业产品与高楼大厦;没有发动机材料,就无法乘坐飞机旅行;没有耐高温复合涂层材料,就没有人类探索外空的飞船;没有微电子材料,就没有计算机与集成电路。在图 2-1 中,电子管如白炽灯泡大小,里面是高耗能的钨钼电极;随着半导体材料的发展,锗、硅半导体得到广泛应用,电子管被二极管和三极管等晶体管所取代,体积只有绿豆大小,减小了功耗并提高了响应速度和稳定性;大规模集成电路的出现则是在硅片上集成几千万个类似二极管的门器件,指甲盖大小的集成电路完成了以往不可想象的功能,人类从此进入了信息化时代。

图 2-1　电子管、晶体管和集成电路

工程材料是指用于工程上各种设备、构件、产品的材料。工程材料包括金属材料和非金属材料两大部分。

防雷工程也是一样,近年来一些新的材料与工艺的出现,为防雷工程领域的技术进步开拓了空间。

例如,以 ZnO 为代表的金属氧化物 MOV 材料的出现,提高了电子与电气系统过电压保护的能力与水平,降低了工程成本,同时也延长了过电压保护装置的有效寿命。以石墨碳粉为主要原料的接地模块的出现，在降低接地成本的同时也改善了接地体的性能，提高了散流与耐腐蚀能力。因此，在防雷工程设计中，首先需要了解的是防雷装置中的各类构件所使用材料的物理与化学特性，这样才能够因地制宜，在科学、合理、经济的原则下给出最优的设计方案。本章将着重讲解防雷装置制作与生产过程中用到的各种材料与制作工艺。

2.1 材料的分类与性能

2.1.1 材料的分类

材料由于组成结构的化学键不同而体现出不同的性质。金属材料主要为金属键，是热和电的良导体，具有良好的强度、延展性及金属光泽；高分子材料以共价键为主，分子结构巨大，密度较低，在高温下不稳定；陶瓷材料为离子键或共价键，通常是绝缘体且比较耐热；复合材料则具有上述综合结构，形成了材料的复合性能。材料的分类与性质如图 2-2 所示。

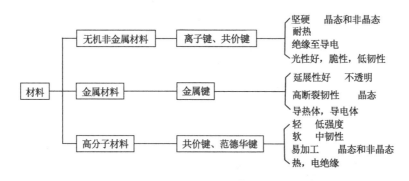

图 2-2　材料的分类与性质

按照功能用途分类，材料分为结构材料、功能材料。

（1）结构材料具有较好的力学性能，如韧性、强度、高温性能等，是用作结构件的材料。例如，建筑材料及工程材料中的水泥制品、建筑陶瓷、石膏板、玻纤/环氧树脂、精细陶瓷、云母陶瓷、云母塑料等。

（2）功能材料具有特殊的电、磁、热、光等物理性能或化学性能。功能材料利用材料机械结构力学功能以外的所有其他功能，如电、磁、光、热、摩擦、表面化学效应、胶体性能、填充密封性能等。在工程应用中有发光器件、电磁器件、导热器件等。

在防雷工程中，应用到的材料较多。例如，接闪杆（避雷针）、引下线、各种连接导体等用的都是金属材料；输电线路上用到的绝缘子用的是无机非金属（陶瓷或玻璃）材料；浪涌保护器件的封装、电气元件的模盒及线路的绝缘隔层用的是有机的绝缘材料。

2.1.2 材料的性能

材料的性能体现了材料在给定外界条件下的行为，主要表现在两个方面，一是特征性能，二是功能特性。

特征性能属于材料本身固有的性质，包括热学性能、力学性能、电学性能、磁学性能、光学性能、化学性能等。

功能特性：指在一定条件和一定限度内对材料施加某种作用时，通过材料将这种作用转化为另一形式功能的性质，包括热—电转换性能、光—热转换性能、光—电转换性能、力—电转换性能、磁—光转换性能、电—光转换性能、声—光转换性能等。

在工程上，工程材料更看重其使用性能与工艺性能。使用性能体现为工程材料的实用性，用以完成某一目标的工程任务，如材料的力学性能、物理性能、化学性能等。例如，防雷工程中为了更好地分流降阻，铜材作为连接导体与导线得到大量应用；为了降低成本、提高机械强度和使用寿命，接闪杆一般采用强度较好的钢材；为了提高防雷装置的抗腐蚀能力，对钢材采取镀锌工艺等。工艺性能体现了工程材料的铸造性、可锻性、可焊性、削切加工与热处理性能。作为工程材料，工艺性是材料能否得到广泛应用和普及的重要因素。

2.2 金属材料

金属具有特殊的光泽、良好的导电性、导热性、一定的强度和塑性，如铁、铜、铝等。凡是由金属元素或以金属元素为主而形成的具有一般金属特性的材料通称为金属材料。

金属材料可分为黑色金属材料和有色金属材料。其中，铁、锰、铬或以它们为主而形成的具有金属特性的物质，称为黑色金属材料，如碳素钢、合金钢、铸铁等；除黑色金属材料以外的其他金属材料，称为有色金属材料，如铜、铝、轴承合金等。

金属材料具有良好的加工工艺性能，尤其是热处理工艺能改变金属材料表面及内部的组织结构与性能，可满足多种不同产品的使用要求，得到了广泛的应用。

金属材料是热与电的良导体。防雷装置中除了部分接地与降阻材料、绝缘材料、非线性阻性器件外，其他部件均由金属材料制成，以利于形成优良的雷电流泄放通道与热传送通道。

由于防雷工程的特殊性，特别是外部防雷装置多安装于室外，常年经受风蚀与酸化的影响，因此，作为防雷装置的材料不仅要有良好的导电与导热性能，还要有一定的强度、抗腐蚀性能，能够抵抗自然环境长期的侵蚀。防雷工程中主要用到的金属材料有铁（Fe）、铝（Al）、铜（Cu）、锡（Sn）、锌（Zn）、钛（Ti）、金（Au）、银（Ag）等，同时也用到了大量合成金属，如铝合金、合金钢、碳素钢等，其中铜和钢应用最多。

2.2.1 金属的物理性能

金属的物理性能是指金属在重力、电磁场、热力等物理因素作用下，所表现的性能或固有的属性，包括密度、熔点、导热性、导电性、热膨胀性和磁性等。

1. 密度

金属的密度是指单位体积金属的质量。密度是金属材料的特性之一。金属材料的密度直接关系到它所制造设备的自重和效能，如发动机要求质轻和惯性小的活塞，常采用密度小的铝合金制造。在航空工业领域中，密度更是选材的关键性能指标之一。在防雷工程中，对材料的密度要求不是很严格，但出于成本、重量、加工及安装工艺考虑，在设计与安装大型的外部防雷装置时，如进行接闪杆的制作时，总是尽量减小防雷装置自身的重量，因此，在对高度在 2m 以上的接闪杆进行加工时，多是分段焊接，底部各分段通常用一定厚度和直径的钢管，从而减轻安装难度与自身负重。

常用金属的物理性能如表 2-1 所示，一般将密度小于 $5\times10^3 kg/m^3$ 的金属称为轻金属，包括铝、镁、钠、钾、钙、锶、钡等金属；将密度大于 $5\times10^3 kg/m^3$ 的金属称为重金属，包括金、银、铜、铁、铅等。

表 2-1 常用金属的物理性能

金属名称	元素符号	密度ρ（20℃）$(kg/m^3)\times10^3$	熔点（℃）	热导率λ W/(m·K)	线胀系数α_1（0~100℃）10^{-6}/℃	电阻率ρ $(\Omega\cdot m)\times10^{-8}$
银	Ag	10.49	960.8	418.6	19.7	1.5
铝	Al	2.698	660.1	221.9	23.6	2.655
铜	Cu	8.96	1083	393.5	17.0	1.67~1.68
铬	Cr	7.19	1903	67	6.2	12.9
铁	Fe	7.84	1538	75.4	11.76	9.7
镁	Mg	1.74	650	153.7	24.3	4.47
锰	Mn	7.43	1244	4.98（-192℃）	37	185（20℃）
镍	Ni	8.90	1453	92.1	13.4	6.84
钛	Ti	4.508	1677	15.1	8.2	42.1~47.8
锡	Sn	7.298	231.91	62.8	2.3	11.5
钨	W	19.3	3380	166.2	4.6（20℃）	5.1

2. 熔点

金属和合金从固态向液态转变时的温度称为熔点。纯金属都有固定的熔点，常用金属的熔点如表 2-1 所示。

金属材料的熔点对于防雷工程意义重大。雷电在触及物体的瞬间，由于电流值极大，将产生高达近万摄氏度的高温。如此高的温度在触及金属的瞬间都要留下明显的痕迹。如果接闪体导热性能良好，可以很快将集中的热量分散，减轻局部击穿的可能性。因此，防雷装置除了要有良好的导电、导热性能之外，还需要有较高的熔点。从表 2-1 中可以看出，常用的银、铜、铁、铝、锡等金属材料中,锡和铝的熔点都较低,这也是铝材在防雷工程中直接应用较少的原因。目前广泛应用的电涌保护器,就是利用工业中常用的低温焊锡的低熔点,要求当 SPD 的发热温度达到临界点时,自动熔断形成脱扣,从而达到断开电路的目的,以防止火灾的发生。

合金的熔点取决于它的化学成分,如钢和生铁虽然都是铁和碳的合金,但由于碳的含量不同,熔点也不同。熔点高的金属称为难熔金属,如钨、钼、钒等,高熔点金属用来制作耐高温零件,它们在导弹、火箭、燃气轮机、飞机等方面得到了应用。熔点低的金属称为易熔金属,如锡、铅等,用来制造熔丝、焊接材料等。

根据金属的熔点不同,部分金属材料用作熔体材料。熔体是熔断器的主要部件。不同的熔体,对相同的熔化电流,其熔化时间相差也很大。

(1) 纯金属熔体材料,最常用的有银、铜、铝、锡、铅和锌等。在特殊场合也可采用其他金属作为熔体。银具有优良的导热、导电性能,其导电性能在接近氧化的高温下也不显著降低;耐腐蚀性好,与填料的相容性好;富于延性,能制成各种精确尺寸和复杂外形的熔体;焊接性好;在受热过程中,能与其他金属形成共晶而不致损害其稳定性等。铜有良好的导电、导热性能,机械强度高;但在温度较高时易氧化,故其熔断特性不够稳定;铜质熔体熔化时间短,金属蒸气少,有利于灭弧;铜宜作为精度要求较低的熔体。

(2) 低熔点合金熔体材料通常由不同成分的铋、镉、锡、铅、锑、铟等组成,熔点一般为 60～200℃。它们具有对温度反应敏感的特性,故可用来制成温度熔断器的熔体,广泛用于保护电炉、电热器等电热设备的过热。

(3) 熔体的熔断特性除与选用材料直接有关外,还与熔体的外形、尺寸、安装方式及其他影响其散热的因素有密切关系。

(4) 熔体为易熔金属,呈电阻性,电感量很小,可以忽略。熔断器在瞬时大电流的作用下,没有弧前熔断过程,因此,在瞬时大电流作用下,熔体的熔化过程可以看成一个绝热过程。

3. 导热性

金属传导热量的能力称为导热性,金属导热能力的大小常用热导率(也称导热系数)表示,热导率越大,导热性能越好。一般来说,金属越纯,其导热性能越好,合金的导热能力比纯金属差,金属的导热能力以银为最好,铜、铝次之。

导热性好的金属其散热性也好,如在制造散热器、热交换器与活塞等零件时,就要注意选用导热性好的金属,在制定焊接、铸造、锻造和热处理工艺时,也必须考虑材料的导热性,防止金属材料在加热或冷却过程中形成较大的内应力,以免金属材料发生变形或开裂。

金属材料良好的导热性在防雷工程中是防止因雷电的电热效应而引发火灾的重要保障。金属材料都是热的良导体,能够很快将接闪点聚集的热量向四周传导扩散,有效降低接闪点的温度,不致引起击穿与火灾。

4. 导电性

金属能够传导电流的性能，称为导电性，常用电阻率或电导率表示。长 1m、截面积为 $1mm^2$ 的物体在一定温度下所具有的电阻值，称为电阻率。电阻率越小，导电性就越好。导电性随合金化学成分的复杂化而降低，纯金属导电性总比合金好。工业上常用纯铜、纯铝作为导电材料，而用导电性差的铜合金（康铜）和铁铬铝合金作为电热材料。

导电性能是防雷工程材料首要的性能，良好的导电性能可以有效、快速地泄散雷电流，降低防雷系统电阻值，减小综合防雷系统上电磁感应与地电位高压，这对于现代防雷技术来说是非常重要的。如图 2-3 所示为常用的导电材料导电特性。

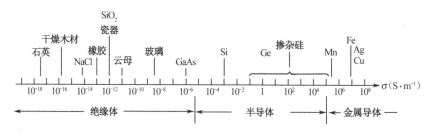

图 2-3 常用的导电材料导电特性

导电材料大部分是金属，其特点是导电性好，有一定的机械强度，不易氧化和腐蚀，容易加工和焊接。金属中导电性能最佳的是银，其次是铜、铝。由于银的价格比较昂贵，因此，银只在比较特殊的场合使用，一般都将铜和铝用作主要的导电金属材料。

（1）铜的导电性能好，在常温时有足够的机械强度，具有良好的延展性，便于加工，化学性能稳定，不易氧化和腐蚀，容易焊接，因此广泛用于制造变压器、电动机和各种电器的线圈。纯铜俗称紫铜，含铜量高，根据材料的软硬程度可分为硬铜和软铜两种。

（2）铝的导电系数虽比铜大，但它密度小。同样长度的两根铜导线和铝导线，若要求它们的电阻一样，则铝导线的截面积约是铜导线的 1.69 倍。铝资源较丰富，价格便宜，在铜材紧缺时，铝材是最好的代用品。铝导线的焊接比较困难，必须采取特殊的焊接工艺，同时铝易老化、熔点低、在发生电热效应时易断裂。

5. 热膨胀性

金属材料随着温度变化而膨胀、收缩的特性称为热膨胀性。一般来说，金属受热时膨胀而且体积增大，冷却时收缩而且体积缩小。热膨胀性的大小用线胀系数和体胀系数来表示。体胀系数近似为线胀系数的 3 倍。在实际工作中考虑热膨胀性的地方颇多，例如，在铺设钢轨时，在两根钢轨衔接处应留有一定的空隙，以便钢轨在长度方向有膨胀的余地；在制定焊接、热处理、铸造等工艺时也必须考虑材料的热膨胀影响，做到减少工件的变形与开裂；在测量工件的尺寸时也应注意热膨胀因素，做到减小测量误差。

6. 磁性

金属材料在磁场中被磁化而呈现磁性强弱的性能称为磁性，通常用磁导率表示。根据金属材料在磁场中受到磁化程度的不同，金属材料可分为如下几种。

（1）铁磁性材料：在外加磁场中，能强烈地被磁化到很大程度，如铁、镍、钴等。

（2）顺磁性材料：在外加磁场中，只表现出十分微弱的磁性，如锰、铬、钼等。

（3）抗磁性材料：能抗拒或减弱外加磁场磁化作用的金属，如铜、金、银、铅、锌等。

在铁磁性材料中，铁及其合金（包括钢与铸铁）具有明显的磁性；镍和钴也具有磁性，但其磁性远不如铁。铁磁性材料可用于制造变压器、电动机、测量仪表等；抗磁性材料则可用作要求避免电磁场干扰的零件和结构材料。

磁性材料也可分为软磁材料（导磁材料）和硬磁材料（永磁材料）。

软磁材料的主要特点是磁导率高、剩磁弱。这类材料在较弱的外界磁场作用下，就能产生较强的磁感应，而且随着外界磁场的增强，很快就达到磁饱和状态；当外界磁场去掉后，它的磁性就基本消失。常用的软磁材料有硅钢片和电工用纯铁两种。硅钢片的主要特性是电阻率高，适用于各种交变磁场，分为热轧和冷轧两种。软磁材料主要用来制作传递、转换能量和信息的磁性零件，其主要功能是减少回路的磁阻，增强磁回路的磁通量。

硬磁材料的主要特点是剩磁强。这类材料在外界磁场的作用下，不容易产生较强的磁感应，但当其达到磁饱和状态以后，即使把外界磁场去掉，还能在较长时间内保持较强磁性。对硬磁材料的基本要求是剩磁强、磁性稳定。常用的有13号、32号、52号和60号铝镍钴合金及40号、56号、70号铝镍钴钛合金。硬磁材料主要用来制造永磁电机和微电机的磁极铁心。

金属材料的磁性对雷电灾害的调查分析具有重要作用。在工业与民用建筑中，最常用的金属材料是钢合金。这些材料一旦遭受雷击，或处在雷电电磁场中，将被雷电电磁场磁化，其磁化程度与雷电流的幅值成正比，并且能在相当长的时间内驻留存在。这就为雷电灾害的调查取证提供了绝好的途径。因此，通过测量雷击后的剩磁，可以确定是否遭受雷击和雷击电流的大小。同时，在对雷电磁场进行磁屏蔽时，也需要利用导磁性材料来制作磁屏蔽体。

2.2.2 金属的化学性能

金属的化学性能是指金属在室温或高温时，抵抗各种化学介质作用所表现出来的性能，包括耐腐蚀性、抗氧化性和化学稳定性等。

金属材料在使用过程中，物理性能与化学性能相互作用与影响。金属材料不但要满足力学性能、物理性能的要求，同时也要具有一定的化学性能，尤其要耐腐蚀、耐高温。电气工程中的零部件更应该重视金属材料的化学性能。

1. 耐腐蚀性

金属材料在常温下抵抗氧、水及其他化学介质腐蚀破坏作用的能力称为耐腐蚀性。金属材料的耐腐蚀性是一个重要的性能指标，尤其对在腐蚀介质（如酸、碱、盐、有毒气体等）中工作的零件，其腐蚀现象比在空气中更为严重。

防腐是防雷装置在制作过程中值得重视的一个重要问题。许多接地体深埋地下，而外部防雷装置裸露在室外，两者都极易受到腐蚀，时间一长，将严重影响防雷装置的自身性能。另外，很多自然接地体或接闪装置本身具备一定的防雷功能，但由于长时间的腐蚀，也会造成性能的下降，最终导致防雷功能受到损害。因此，金属防腐是一个非常重要的课题，后面将单独进行介绍。

2．抗氧化性

金属材料在加热时抵抗氧化作用的能力，称为抗氧化件。金属材料的氧化随温度升高而加速，例如，钢材在铸造、锻造、热处理、焊接等热加工作业时，氧化比较严重。氧化不仅造成材料过量的损耗，也会形成各种缺陷，为此常需要采取措施以避免金属材料发生氧化。

氧化最初阶段，空气中的氧气被吸附于金属表面，与金属发生氧化作用，生成氧化核，并不断扩大生长；同时氧气分子不断溶解在金属当中，时间一长，在金属表面便生成了一层金属氧化膜，而内部溶解的氧气分子则继续与金属发生内氧化，这样金属便出现了缝隙、孔洞与微小的裂纹，最后形成肉眼可见的宏观裂纹。如图 2-4 所示为酸性气体与海水对金属的侵蚀过程。

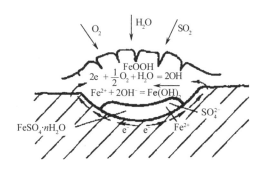

图 2-4　SO_2 气体对铁的侵蚀过程

3．化学稳定性

化学稳定性是金属材料的耐腐蚀性与抗氧化性的总称。金属材料在高温下的化学稳定性称为热稳定性。在高温条件下工作的设备，像锅炉、加热设备、汽轮机、喷气发动机等上的部件需要选择热稳定件好的材料来制造。

2.2.3　金属的力学性能

金属的力学性能是指金属在外力作用下表现出来的性能。金属的力学性能体现在硬度、强度、塑性、冲击韧性和疲劳强度等性质。

1. 强度

强度是指金属在静载荷作用下，抵抗塑性变形或断裂的能力。强度的大小通常用应力来表示。金属材料在加工及使用过程中所受的外力定义为载荷。金属材料受到载荷作用而产生的几何形状和尺寸的变化称为变形。变形一般分为弹性变形和塑性变形两种。金属受外力作用时，为保持其不变形，在材料内部作用着与外力相对抗的力，称为内力。单位面积上的内力称为应力。

根据载荷的作用形式，强度可从抗拉强度、抗压强度、抗弯曲强度、抗剪强度和抗扭曲强度 5 个方面体现，其中抗拉强度常用来作为判断金属强度高低的一般依据。

通常可以通过拉伸试验来测定金属抗拉强度和塑性。拉伸试验将金属试样装夹在拉伸试验机上，缓慢施加轴向拉伸载荷，同时测量力和伸长量，直至试样断裂，根据测得的数值即可计算出有关力学性能。如图 2-5 所示为低碳钢的力—伸长曲线。从拉伸曲线可以看出在强度试验中拉伸力与伸长量之间的关系。

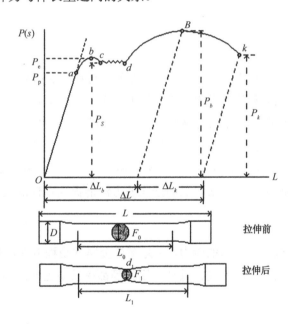

图 2-5　力—伸长曲线

在图 2-5 中，曲线有 4 个不同的阶段，分别是弹性变形阶段、屈服阶段、冷变形强化阶段、缩颈与断裂阶段。

弹性变形阶段，外力与金属形变成正比，外力去除后，金属完全恢复原始的形状与尺寸。屈服阶段，当拉伸力超过弹性变形最大拉伸力时，将拉伸力卸载，部分变形被保留，试样不能恢复到原来的形状与尺寸，形成塑性变形；拉伸力继续增加，曲线将出现平台或锯齿状，在拉伸力基本不变的情况下，试样的伸长量在继续增加，称为屈服载荷；此后，材料出现明显的塑性变形。冷变形强化阶段,随着塑性变形的增大,试样变形抗力也逐渐增加,在力—伸长曲线上表现拉伸试验时的最大载荷。缩颈与断裂阶段,即局部塑性变形阶段,当载荷达到最大值后,试样上某个部位的直径发生局部收缩,称为缩颈;该处的横截面积随即减小,试样变形所需要的载荷随之降低,此时伸长集中于缩颈部位,直至断裂,在力—伸长关系上表现为一段下降曲线。

一般工程上使用的金属材料,多数没有明显的屈服现象。例如,铸铁等脆性材料,不仅没有屈服现象,而且也不产生"缩颈"。

2. 塑性

金属材料断裂前产生永久变形的能力称为塑性。塑性指标常用伸长率和断面收缩率来表示。金属材料的试样拉断后标距的伸长与原始标距的百分比即为伸长率。试样拉断后,缩颈处横截面积的缩减量与原始横截面积的百分比为断面收缩率。伸长率和断面收缩率数值越大,说明其塑性越好。低碳钢的塑性好,可锻压加工成形;灰铸铁塑性差,不能进行压力加工。塑性好的材料,在受力过大时,首先产生塑性变形而不致发生突然断裂,因此比较安全。

3. 疲劳强度

在交变应力作用下,零件所承受的应力虽然低于材料的屈服点,但较长时间的工作后产生裂纹或突然发生完全断裂的现象称为金属的疲劳。疲劳破坏是零件失效的主要原因之一。零件失效中有70%以上属于疲劳破坏,且破坏前没有明显的变形。机械零件之所以产生疲劳断裂,是由于材料表面或内部有缺陷,金属材料的局部应力大于屈服点,产生局部塑性变形而开裂。这些微裂逐渐扩展,直到截面减小到不能承受所加载荷导致断裂。改善零件的结构、降低表面粗糙度、采取表面强化的方法能提高零件的疲劳极限。

4. 硬度

硬度是指金属抵抗局部变形的能力,它是衡量金属软硬程度的性能指标,是各种零件和工具必须具备的性能指标。刀具、量具、模具等都应具备足够的硬度。

5. 冲击韧性

金属材料在冲击载荷作用下抵抗破坏的能力称为冲击韧性。

在电影《泰坦尼克号》中,"泰坦尼克号"游轮(见图2-6)由于夜间行驶,撞上冰山,导致整个船体沉没。根据当时的工业水平和生产轮船用的材料来分析,"泰坦尼克号"游轮当时是用含硫高的钢板制造的,因此韧性很差,特别是在遇到冰山时,低温下呈脆性,所以,碰撞导致整个船体发生横向断裂。根据冲击试样,游轮断口是典型的脆性断口。在近代造船工业中,轮船所用的钢板是冲击试样具有相当好的韧性钢板材料,不易发生脆性断裂。如图2-7和图2-8所示分别为泰坦尼克号钢板和近代船用钢板的冲击试验结果。

图 2-6 "泰坦尼克号"巨轮

 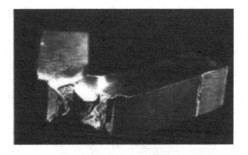

图 2-7 "泰坦尼克号"钢板的冲击试验结果　　图 2-8 近代船用钢板的冲击试验结果

2.2.4 金属的工艺性能

金属的工艺性能是指金属材料在加工成型过程中,对不同工艺方法的适应能力。它包括铸造性能、锻造性能、焊接性能、热处理性能和切削加工性能等。如图 2-9 所示为材料加工的工艺分类。

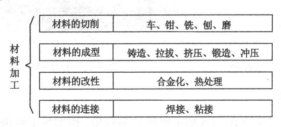

图 2-9 材料加工的工艺分类

1. 铸造性能

金属在铸造成型过程中获得外形准确、内部健全铸件的能力称为铸造性能。铸造性能包括流动性、收缩性和偏折性等。流动性是指液态金属充满铸模的能力;收缩性是指铸件凝固时体积收缩的程度;偏析性是指金属在冷却凝固过程中,因结晶先后差异而造成金属内部化学成分和组织的不均匀性。在金属材料中灰铁和青铜的铸造性能较好。

2. 锻造性能

金属材料利用锻压成型方法获得优良锻件的难易程度称为锻造性能。它包括在热态或冷态下能够进行锤锻、轧制、拉伸、挤压等加工。锻造性能的好坏主要与金属的塑性和变形抗力有关。塑性越好，变形抗力越小，金属的锻造性能越好。例如，黄铜和铝合金在室温状态下就有良好的锻造性能；碳素钢在加热状态下锻造性能较好；而铸铜、铸铝、铸铁等几乎不能锻造。

3. 焊接性能

焊接性能是指金属材料对焊接加工的适应性，也就是在一定的焊接工艺条件下，获得优质焊接接头的难易程度。如图 2-10 和图 2-11 所示，焊接性能包括两个方面的内容：一是结合性能，即在一定的焊接工艺条件下，一定的金属形成焊接缺陷的敏感性；二是使用性能，即在一定的焊接工艺条件下，一定的金属焊接接头对使用要求的适用性。焊接性能好的金属能获得没有裂缝、气孔等缺陷的焊缝，并且焊接接头具有良好的力学性能；低碳钢具有良好的焊接性能，而高碳钢、不锈钢、铸铁的焊接性能则较差。

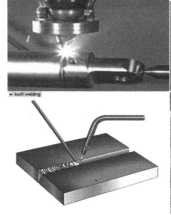

图 2-10 金属的焊接性能　　　图 2-11 焊接的应用

4. 切削加工性能

切削加工性能是指金属在切削加工时的难易程度。切削加工性能好的金属对使用的刀具磨损量小，可以选用较大的切削用量，加工表面也比较光洁。切削加工性好坏常用加工后工件的表面粗糙度、允许的切削速度及刀具的磨损程度来衡量。切削加工性能与金属材料的硬度、热导性、冷变形强化等因素有关。当材料硬度为 170～260HBS 时，最易切削加工。铸铁、钢合金、铝合金及碳素钢都具有较好的切削加工性能，而高合金钢的切削加工性能较差。如图 2-12 所示，切削加工分为车削、铣削、钻削、刨削、外圆磨削和平面磨削。

（1）车削：车削就是在车床上利用工件的旋转运动和刀具的直线（或曲线）运动来改变毛坯的形状和尺寸。车削运动分为主运动和进给运动，工件的旋转运动是主运动。

车削具有以下几个优点：易于保证工件各加工面的位置精度，易于保证端面与轴线垂直度要求；由横溜板导轨，与工件回转轴线的垂直度；切削过程较平稳，避免了惯性力与冲击力，允许采用较大的切削用量，高速切削，利于生产率提高；适于有色金属零件的精加工；刀具简单。

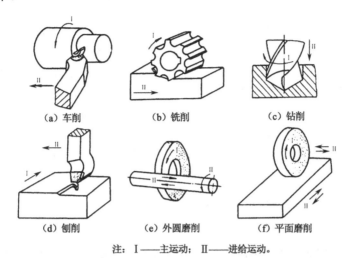

（a）车削　　（b）铣削　　（c）钻削

（d）刨削　　（e）外圆磨削　　（f）平面磨削

注：Ⅰ——主运动；Ⅱ——进给运动。

图 2-12　切削加工分类

（2）铣削：铣削是指使用旋转的多刃刀具切削工件，是高效率的加工方法。铣削分端铣法和周铣法。端铣法是用铣刀端面上的切削刃铣削工件，周铣法是用铣刀圆周表面上的切削刃铣削工件。根据铣刀转向和工件的进给方向的一致与否，铣削分为顺铣和逆铣。工作时刀具旋转做主运动，工件移动做进给运动，工件也可以固定，但此时旋转的刀具还必须移动，即同时完成主运动和进给运动。铣削用的机床有卧式铣床、立式铣床，也有大型的龙门铣床，这些机床可以是普通机床，也可以是数控机床。

铣削具有以下特点：铣刀各刀齿周期性地参与间断切削；每个刀齿在切削过程中的切削厚度是变化的。

（3）钻削：以钻头为主加工孔的都是钻削加工，是孔加工的一种基本方法。钻头的旋转运动为主切削运动，加工精度较低，表面较粗糙。在各类机器零件上经常需要进行钻孔，因此，钻削的应用比较广泛。钻削加工容易产生"引偏"，"引偏"是由于钻头弯曲、孔的轴线歪斜而引起的孔径扩大、孔不圆。

（4）刨削：刨削是用刨刀对工件做水平相对直线往复运动的切削加工方法，主要用于零件的外形加工，是单件小批量生产平面加工最常用的加工方法。刨削可以在牛头刨床或龙门刨床上进行，刨削的主运动是变速往复直线运动。因为在变速时有惯性，限制了切削速度的提高，并且在回程时不切削，所以刨削加工生产效率低。但是，刨削所需的机床、刀具结构简单，制造安装方便，调整容易，通用性强。因此，在单件、小批生产中特别是加工狭长平面时刨削被广泛应用。

（5）外圆磨削：外圆磨削主要在外圆磨床上进行，用以磨削轴类工件的外圆柱、外圆锥和轴肩端面，分为中心型外圆磨削、无心外圆磨削、端面外圆磨削三种形式。磨削时，工件低速旋转，如果工件同时做纵向往复移动并在纵向移动的每次单行程或双行程后砂轮相对工件做横向进给，称为纵向磨削法。如果砂轮宽度大于被磨削表面的长度，则工件在磨削过程中不做纵向移动，而是砂轮相对工件连续进行横向进给，称为切入磨削法。一般切入磨削法效率高于纵向磨削法。如果将砂轮修整成成型面，切入磨削法可加工成型的外表面。

（6）平面磨削：在平面磨床上对平面进行加工，达到一定的要求。平面磨削时，对于外形简单的铁磁性材料工件，采用电磁吸盘装夹工件，操纵简单方便，能同时装夹多个工件，而且能保证定位面与加工面的平行度要求。对于外形复杂或非铁磁性材料的工件，可采用精密平口虎钳或专用夹具装夹，然后用电磁吸盘或真空吸盘吸牢。根据砂轮工作面的不同，平面磨削分为周磨和端磨两类。周磨是采用砂轮的圆周面对工件平面进行磨削。这种磨削方式，砂轮与工件的接触面积小，磨削力小，磨削热小，冷却和排屑条件较好，而且砂轮磨损均匀。端磨是采用砂轮端面对工件平面进行磨削。这种磨削方式，砂轮与工件的接触面积大，磨削力大，磨削热多，冷却和排屑条件差，工件受热变形大。此外，由于砂轮端面径向各点的圆周速度不相等，砂轮磨损不均匀。

5．热处理性能

热处理性能是指通过热处理改变金属材料的组织性能的能力。如图 2-13 所示，热处理是将金属材料放在一定的介质内加热、保温、冷却，通过改变金属材料表面或内部的金相组织，来控制其性能的一种金属热加工工艺。常见的热处理有正火、退火、淬火、回火等。处于高温或经过雷电流瞬态发热后的金属电气部件，相当于进行了一次热处理过程，将影响其电气与机械特性。

图 2-13 金属的热处理

2.3 金属的相

直击雷防护的本质是利用金属材料制作的接闪器为其选择一条确定的雷电泄放路径，降低自然雷电落点选择的随意性，从而使被保护对象得以避开雷电。我们在雷电灾害的调查与分析取证时,就需要了解金属学知识。前面讲到利用金属材料的剩磁可以确定是否有雷电流经过,这些金属材料中的剩磁由于不同金属材料性质不同,大小和驻留时间都有很大的差别。例如,铜材、铝材对磁场感应不明显;即使是铁磁材料,在隔一定的时间之后,内部磁场也会消失减退。此时对雷电灾害调查分析的另一个好的途径便是通过电子显微镜来观察金属材料的相结构,也就是通过金相发生变化的特征来分析是火烧事故还是短路事故,是一次短路事故还是二次短路事故。这些信息都隐藏在当事的金属材料身上。

2.3.1 金属的晶体结构

金属制品都不是由单个原子组成的,而是无数个原子的宏观集合体,因而金属制品具有一系列单个原子所不具有的物理性能。金属的物理性能主要表现在:具有金属的光泽和可塑性,具有优良的导热性和导电性,尤其是具有正的电阻温度系数。

1. 金属键

金属原子是依靠自由电子与正离子之间相互吸引又相互排斥的作用而结合在一起的,这种结合被称为金属键。由于金属以金属键结合,具有一系列的物理特性。金属之所以具有良好的导电性,是由于在外电场作用下金属晶体中的自由电子沿着电场方向定向运动而形成电流。由于金属中的正离子是以某一个固定位置为中心做热振动,这时自由电子的流通有阻碍作用,就使得金属具有一定的电阻,而且随着温度的升高,正离子振幅加大,振动频率也增加,必然对自由电子的通过起到更大的阻碍作用,这就是金属的电阻随温度升高而增大的原因,即金属具有正的电阻温度系数。金属具有良好的导热性,也是因为金属中热量的传递是依靠正离子的振动和自由电子的运动共同完成的。金属具有良好的塑性,是因为金属在一定的外力下发生了塑性变形,也就是晶体中各层原子发生了相对位移后,晶体中正离子和自由电子之间仍能保持金属键的结合,因此,金属虽然发生了塑性变形,但仍不致断裂,能够锻打成形、轧制成材、拉拔成丝。

2. 晶体

晶体就是原子有规律排列的固体物质。所有固态的金属和合金都属于晶体,如铁、铜、铝及铝合金等。原子无规律排列、杂乱堆积的固体物质称为非晶体。

将原子抽象为一个点,该点代表原子振动的中心,由此可以建立一个空间的点阵。把这些点用假想直线连接起来就形成一个空间格子。这种表示原子在晶体中排列规律的空间格架称为晶格,如图 2-14(a)所示。晶格中的每个点称为结点,原子在晶格结点上是以结点为中心做 $10^{12} \sim 10^{13}$ 次/秒的高频振动,温度升高,振幅增大。一个能够完全代表晶格特征的最小几何单元称为晶胞,如图 2-14(b)所示。不同金属的原子大小不一样,因此,晶胞大小也不相同。

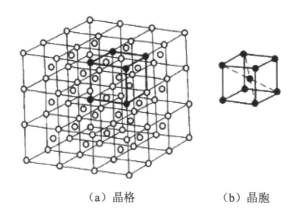

(a)晶格　　　（b）晶胞

图 2-14　金属的晶格和晶胞

3. 晶体结构

将纯金属制成试样后，在显微镜下观察，其组织是由许多外形不规则的多边形的小晶体组成的，其中每个小晶体称为晶粒。每个晶粒内部的结构相同，晶格位向基本相同。而不同晶粒内的晶格位向则不同，如图 2-15 所示。它们相互间的交界面称为晶界。工业用金属的晶粒尺寸一般为 0.1～0.025mm，如形变热处理状态的组织，其晶粒尺寸可细小到 0.1～0.001mm。在某些特殊情况下用肉眼也可直接观察到金属的晶粒，如冷轧硅钢片晶粒可达 2～5mm；铸造状态的组织或经高温长期加热的组织，用肉眼也可以看到 1mm 左右的粗大晶粒。

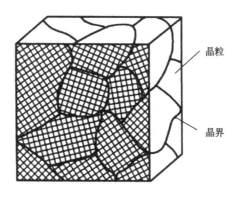

图 2-15　晶粒与晶界

2.3.2　合金的结构及相图

合金是指由两种或两种以上的金属元素或金属元素与非金属元素熔合在一起，而且具有金属特性的物质。例如，碳钢和铸铁就是铁与碳组成的合金。组成合金最基本的、独立的物质称为组元。例如，普通黄铜是铜与锌组元组成的二元合金；硬铝是铝、铜、镁组成的三元合金。组元一般是组成合金的元素，有时也可以是稳定的化合物。给定组元可以配制出一系列不同成分的合金，这一系列合金构成了一个合金系统，简称合金系。

合金系中具有相同的物理性能和化学性能，并与该系统的其余部分以界面分开的这样的一部分物质称为相。液态合金通常都为单相液体。合金在固态下，由一个固相组成时称为单相合金，由两个以上固相组成时称为多相合金。合金的性能一般是由组成合金的各相成分、结构、形态、性能及其组合情况——组织所决定的。

固态合金的相结构可以分为固溶体和金属化合物两大类。

合金在固态下，组元间仍相互溶解而形成的均匀相称为固溶体。固溶体的晶格类型与其中某一组元的晶格类型一致。能保留晶格形式的组元称为溶剂，而溶质以原子状态分布在溶剂的晶格中。在固溶体中，一般溶剂含量较多，溶质含量较少。在金属材料的相结构中，形成间隙固溶体的很多，大多是一些原子半径较小的非金属组元，如碳钢等。溶入的原子越多，引起的溶剂晶格畸变就越大；当畸变量超过一定数值时，溶剂晶格将变得不稳定，溶质原子就不能继续溶解。因此，间隙固溶体也称为有限固溶体。如图 2-16 所示为固溶体的原子分布图。

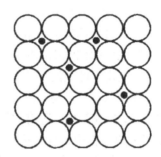

（a）置换固溶体　　　　　（b）间隙固溶体

图 2-16　固溶体的原子分布

当组成合金的两个元素在周期表中的位置相距较远时，容易形成化合物。金属材料中的化合物分为金属化合物与非金属化合物。凡是由相当程度的金属键结合，并具有明显金属特性的化合物称为金属化合物，它可以成为金属材料的组成相，例如，碳钢中的渗碳体（Fe_3C）。凡是没有金属键结合，且没有金属特性的化合物称为非金属化合物。例如，碳钢中依靠离子键结合的 FeS 和 MnS 都是非金属化合物。非金属化合物可能是合金原材料或在熔炼过程中带入的杂质，它们数量虽少，但对合金性能的影响一般较大，也称为非金属夹杂。

显微组织：显微组织是指金属或合金的金相磨面经过适当的腐蚀后，在金相（电子）显微镜下所观察到的形貌和特征。

合金的相图：合金的结晶过程与纯金属虽有相似之处，但纯金属结晶过程总是在某一恒定温度下进行的，而大多数合金是在某一温度范围内进行结晶。在结晶过程中，各相的成分还会发生变化，所以，合金的结晶过程比纯金属复杂得多，要用相图才能表示清楚。

合金相图又称为合金平衡图或合金状态图。它表示在平衡状态下，合金的组成相（或组织状态）与温度、成分之间关系的图解。合金相图是讨论合金在快速冷却时（不平衡状态下）组织变化规律的基础。合金相图对合金的热加工工艺，如铸、锻、焊、热处理等，具有重要的指导意义。

金相与合金相图有些差别，金相是指金属的微观组织图像，而合金相图则是不同温度、成分下合金的组成相。

随着现代科学技术的飞速发展，目前彩色金相已经发展得比较成熟，有取代黑白金相的趋势。彩色金相的突出优点不仅是色彩艳丽，更重要的是彩色金相对相的辨别能力较黑白金相高出很多倍，这为金相技术满足现代科学技术的需要提供了广阔的前景。

传统的黑白金相通过化学试剂的蚀刻作用，使金层表面产生凹凸不平，从而产生反光能力的差别，以此来显示金相组织的微观形貌特征。彩色金相利用化学或物理的方法，使试样表面形成一层具有特殊性质的薄膜。利用光的薄膜干涉效应，使金属及合金的显微组织呈现不同的颜色，通过颜色衬度去区别显微组织结构。亮度差是单变量的衬度。颜色衬度除了亮度差之外，还包含着色调和颜色饱和度的差别，是三变量的衬度，因而对不同显微组织有更高的鉴别率，把传统的光学金相推向了一个新高度。

当前使金属表面形成膜的物理方法有真空镀膜和离子溅射成膜。这两种方法都需要昂贵的专用设备，而且对颜色反应不敏感。化学方法有电化学蚀刻沉积法、恒电位蚀刻沉积法和热氧化法。恒电位蚀刻沉积法也需要专用设备，试验方法较复杂。热氧化法不适合组织不稳定的材质。电化学蚀刻沉积法只需要将化学试剂溶于水或酒精中，将试剂滴注到试样表面，或将试样浸入试剂，经一定时间后，金属表面即形成了所需要的干涉膜。这种方法不需要特殊设备，操作简便，适用材料范围广泛，色彩丰富鲜艳，关键是试剂选择适当，注意观察控制形成膜过程中试样表面的颜色。例如，电厂常用的铜合金有单相黄铜 H68 和双相黄铜 H62，如图 2-17 和图 2-18 所示。单相黄铜组织为锌溶于铜中的固溶体，双相黄铜由化合物 Cu、Zn 和固溶体组成。

图 2-17　H68 黄铜退火　　　　　　图 2-18　H62 黄铜退火

在电焊过程中，由于焊接材料在不同的焊接区受热不同，也呈现出不同的金相特征，如图 2-19 所示。

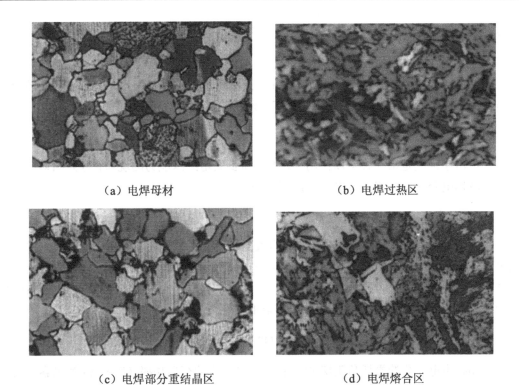

(a) 电焊母材　　　　　　　　　(b) 电焊过热区

(c) 电焊部分重结晶区　　　　　(d) 电焊熔合区

图 2-19　焊接材料不同的金相特征

在雷电灾害调查中，对过火后的金属导体进行金相分析，也可以确定是由于雷电致灾还是其他原因致使电气设备着火。

2.4　防雷工程中的非金属材料

金属导体需要用到的绝缘材料，属于非金属材料，如常用到的导线的绝缘、PVC 形材、塑料模盒、绝缘陶瓷等，这些材料在防雷工程中也很重要。

2.4.1　绝缘材料

按国家标准 GB 2900.5 规定，绝缘材料的定义是"用来使器件在电气上绝缘的材料"，也就是能够阻止电流通过的材料，它的电阻率很高。

绝缘材料又称电介质，它在直流电压的作用下只允许极微小的电流通过。绝缘材料的基本特征主要反映在使用中所发生的导电、极化、损耗、老化、击穿等过程变化，它们对电工产品的性能起到重要的作用。

衡量绝缘材料性能好坏的主要标准包括电阻率、击穿强度和损耗角正切值 $\tan\delta$。此外，在不同场合下还要求绝缘材料有一定的强度、延展性、良好的导热性、耐热耐蚀性和抗射线防老化的能力等。

1．电阻率

绝缘材料的电阻率一般都大于 $10^9\,\Omega\cdot m$，最高可达到 $10^{22}\,\Omega\cdot m$。在电子工业中的应用相当普遍。这类材料品种很多，要根据不同要求及使用条件合理选用。

2．击穿强度

介电击穿强度是指在强电场作用下，电介质丧失电绝缘能力的现象，分为固体电介质击穿、液体电介质击穿和气体电介质击穿 3 种。

3．损耗角正切 $\tan\delta$

电力电容器是一种实际电容器，不是理想电容器，在外施交流电压的作用下，除了会输出一定容量的无功功率 Q 之外，在电容器的内部介质、电容器的极板（铝箔）、引线等导体中，以及在瓷瓶间的漏泄电流等都会产生一定的有功损耗功率 P。通常把电容器的有功功率 P 与无功功率 Q 的比值称为该电容器的损耗角正切，并用下式表示：

$$\tan\delta = \frac{P}{Q}$$

式中，$\tan\delta$ 为电容器的损耗角正切（%）；P 是电容器的有功功率（W）；Q 为电容器的无功功率（W）。

绝缘材料的主要作用是隔离带电的或不同电位的导体，使电流能按预定的方向流动。绝缘材料大部分是有机材料，其耐热性、机械强度和寿命比金属材料要低得多。

2.4.2 常用绝缘材料

（1）薄型绝缘材料。薄型绝缘材料主要应用于包扎、衬垫、护套等。

①绝缘纸：常用的绝缘纸有电容器纸、青壳纸、铜版纸等，具有较高的抗电强度，但抗张强度和耐热性都不高，主要用于要求不高的低压线圈绝缘。

②绝缘布：常用的绝缘布有黄蜡布、黄蜡绸、玻璃漆布等。它们具有布的柔软性和抗拉强度，适用于包扎、变压器绝缘等。这种材料也可制成各种套管，用做导线护套。

③有机薄膜：常用的有机薄膜有聚酯、聚酰亚胺、聚氯乙烯、聚四氟乙烯薄膜。厚度范围是 0.04～0.1mm。其中以聚酯薄膜使用最为普遍。

④黏带：有机薄膜涂上胶黏剂就成为各种绝缘黏带，俗称塑料胶带，可以取代传统的"黑胶布"，大大提高了耐热、耐压等级。

⑤塑料套管：除绝缘布套管外，大量用在电子装配中的是塑料套管，即用聚氯乙烯为主料制成各种规格、各种颜色的套管。由于耐热性差，工作温度为-60～70℃，不宜用在受热部位。还有一种热缩性塑料套管，经常用作电线端头的护套。

（2）绝缘漆。绝缘漆使用最多的地方是浸渍电器线圈和表面覆盖。

（3）热塑性绝缘材料。热塑性绝缘材料是具有加热软化、冷却硬化特性的塑料，这种过程是可逆的，可以反复进行。这种材料常用作电子与电气工程中的热缩管等。

（4）热固性材料。热固性材料加热时不能软化和反复塑制，也不能在溶剂中溶解，体型聚合物具有这种性能。例如，热固性树脂就是一种加热后产生化学变化，逐渐硬化成型，再受热也不软化，更不能溶解的树脂。

（5）云母制品与橡胶制品等。

2.4.3 导线的绝缘

绝缘导线外围均匀而密致地包裹一层不导电的材料，如树脂、塑料、硅橡胶、PVC等，形成绝缘层。防止导电体与外界接触造成漏电、短路、触电等事故发生的电线称为绝缘导线。导线的绝缘外皮除了电气绝缘、能够耐受一定电压以外，还有增强导线机械强度、保护导线不受外界环境腐蚀的作用。

导线绝缘外皮的材料主要有塑料类（聚氯乙烯、聚四氟乙烯等）、橡胶类、纤维类（棉、化纤等）、涂料类（聚酯、聚乙烯漆）。它们可以单独构成导线的绝缘外皮，也能组合使用。常见的塑料导线、橡皮导线、纱包线、漆包线等就是以外皮材料区分的。因绝缘材料不同，它们的用途也不相同。

制造电线与电缆的主要导电材料是铜和铝。铜的导电性能、机械强度均优于铝，但铝的密度小、质量小、价格便宜。所以，在架空、照明线等领域，铝成为铜的最好代用品。由于铝焊接困难，质硬塑性差，因而在维修电工中广泛应用的仍是铜导线。

电线与电缆品种很多，按照性能、结构、制造工艺及使用特点，可分为电气装备用电线电缆、电磁线、裸导线和裸导体制品、电力电缆、通信电线电缆五类。电线与电缆根据材质、应用、工艺的不同，有不同的规格与型号。

其中，R 代表软铜线，V 代表聚氯乙烯绝缘，S 代表双绞，B 代表扁形，P 代表屏蔽。

RV：聚氯乙烯绝缘单芯软线，最高使用温度为 65℃，最低使用温度为-15℃，工作电压交流 250V，直流 500V，用作仪器和设备的内部接线。

RVB：平行多股扁软线，就像家里经常用的电话线裸线，只是其中的芯线和 RVV 芯线一致，两根芯线是平行包在护套中的，通常是一个护套两根线。

RVS：对绞多股软线，就是将 RVB 的软芯撕开，对绞后即可，通常是两根线对绞。

RVSP：聚氯乙烯双绞屏蔽线。

RVVB：聚氯乙烯护套扁软线。

RVV：多股软线，就是芯线由多股铜丝组成。RVV 线是弱电系统最常用的线缆，其芯线根数不定，有单根的，也有多根的，外面也有护套，但是芯线之间的排列没有特别要求。

RVVP：铜芯聚氯乙烯绝缘屏蔽聚氯乙烯护套软电缆，又称为电气连接抗干扰软电缆，额定电压为 250V/450V。

BVVR：铜芯聚氯乙烯绝缘聚氯乙烯护套软电线，有外护层。

BVR：铜芯聚氯乙烯绝缘软电线，只有绝缘层，无外护层。通常说的双塑线是指 BVV

系列，第一个 V 是指聚氯乙烯绝缘，第二个 V 是指聚氯乙烯护套；如果是 BV 系列则是指单塑线。

表 2-2 列出了绝缘导线的型号与用途。

表 2-2　绝缘导线的型号与用途

型　号	名　　称	工作条件	主要用途
BV	聚氯乙烯绝缘安装线	250V/AC 或 500V/DC， -60～+70℃	弱电流仪器仪表、电信设备、电器设备和照明装置
BVR	聚氯乙烯绝缘安装软电线	250V/AC 或 500V/DC， -60～+70℃	弱电流电器仪表、电信设备要求柔软导线的场合
SYV	聚氯乙烯绝缘同轴射频电缆	-40～+60℃	固定式无线电装置（50Ω）
RVS	聚氯乙烯绝缘双绞线	450V 或 750V/AC，<50℃	家用电器、小型电动工具、仪器仪表、照明装置
RVB	聚氯乙烯绝缘平行软线	450V 或 750V/AC，<50℃	家用电器、小型电动工具、仪器仪表、照明装置
SBVD	聚氯乙烯绝缘双绞线	-40～+60℃	电视接收天线馈线（300Ω）
BVV	聚氯乙烯绝缘安装电缆	250V/AC 或 500V/DC， -40～+60℃	弱电流电器仪表、电信设备
BVRP	聚氯乙烯绝缘屏蔽安装电缆	250V/AC 或 500V/DC， -60～+70℃	弱电流电器仪表、电信设备

2.4.4　导线连接处的绝缘处理

1. 绝缘包扎带

绝缘包扎带主要用来包缠电线和电缆的接头。它的种类很多，常用的有黑胶布带和聚氯乙烯带。

为了进行连接，导线连接处的绝缘层已被去除。导线连接完成后，必须对所有绝缘层已被去除的部位进行绝缘处理，以恢复导线的绝缘性能，恢复后的绝缘强度应不低于导线原有的绝缘强度。

导线连接处的绝缘处理通常采用绝缘胶带进行缠裹包扎。一般电工常用的绝缘带有黄蜡带、涤纶薄膜带、黑胶布带、塑料胶带、橡胶胶带等。绝缘胶带的常用宽度为 20mm，这种宽度使用较为方便。

2. 一般导线接头的绝缘处理

一字形连接的导线接头可按图 2-20 所示进行绝缘处理，先包缠一层黄蜡带，再包缠一层黑胶布带。将黄蜡带从接头左边绝缘完好的绝缘层上开始包缠，包缠两圈后进入剥除了绝缘层的芯线部分，如图 2-20（a）所示；包缠时黄蜡带应与导线成 55°左右倾斜角，每圈压叠带宽的一半，如图 2-20（b）所示，直至包缠到接头右边两圈距离的完好绝缘层处；然后将黑胶布带接在黄蜡带的尾端，按另一斜叠方向从右向左包缠，如图 2-20（c）

和图 2-20（d）所示，仍然保持每圈压叠带宽的一半，直至将黄蜡带完全包缠住。包缠处理中应用力拉紧胶带，不可稀疏，不能露出芯线，确保绝缘质量和用电安全。对于 220V 线路，也可不用黄蜡带，只用黑胶布带或塑料胶带包缠两层。在潮湿场所应使用聚氯乙烯绝缘胶带或涤纶绝缘胶带。

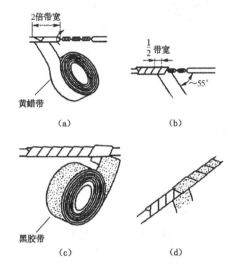

图 2-20　一字形连接的导线接头绝缘处理

3．丁字分支接头的绝缘处理

丁字分支接头的绝缘处理基本方法同一字形连接导线接头处理方法，其包缠方向如图 2-21 所示。走一个下字形的来回，使每根导线上都包缠两层绝缘胶带，每根导线都应包缠到完好绝缘层的两倍胶带宽度处。

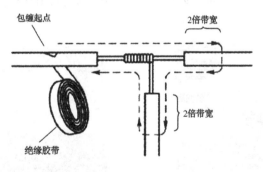

图 2-21　丁字分支接头的绝缘处理

4．十字分支接头的绝缘处理

对导线的十字分支接头进行绝缘处理时，包缠方向如图 2-22 所示，走一个十字形的来回，使每根导线上都包缠两层绝缘胶带，每根导线也都应包缠到完好绝缘层的两倍胶带宽度处。

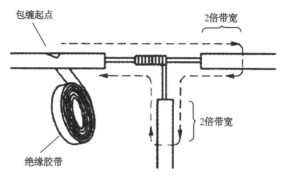

图 2-22 十字分支接头的绝缘处理

2.4.5 常见的安装材料

1. 电工用塑料

电工用塑料一般是由合成树脂、填料和各种少量的添加剂等配制而成的粉状、粒状或纤维状高分子材料。电工用塑料可以在一定的温度和压力下加工成各种规格、形状的电工设备绝缘零部件,以及作为电线电缆绝缘和护层材料。电工用塑料质轻、电气性能优良、有足够的硬度和机械强度、易于用模具加工成型,因此,电工用塑料在电气设备中得到广泛的应用。

电线电缆用热塑性塑料,多由聚乙烯和聚氯乙烯制成。

(1) 聚乙烯 (PE):具有优异的电气性能,其相对介电系数和介质损耗几乎与频率无关,且结构稳定,耐潮耐寒,但长期工作温度应低于70℃,如图2-23所示。

(2) 聚氯乙烯 (PVC):分绝缘级与护层级两种,其中,绝缘级按耐温条件分别为65℃、80℃、90℃和105℃四种,护层级耐温65℃。聚氯乙烯机械性能优良,电气性能良好,结构稳定,具有耐潮、耐电晕、不延燃、成本低、加工方便等优点,其绝缘耐压等级为10kV/mm,如图2-24所示。

图 2-23 聚乙烯

图 2-24 聚氯乙烯

2. 绝缘管

绝缘管主要用于电器引线、电气设备安装导线穿管,可以起绝缘和保护作用。绝缘套管为绝缘材料的一种,是一个统称。电工材料中有玻璃纤维绝缘套管、PVC 套管、热缩套管等。纯瓷或树脂等绝缘管,常制成穿墙套管;油或气体等绝缘介质,一般制成变压器套管或断路器套管。

第 3 章

金属材料的加工与处理

瞬变的雷电流产生的巨大瞬变电磁场和强大的电流幅度是雷电致灾的重要因素。防雷工程是电气工程的一个分支，现代防雷技术是个综合防护体系，它不仅要防护雷电直击，还要防护雷电波侵入与雷电电磁脉冲。不同的防护内容需要不同的防护手段与工艺材料，因此，在现代防雷工程中，对防雷工程材料有严格的工艺要求。本章将介绍几种在防雷工程中重要的工艺及处理方法。

3.1 冷镀

冷镀也称电镀，是电解镀金属法。其原理是：利用电解原理在金属或非金属表面镀上其他金属或合金薄层的过程，防止金属氧化，提高材料耐磨性、抗腐蚀性、导电性、美观性等。

电镀是利用氧化—还原原理，以镀层金属或其他不溶性材料作为阳极，镀件作为阴极，镀层金属的阳离子在镀件表面被还原形成镀层。电镀时，以含镀层金属阳离子的溶液作为电镀液，以排除其他阳离子的干扰，保持镀层均匀、牢固。

电镀层一般都较薄，不超过几十微米。镀层常用金属包括钛、钯、镉、锌、金、铜等；弥散层用镍—碳化硅、镍—氟化石墨等；覆合层用铜—镍—铬层、银—铟层等。电镀的基体材料除铁基的铸铁、钢和不锈钢外，还有聚丙烯、ABS 塑料、聚砜和酚醛塑料，但塑料在电镀前，要进行活化和敏化处理。

电镀需要一个向电镀槽供电的低压大电流电源，以及由电镀液、待镀零件（阴极）和阳极构成的电解装置。其中，电镀液成分视镀层不同而不同，但均含有提供金属离子的主盐，能络合主盐中金属离子形成络合物的络合剂、用于稳定溶液酸碱度的缓冲剂、阳极活化剂和特殊添加物（如光亮剂、晶粒细化剂、整平剂、润湿剂、应力消除剂和抑雾剂等）。电镀过程是镀液中的金属离子在外电场的作用下，经电极反应还原成金属原子，并在阴极上进行金属沉积的过程。因此,电镀是一个包括液相传质、电化学反应和电结晶等步骤的金属电沉积过程,如图3-1所示。

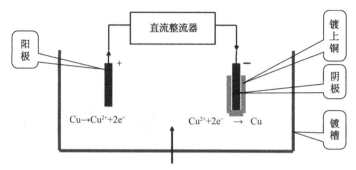

图 3-1　电镀原理

在盛有电镀液的镀槽中,将经过清理和特殊预处理的待镀件作为阴极,用镀覆金属制成阳极,两极分别与直流电源的负极和正极连接。电镀液由含有镀覆金属的化合物、导电的盐类、缓冲剂、pH调节剂和添加剂等的水溶液组成。通电后,电镀液中的金属离子在电位差的作用下移动到阴极上,形成镀层。阳极的金属形成金属离子进入电镀液,以保持被镀覆的金属离子的浓度。在有些情况下,如镀铬,是采用铅、铅锑合金制成的不溶性阳极,它只起传递电子、导通电流的作用;电解液中的铬离子浓度,需要依靠定期地向镀液中加入铬化合物来维持。电镀时,阳极材料的质量、电镀液的成分、温度、电流密度、通电时间、搅拌强度、析出的杂质、电源波形等都会影响镀层的质量,需要适时进行控制。

从镀锌镀液的pH值分类,主要有两大类:碱性镀锌和酸性镀锌。

(1) 碱性镀锌工艺是指镀液的pH值是碱性。因络合剂不同,碱性镀锌又分为氰化物镀锌和锌酸盐镀锌两种。氰化物镀锌是个很古老的镀种,镀液中主要有三种成分:主盐氧化锌、络合剂氰化钠和导电盐氢氧化钠(俗称火碱)。早期的氰化镀锌溶液中是没有光亮剂的,随着人们审美要求的提高,逐渐在氰化液镀锌溶液中加入了起光亮作用的光亮剂。氰化镀锌工艺稳定,镀层细致,镀液分散能力好。根据氰化钠含量的不同,又分为高氰镀锌、中氰镀锌和低氰镀锌三种。氰化物镀锌的最大缺点是毒性太大,对环境危害严重。

(2) 酸性镀锌工艺的镀液的pH值为4~6。20世纪70年代开始,出现了无氰氯化铵镀锌。它以氯化锌为主盐,氯化铵为络合剂及导电盐,柠檬酸、氨三乙酸为辅助络合剂,聚乙二醇和硫脲作为镀层细化剂。从这种镀液中获得的镀层细致,分散能力好,镀液毒性小;但缺点主要是镀液不稳定,散发出来的氯化氢气体对电镀设备腐蚀性很大,电流效率也较低,对杂质敏感性强,工作温度范围窄。这种镀锌工艺现已基本上被氯化钾镀锌工艺所淘汰。

常见的电镀种类及用途如下。

镀镍:打底用或作为外观,增进抗蚀能力及耐磨能力,其中化学镍在现代工艺中耐磨能力超过镀铬。

镀金:改善导电接触阻抗,增进信号传输。

镀钯镍：改善导电接触阻抗，增进信号传输，耐磨性高于金。

镀银：改善导电接触阻抗，增进信号传输。银导电导热性能好，易氧化，氧化后也导电。

镀铬：铬是一种微带天蓝色的银白色金属。电极电位虽然为负，但它有很强的钝化性能，在大气中能很快钝化，显示出具有贵金属的性质，所以，铁零件镀铬层是阴极镀层。铬层在大气中很稳定，能长期保持其光泽，在碱、硝酸、硫化物、碳酸盐及有机酸等腐蚀介质中非常稳定，但可溶于盐酸等氢卤酸和热的浓硫酸中。铬层硬度高，耐磨性好，反光能力强，有较好的耐热性。在 500℃ 以下，铬的光泽和硬度均无明显变化；当温度大于 500℃ 时，铬开始氧化变色；当温度大于 700℃ 时，铬才开始变软。由于镀铬层的优良性能，铬广泛用于防护—装饰镀层体系的外表层和机能镀层。

镀镉：镉是银白色有光泽的软质金属，其硬度比锡硬，比锌软，可塑性好，易于锻造和辗压。镉的化学性质与锌相似，但不溶于碱液，溶于硝酸和硝酸铵，在稀硫酸和稀盐酸中溶解很慢。镉的蒸气和可溶性镉盐都有毒，必须严格防止镉的污染。因为镉污染后的危害很大，价格昂贵，所以，通常采用镀锌层或合金镀层来取代镀镉层。目前国内生产中应用较多的镀镉溶液类型有氨羧络合物镀镉、酸性硫酸盐镀镉和氰化物镀镉。此外，还有焦磷酸盐镀镉、碱性三乙醇胺镀镉和 HEDP 镀镉等。

镀锡：锡具有银白色的外观，密度为 $7.3g/cm^3$，熔点为 231.9℃。锡具有抗腐蚀、无毒、易铁焊、柔软和延展性好等优点。锡镀层化学稳定性高，对钢铁来说是阴极性镀层，只有在镀层无孔隙时才能有效地保护基体；锡导电性好，易焊，锡从-130℃ 起结晶开始开始发生变异，-300℃ 将完全转变为一种晶型的同素异构体，已完全失去锡的性质；锡镀层同锌镀层、镉镀层一样，在高温、潮湿和密闭条件下能长成晶须，即长毛。

镀铜：打底用，增进电镀层附着能力及抗蚀能力。铜容易氧化，氧化后，铜绿不再导电，所以，镀铜产品一定要做铜保护。镀铜层呈粉红色，质柔软，具有良好的延展性、导电性和导热性，易于抛光，经过适当的化学处理可得古铜色、铜绿色、黑色和本色等装饰色彩。镀铜易在空气中失去光泽，与二氧化碳或氯化物作用会在铜表面生成一层碱式碳酸铜或氯化铜膜层，而受到硫化物的作用会生成棕色或黑色硫化铜，因此，作为装饰性的镀铜层需要在表面涂覆有机覆盖层。

镀铜钢是一种复合材料，是通过电镀工艺将铜金属均匀地覆盖在钢材表面而形成的新型接地材料，如图 3-2 所示。接地系统一般都埋设于地下，由于地下土壤环境十分复杂，存在大量的微生物和金属离子，因而很容易形成天然的电解环境，造成对金属的腐蚀。如果接地体被严重腐蚀甚至腐蚀断裂，就极大地影响了它的导电性能。此外，接地系统埋设于地下，检查和维护难度较大，因此，接地材料的抗腐蚀性能直接决定了地网的寿命和支出成本。目前镀铜钢复合接地材料主要以铜包钢接地棒和铜镀钢接地棒为主，主要采用工艺为铜铸钢法、冷轧包覆法（铜包钢）、电镀法（铜镀钢）。

镀铜钢接地材料利用了铜层的防腐性与保护性，其使用寿命是传统镀锌钢接地材料寿命的 3~10 倍。镀铜钢接地材料的导电率高，如果纯铜的导电率为 100%，则镀铜钢材料的导电率为 20%~40%，传统镀锌钢材料的导电率为 8.6%。在高频接地或雷击电流作用下，由于电流的集肤效应，镀铜钢接地材料具有了接近于纯铜的导电性。镀铜钢接地材料安装简便：水平镀铜钢接地体单根长度长，穿管弯曲方便；垂直镀铜钢接地体可免开挖，省时省力。镀铜钢接地材料电镀层附着均匀，采用了电镀工艺，电流在各个方向上的密度一致，铜层附着均匀一致。

图3-2 镀铜钢

镀锌：锌易溶于酸，也能溶于碱，故称它为两性金属。锌在干燥的空气中几乎不发生变化；在潮湿的空气中，锌表面会生成碱式碳酸锌膜；在含二氧化硫、硫化氢及海洋性气氛中，锌的耐蚀性较差，尤其在高温高湿含有机酸的气氛中，锌镀层极易被腐蚀。镀锌后的工件由于锌镀层较厚，且结晶细致、均匀、无孔隙，因而抗腐蚀性良好。这是由于锌在干燥空气中不易变化，而在潮湿的空气中，表面能生成一种很致密的碳酸锌薄膜，这种薄膜能有效保护内部不再受到腐蚀。当镀层发生破坏而露出基体时，锌与钢基体形成微电池，使紧固件基体成为阴极而受到保护。同时，由于电镀所得锌层较纯，在酸、碱等雾气中腐蚀较慢，能有效保护紧固件基体。随着镀锌工艺的发展及高性能镀锌光亮剂的采用，镀锌已从单纯的防护目的进入防护—装饰性应用，镀锌层经铬酸钝化后形成白色、彩色、军绿色等，能显著提高其防护性和装饰性。此外，由于镀锌层具有良好的延展性，因此可进行冷冲、轧制、折弯等机械加工、成型而不损坏镀层。

3.2 热镀

热镀也称热浸镀，热镀是一种把被镀件浸入到熔融的金属液体中使其表面形成一层保护性金属覆盖层的工艺方法。镀层金属的熔点必须比被镀金属的熔点低得多，故热镀层金属都采用低熔点金属及其合金，如锡Sn（231.9℃）、铅Pb（327.4℃）、锌Zn（419.5℃）、铝Al（658.7℃）及其合金，而钢是最常用的基体金属。热镀锌的温度为450℃左右，热镀锡的温度为310～330℃。与电镀相比，金属热镀层较厚，在相同环境下，其寿命较长。

热镀锌又称热浸锌或热浸镀锌，是在高温下把锌锭熔化，再放入一些辅助材料，然后把金属结构件浸入镀锌槽中，使金属构件上附着一层锌层。热镀锌是一种有效的金属防腐方式，主要用于各行业的金属结构设施上，使钢构件表面附着锌层，从而起到防腐的目的，如图3-3所示。热镀锌是由古老的热镀方法发展而来的，法国在

图3-3 热镀锌

1836 年开始把热镀锌应用于工业制造。近年来，随着冷轧带钢的广泛应用，热镀锌工业得以大规模发展。例如，防雷工程中的接地体或接闪装置要求用热镀锌，而不用电镀锌。

热镀锌是使熔融金属与铁基体反应而产生合金层的过程，该过程可使基体和镀层二者结合。热镀锌工艺流程要经过成品酸洗、水洗、加助镀液、烘干、挂镀、冷却、药化、清洗、打磨等工序。简单地说，就是将已清洗洁净的铁件，经由助镀剂的润湿作用，浸入锌液中，使钢铁与熔融锌反应生成合金化的皮膜。

良好的热镀锌作业，应是各流程均在严格的管制下，彻底发挥该流程的功能。若前一流程的操作不善，会造成后续流程的连锁不良反应，从而大量增加作业成本或造成不良热浸镀锌产品。若前处理不良，则熔锌无法与钢铁正常完全反应，无法形成最完美的镀锌皮膜组织；若后处理不良，则破坏镀锌皮膜外观，降低商品价值等。

在热镀锌中，铁基镀件表面被锌液溶解形成锌、铁合金相层；合金层中的锌离子进一步向基体扩散形成锌、铁互溶层，而合金层表面包裹着锌层。电镀锌层厚度为 5～15μm，而热镀锌层一般为 35μm 以上，甚至高达 200μm，热镀锌覆盖能力好，镀层致密。

热镀锌层形成过程是铁基体与最外面的纯锌层之间形成铁—锌合金的过程，工件表面在热浸镀时形成铁—锌合金层，才使得铁与纯锌层之间很好地结合，其过程可简单地叙述为：当铁工件浸入熔融的锌液时，首先在界面上形成锌与 α 铁固熔体，这是铁基体在固体状态下溶有锌原子所形成一种晶体；当锌在固熔体中达到饱和后，锌铁两种元素原子相互扩散，扩散到铁基体中的锌原子在基体晶格中与铁基体形成合金。工件从浸锌液中移出时其表面形成纯锌层，其结构为六方晶体。

锌的抗大气腐蚀性是其主要应用性能之一，其抗腐蚀机理有机械保护和电化学保护两种。如图 3-4 所示，在大气腐蚀条件下锌层表面有 ZnO、Zn(OH)$_2$、碱式碳酸锌保护膜，也称白锈，减缓了锌的腐蚀。当保护膜受到破坏时，又会形成新的膜层。当锌层破坏严重，危及到铁基体时，锌对基体产生电化学保护，锌的标准电位为-0.76V，铁的标准电位为-0.44V，锌与铁形成微电池时锌作为阳极被溶解，铁作为阴极受到保护。显然热镀锌对基体金属铁的抗大气腐蚀能力优于电镀锌。

热镀锌钢：熔融锌液与铁基体反应产生合金层，从而使基体和镀层二者相结合，如图 3-5 所示。热镀锌钢是先将钢基体进行酸洗，去除表面的氧化铁，酸洗后，通过氯化铵或氯化锌水溶液或氯化铵和氯化锌混合水溶液槽中进行清洗，然后送入热浸镀槽中。镀锌钢基体与熔融的镀液发生复杂的物理、化学反应，形成耐腐蚀的结构紧密的锌—铁合金层。

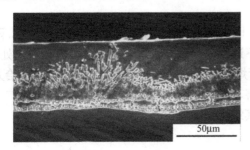

图 3-4　锌层表面

图 3-5　镀锌钢板

钢材经过热镀锌之后，其辅助性能增强，体现在如下几个方面。

（1）整个钢材表面均受到保护，无论在凹陷处管件内部，还是任何其他涂层很难进入的角落，溶化锌均很容易均匀地覆盖。

（2）镀锌层的硬度比钢材还大。虽然其最上层易受碰撞而凹入，但其下层硬度比铁材还高，故其抗冲击及抗磨耗性均相当良好。

（3）在边角区，锌层往往比其他地方还厚，且有良好的韧性及抗磨耗性；而其他涂层在此边角处，往往最薄且最不易施工、最易受伤害，故需要经常维护。

（4）即使因受很大的机械伤害或其他原因造成一小部分的锌层脱落，周围锌层也会发挥牺牲阳极功能，保护钢件，使其不受侵蚀；而其他涂层则刚好相反，金属锈会马上生成，且迅速漫延至涂层以下，引起涂层剥落。

（5）锌层在大气中的消耗是非常缓慢的，锌层的腐蚀速率为钢铁腐蚀速率的$\frac{1}{18} \sim \frac{1}{17}$，且是可预估的，因而其寿命远超过其他任何涂层。镀层寿命在某一特定的环境下，主要视镀层厚度而定，同一个钢构中厚的钢铁部位一定也得到较厚的镀层，因此可以保证得到更长的寿命。

但热镀锌构件也存在不足，例如，价格较高，需要大量的设备和场地，结构件过大不易放入镀锌槽，钢结构件过于单薄，热镀容易变形等。

3.3 连接

3.3.1 焊接

焊接也称作熔接、镕接，是一种以加热、高温或者高压的方式接合金属或其他热塑性材料的制造工艺及技术。

焊接通过下列三种途径达成接合的目的：①加热欲接合的工件，使之局部熔化形成熔池，熔池冷却凝固后便接合在一起，必要时可加入熔填物辅助；②单独加热熔点较低的焊料，无须熔化工件本身，借焊料的毛细作用连接工件，如软钎焊、硬焊；③在相当于或低于工件熔点的温度下辅以高压、叠合挤塑或振动等使两工件间相互渗透接合，如锻焊、固态焊接。

焊接的能量来源有很多种，包括气体焰、电弧、激光、电子束、摩擦和超声波等。除了在工厂中使用外，焊接还可以在多种环境下进行，如野外、水下和太空。无论在何处，焊接都可能给操作者带来危险，所以，在进行焊接时必须采取适当的防护措施。焊接给人体可能造成的伤害包括烧伤、触电、视力损害、吸入有毒气体、紫外线照射过度等。

焊接分为熔氏焊、压力焊、钎焊三类，其细化分类如图3-6所示。

1. 熔化焊

所谓熔化焊，是指在焊接过程中，将焊接接头在高温等的作用下变为熔化状态，如图

3-7 所示。由于被焊工件是紧密贴在一起的,在温度场、重力等的作用下,不加压力,两个工件熔化的熔液会发生混合现象;待温度降低后,熔化部分凝结,两个工件就被牢固地焊在一起,完成工件的焊接。熔化焊一般需要填充材料,常用的是焊条或者焊丝、焊渣。

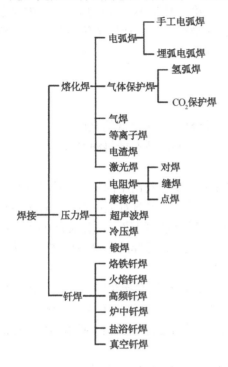

图 3-6 焊接的分类　　　　　　　　图 3-7 熔化焊

2. 压力焊

压力焊又称压焊,是指在焊接时施加一定压力而完成焊接的方法,如图 3-8 所示。图 3-9 所示为部分压力焊部件。锻焊、接触焊、摩擦焊、气压焊、冷压焊、爆炸焊均属于压力焊范畴。在压力焊过程中,必须对焊件施加压力(加热或加压),才能完成焊接。

图 3-8 压力焊　　　　　　　　　图 3-9 压力焊部件

压力焊是典型的固相焊接方法,固相焊接时必须利用压力使待焊部位的表面在固态下直接紧密接触,并使待焊接部位的温度升高,通过调节温度、压力和时间,使待焊表面充分进行扩散而实现原子间结合。压力焊常用于钢筋的焊接。

压力焊有两种形式。一种是将被焊金属接触部分加热至塑性状态或局部熔化状态，然后施加一定的压力，使金属原子间相互结合形成牢固的焊接接头，如锻焊、接触焊、摩擦焊、气压焊等就是这种类型的压力焊方法。第二种是不进行加热，仅在被焊金属接触面上施加足够大的压力，借助于压力所引起的塑性变形，使原子间相互接近而获得牢固的压挤接头，这种压力焊的方法有冷压焊、爆炸焊等，压力焊的工具有夹具、焊剂、焊剂容器。

3. 钎焊

钎焊是硬钎焊和软钎焊的总称。钎焊采用比母材金属熔点低的金属材料作钎料，将焊件和钎料加热到高于钎料熔点、低于母材熔化温度，利用液态钎料润湿母材，填充接头间隙并与母材相互扩散，从而实现连接焊件。

钎焊变形小，接头光滑美观，适合于焊接精密、复杂及由不同材料组成的构件，如蜂窝结构板、透平叶片、硬质合金刀具和印制电路板等。钎焊前对工件必须进行细致加工和严格清洗，除去油污和过厚的氧化膜，保证接口装配间隙。间隙一般要求为 0.01~0.1mm。较之熔焊，钎焊时母材不熔化，仅钎料熔化；较之压焊，钎焊时不对焊件施加压力。钎焊形成的焊缝称为钎缝，钎焊所用的填充金属称为钎料。

表面清洗好的工件以搭接形式装配在一起，把钎料放在接头间隙附近或接头间隙之间。当工件与钎料被加热到稍高于钎料熔点温度后，钎料熔化（工件未熔化），并借助毛细管作用被吸入和充满固态工件间隙之间，液态钎料与工件金属相互扩散溶解，冷凝后即形成钎焊接头。

钎焊的特点如下。一是接头表面光洁，气密性好，形状和尺寸稳定，焊件的组织和性能变化不大，可连接相同的或不同的金属及部分非金属。钎焊时，还可对工件整体加热，一次焊完很多条焊缝，提高了生产率。但钎焊接头的强度较低，多采用搭接接头，靠通过增加搭接长度来提高接头强度；另外，钎焊前的准备工作要求较高。二是钎料熔化而焊件不熔化。为了使钎接部分连接牢固，增强钎料的附着作用，钎焊时要用钎剂，以便清除钎料和焊件表面的氧化物。硬钎料，如铜基、银基、铝基、镍基等，具有较高的强度，可以连接承受载荷的零件，应用比较广泛，如硬质合金刀具、自行车车架。软钎料，如锡、铅、铋等，焊接强度低，主要用于焊接不承受载荷但要求密封性好的焊件，如容器、仪表元件等。

钎焊采用熔点低于母材的合金作为钎料，加热时钎料熔化，并靠润湿作用和毛细作用填满并保持在接头间隙内，而母材处于固态，依靠液态钎料和固态母材间的相互扩散形成钎焊接头，如图 3-10 所示。钎焊对母材的物理化学性能影响小，焊接应力和变形较小，可焊接性能差别较大的异种金属，能同时完成多条焊缝，接头外表美观整齐，设备简单，生产投资小。但是，钎焊接头的强度较低，耐热能力差。

3.3.2 搭接

两种同类型的材料重合相连称为搭接，如图 3-11 所示。例如，钢板搭接，可用铆钉或螺栓固定；木板搭接，可用钉子钉住；钢管搭接，可用卡扣拧紧；木杆搭接，可用铁丝缠绕加劲；钢筋搭接，钢筋重合一定的长度绑扎，靠混凝土的握裹力使两根钢筋形成一体同步受力。在混凝土结构构件中，当钢筋长度不够时，按一定要求将两根钢筋互相叠合而形成的连接被称为搭接。钢筋连接的基本形式有绑扎搭接、焊接和机械连接3类。

图 3-10　钎焊

图 3-11　搭接

3.3.3　铆接

利用轴向力，将零件铆钉孔内钉杆墩粗并形成钉头，使多个零件相连接的方法，称为铆接，如图 3-12 和图 3-13 所示。也就是说，使用铆钉连接两件或两件以上的工件的方法称为铆接。通俗来讲，铆接就是指两个厚度不大的板，通过在其部位上打洞，然后将铆钉放进去，用铆钉枪将铆钉铆死，从而将两个板或物体连接在一起的方法。

图 3-12　铆接

图 3-13　铆接部件

3.3.4　螺栓连接

螺栓连接是指用螺栓穿过被连接的两机件通孔，然后套上垫圈，拧紧螺母，如图 3-14 和图 3-15 所示。螺栓连接主要用在两边允许装拆，而被连接件厚度又不是很大的场合。

螺栓连接方式有两种：一种是普通螺栓连接，其特点是螺杆与通孔之间有较大的间隙，加工精度低，装拆方便，但需要另设定位装置；另一种是铰制孔（配合）螺栓连接，其特点是螺杆与通孔间没有间隙，采用基孔制过度配合（H7/m6，H7/n6），能精确固定被连接件位置，并能承受横向载荷，但加工精度要求高。

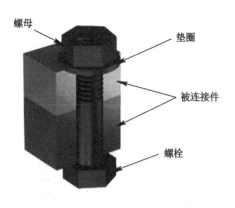
图 3-14 螺栓连接构件

图 3-15 螺栓连接

普通螺栓的形式为六角头形，其代号用 M 和公称直径表示，如 M16、M20 等。常用的螺栓直径为 16mm、20mm、24mm，分为 A、B、C 三级。A 级和 B 级为精制螺栓，螺杆、螺孔加工精度高，制作安装复杂，螺栓等级为 8.8 级，很少用，已经被高强度螺栓代替。C 级为粗制螺栓，螺杆表面粗糙，螺孔直径比螺杆大 1.5～2mm，制作安装方便。C 级螺栓变形大，多用于围护结构或次要结构的连接。

3.3.5 螺纹连接

螺纹连接是一种广泛使用的可拆卸的固定连接，具有结构简单、连接可靠、装拆方便等优点。

螺纹连接，用螺纹件（或被连接件的螺纹部分）将被连接件连成一体的可拆连接，如图 3-16 和图 3-17 所示。

常用的螺纹连接件有螺栓、螺柱、螺钉和紧定螺钉等，多为标准件（标准紧固件）。采用螺栓连接时，无须在被连接件上切制螺纹，不受被连接件材料的限制，构造简单、装拆方便，但一般情况下需要在螺栓头部和螺母两边进行装配。

螺栓连接是应用很广的连接方式，它分为紧连接和松连接。紧连接用于载荷变化或有冲击振动而要求连接紧密或具有较大刚性的场合。根据传力方式的不同，螺栓连接分为受拉连接和受剪连接。前者制造和装拆方便，应用广泛；后者杆孔配合精密，可兼有定位作用。螺柱连接和螺钉连接多用于受结构限制而不能用螺栓的场合。螺钉连接不用螺母，且有光整的外露表面，但不宜用于时常装拆的场合，以免损坏被连接件的螺纹孔。用紧定螺钉连接时，紧定螺钉旋入被连接件之一的螺纹孔中，其末端顶住另一被连接件，以固定两个零件的相互位置，并可传递不大的力或扭矩。在绝大多数情况下，螺纹连接都是可拆的。

螺纹连接的特点如下：
（1）螺纹拧紧时能产生很大的轴向力；
（2）能方便地实现自锁；
（3）外形尺寸小；
（4）制造简单，能保持较高的精度。

图 3-16 内部螺纹结构

图 3-17 螺纹连接

3.4 防腐处理

防腐处理是防雷工程中重要的工艺。暴露在空气中的接闪装置、引下线和金属连接部件、埋设在土壤中的金属接地装置都面临着腐蚀问题。在部分大气环境与土壤环境恶劣的情形下,防雷装置的有效生命期将大大减小,这影响着防雷装置的安全运行。安装防雷装置的外部环境通常不能改变,主要依赖于制作防雷工程材料自身的属性、加工工艺和外部措施。

金属的阳极保护是指在某种金属表面镀覆一种电极电位较低的金属材料,在腐蚀环境中电位较低的金属材料首先被腐蚀从而起到保护作用,如钢铁表面镀覆金属锌。金属的阴极保护是指在金属表面镀覆一种电位较高的耐腐蚀金属材料,在腐蚀环境中将低电位金属完全包覆,把低电位金属与腐蚀性物质隔绝开来,如钢铁表面镀铜。金属的表面漆装保护有以下方式:工业搪瓷、涂防锈漆、电镀、火镀、氟塑料喷涂、玻璃钢树脂敷层、其他耐蚀衬里等。现代工业的发展对防腐涂料承受环境的能力和使用寿命提出了更高的要求,常用的防腐涂料已不能满足这些需要,因而出现了"重防腐涂料",就是使用寿命更长、可适应更苛刻使用环境的涂料,以及含底漆和面漆的配套涂料。在化工、大气、海洋环境中,重防腐涂料可使用 10 年以上;在酸、碱、盐和溶剂介质中,并在一定温度的腐蚀条件下,重防腐涂料能使用 5 年以上。

通常金属表面会附有尘埃、油污、氧化皮、锈蚀层、污染物、盐分或松脱的旧漆膜,其中氧化皮是比较常见但最容易被忽略的部分。氧化皮是在钢铁高温锻压成型时所产生的一层致密氧化层,通常附着比较牢固,但相比钢铁本身则较脆,并且其本身为阴极,会加速金属腐蚀。如果不清除这些物质就直接涂装,势必会影响整个涂层的附着力及防腐能力。据统计,70%以上的油漆问题是由于不适当的表面处理所引起的。因此,对于一个金属防腐涂装油漆系统的性能体现,合适的表面处理至关重要。

防腐的方法与途径有以下几种。

1. 提高金属材料内在耐蚀性能

采用不易与周围介质发生反应的金属及合金材料来加工产品,是有效的防腐办法。

例如，有些金属及合金在空气中不易氧化，或能生成致密的钝化薄膜，可以抵抗酸、碱、盐腐蚀，如不锈钢，就是在钢中加入定量的铬、镍、钛等元素，当铬元素含量超过12%时，就可以起到防止生锈的作用；有些金属及合金在高温高压时性能稳定，如耐热不起皮钢；有些金属及合金在空气中不易腐蚀，如铝、锌等。获得这种类型的金属材料的主要途径是采用冶炼方法来改变金属的化学成分。

2. 涂、镀非金属和金属保护层

防腐还可以在金属表面制成保护层，借以隔开金属与腐蚀介质的接触，从而减少腐蚀。根据构成保护层的物质，可以分为以下几类。

（1）非金属保护层。非金属保护层是把有机和无机化合物涂覆在金属表面，如油漆、塑料、玻璃钢、橡胶、沥青、搪瓷、混凝土、珐琅、防锈油等。在金属表面涂覆非金属保护层，使用最广泛的是油漆和塑料涂层。油漆是千百年来的传统方法，但油漆在造漆和涂装过程中有环境污染现象，油漆正在变革工艺，向水溶性方向发展。塑料涂层是近几十年发展最快的防腐方法，尤其是把有机树脂做成粉末涂料，采用各种方法在金属表面形成优良的涂层，获得了空前的发展。

（2）金属保护层。在金属表面镀上一种金属或合金作为保护层，以减慢腐蚀速度。用作保护层的金属通常有锌、锡、铝、镍、铬、铜、镉、钛、铅、金、银、钯、铑及各种合金等。获得金属镀层的方法也有许多。

（3）化学保护层。化学保护层也称化学转化膜，其原理是采用化学或电化学方法使金属表面形成稳定的化合物膜层。根据成膜时所采用的介质，可将化学转化膜分为氧化物膜、磷酸盐膜、铬盐酸膜等。

（4）复合保护层。为了进一步提高金属的耐腐蚀性能，近些年来，人们把金属保护层、非金属保护层及化学保护层结合起来，综合利用，达到了更好的防腐效果。例如，"达克罗"技术就是把钢铁件表面先除锈，并经铬酸盐处理，而后浸入一种混有片状锌或铝的有机树脂中，涂覆后再经烘烤，形成很薄的一层复合涂层，其耐腐蚀性远比单纯镀锌或镀铝强。"达克罗"实际是锌铬和有机树脂涂层，将其用于标准件可以达到防腐和自润滑的效果。

3. 处理腐蚀介质

处理腐蚀介质就是改变腐蚀介质的性质，降低或消除介质中的有害成分以防止腐蚀。这种方法只能在腐蚀介质数量有限的条件下进行，对于充满空间的大气当然无法处理。处理腐蚀介质一般分为以下两类。

一类是去掉介质中的有害成分，改善介质性质。例如，在热处理炉中通入保护气体防止氧化，在酸性土壤中掺入石灰进行中和，防止土壤腐蚀等。

另一类是在腐蚀介质中加入缓蚀剂。在腐蚀介质中加入少量的缓蚀剂，可以使金属腐蚀的速度大大降低，缓蚀剂也称为腐蚀抑制剂。例如，在自来水系统中加入一定的碱性钠或石灰，可以去除水中过多的CO_2，防止水管腐蚀；在钢铁酸洗溶液中加入缓蚀剂，可以抑制过酸洗和氢脆性等。

4. 电化学保护

用直流电改变被保护的金属点位，从而使侵蚀减缓或停止的保护法称为电化学保护。这类保护方法主要有外电源阴极保护法、保护器保护法和阳极保护法三种。外电源阴极保护法就是把被保护的金属设备接到直流电源的负极，进行阴极极化，从而达到保护金属的目的。例如，地下石油管道和船舶的外壳，均可采用此种保护法。保护器保护法又叫牺牲阳极阴极保护法，就是把低于被保护金属电极电位的金属材料作为阳极或牺牲阳极，从而对被保护金属进行阴极极化。例如，采用电极电位较负的铝合金或铝镁合金连接于钢铁制品上，前者作为阳极而不断遭受腐蚀，后者得以保护。利用直流电对保护金属进行阳极极化，使金属处于阳极钝化状态，从而达到保护目的的方法，称为阳极保护法。

1) 阴极保护的原理

每种金属浸在一定的介质中都有一定的电位，称为该金属的腐蚀电位或自然电位。腐蚀电位可表示金属失去电子的相对难易程度。腐蚀电位越负越容易失去电子，失去电子的部位为阳极区，得到电子的部位为阴极区。阳极区由于失去电子受到腐蚀，而阴极区由于得到电子受到保护，如图 3-18 所示。

2) 阴极保护的方法

图 3-18 罐内壁牺牲阳极阴极保护

阴极保护的目的是给金属补充大量的电子，使被保护金属整体处于电子过剩的状态，使金属表面各点达到同一负电位。有两种办法可以实现这一目的，即牺牲阳极阴极保护和外加电流阴极保护。

（1）牺牲阳极法。将被保护金属和一种电位更负的金属或合金相连，即牺牲阳极相连，使被保护体阴极极化以降低腐蚀速率。

在被保护金属与牺牲阳极所形成的大地电池中，被保护金属体为阴极，牺牲阳极的电位负于被保护金属体的电位，在保护电池中是阳极，被腐蚀消耗，故称为"牺牲"阳极，从而实现了对阴极被保护金属体的防护。

牺牲阳极材料包括：高纯镁，其电位为-1.75V；高钝锌，其电位为-1.1V；工业纯铝，其电位为-0.8V。这里牺牲阳极电位是指相对于饱和硫酸铜参比电极测量值。

牺牲阳极阴极保护不需要外部电源，维护管理经济、简单，对邻近地下金属构筑物干扰影响小，适用于短距离、小口径、分散的管道。

常见的牺牲阳极材料具体性能如下。

①镁合金阳极。根据形状及电极电位的不同，镁合金阳极可用于电阻率为 20～100Ω·m 的土壤或淡水环境。高电位镁合金阳极的电位为-1.75V；低电位镁阳极的电位为-1.55V。

②锌合金阳极。锌合金阳极多用于土壤电阻率小于 15Ω·m 的土壤环境或海水环境。电极电位为-1.1V。当温度高于 40℃时，锌阳极的驱动电位下降，并发生晶间腐蚀。当温度高于 60℃时，锌阳极与钢铁的极性发生逆转，变成阴极受到保护，而钢铁变成阳极受到腐蚀。所以，锌阳极仅能用于温度低于 40℃的环境。

③回填料。当使用填料时,阳极的电流输出效率提高。如果将阳极直接埋入土壤,由于土壤的成分不均匀,会造成阳极自身腐蚀,从而降低阳极效率。采用填料有如下好处:一是保持水分,降低阳极的接地电阻;二是使阳极表面均匀腐蚀,提高阳极利用效率。

(2) 外加电流法(强制电流法)。将被保护金属与外加电源负极相连,辅助阳极接到电源正极,由外部电源提供保护电流,以降低腐蚀速率,如图 3-19 所示。其方式有恒电位、恒电流等。

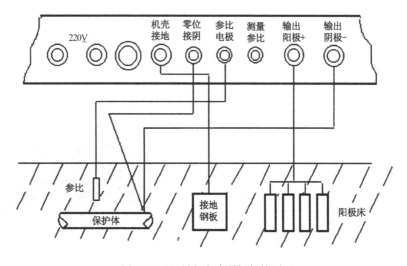

图 3-19 强制电流法阴极保护原理

外部电源通过埋地的辅助阳极将保护电流引入地下,通过土壤提供给被保护金属,被保护金属在大地中仍为阴极,其表面只发生还原反应,不会再发生金属离子化的氧化反应,使腐蚀受到抑制;而辅助阳极表面则发生丢失电子的氧化反应,因此,辅助阳极本身存在消耗。

强制电流阴极保护驱动电压高,输出电流大,有效保护范围广,适用于被保护面积大的长距离、大口径管道。

外加电流阴极保护系统主要由四部分组成:直流电源、辅助阳极、被保护管道、附属设施,如图 3-20 所示。

把要保护的钢铁设备作为阴极,另外用不溶性电极作为辅助阳极,两者都放在电解质溶液里,接上外加直流电源。通电后,大量电子被强制流向被保护的钢铁设备,使钢铁表面产生负电荷(电子)的积累,只要外加足够强的电压,金属腐蚀而产生的原电池电流就不能被输送,因而防止了钢铁的腐蚀。

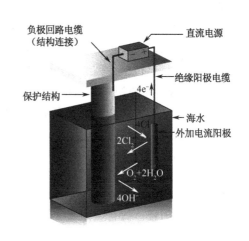

图 3-20 外加电流阴极保护系统

第 4 章

外部防雷装置

在国际电工委员会(IEC)的规范中,防雷装置定义为 Lightning Protection System(LPS),直译为雷电防护系统,是用于减少闪电击于建筑物上或建筑物附近造成的物质性损害和人身伤亡的雷电防护系统的总称,由外部防雷装置和内部防雷装置组成。

外部防雷装置是用于防护直接雷击,以及雷电流泄放、雷电电磁脉冲直接影响的雷电防护系统。外部防雷装置通常安装在建筑外墙及地下,形成雷电的第一道防护屏障。外部防雷装置一般由接闪器、引下线、接地装置、屏蔽体组成。外部防雷装置完全与被保护的建筑物脱离者称为独立的外部防雷装置,例如,经常见到的独立避雷铁塔,而这样的接闪器称为独立接闪器。

外部防雷装置功能主要体现在接闪、引导直接雷击、将雷电流安全传导入大地、分导雷电流等。

4.1 接闪器

接闪器是用来接收雷电电流、提供接闪点的装置,根据不同的接闪形式,有拦截闪击的接闪杆、接闪带、接闪线、接闪网,也有金属屋面、屋顶的金属构件等。

通常所见的接闪器由三个部分组成:一根上端比较尖的金属棒或金属导体,如圆钢、扁钢等作为接闪器;金属导体下端连接着引下线;引下线连接到埋在地下的接地体以完成对雷电流的泄放分流。早期富兰克林发明的避雷针就是由一根磨尖的铁棒、引下线插地而成。

4.1.1 接闪器工作原理

防雷工程中,接闪器与引下线、接地体共同组成直接雷击防护系统。针状接闪器也就是避雷针,是直接承受雷电电流的装置,需要高出被保护物体。根据电气几何模型,可以用滚球法来确定接闪器的保护范围,也可以通过保护角法来确定接闪器的保护范围。

接闪器的工作原理可以理解为:当雷云的下行先导向地面发展时,由于静电感应,大地及接闪器表面将出现与雷云下部电荷极性相反的异性电荷,在接闪器的顶端由于尖端效应,在极小的面积上聚集大量电荷,使得尖端处的电荷密度异常高,导致接闪器尖端表面及附近电场发生严重畸变,出现局部集中的高电场区,使这里的电场强度明显高于其他地区,甚至出现向上的电晕电流,形成上行先导。因此处在高处的接闪器附近空间具备与雷云下行先导之间提前击穿的条件,从而将先导引向自身,使雷击发生在接闪器上,让强大的雷电流经引下线和接地体泄入大地,保护物体免遭直接雷击。可见,接闪器的真正功能不是避雷,而是吸引雷电,是让自身遭受雷击来换取其下面的物体得到保护。

4.1.2 接闪器防护范围设计

在设计接闪器的防护范围时,有多种方法,如网格法、保护角法等。在国际电工委员会的 IEC 62305-3 及国标 GB 50057—2010 中,推荐采用电气几何模型,也就是利用滚球法来进行接闪范围设计。表 4-1 给出了我国标准规定的不同建筑物防雷级别的滚球半径。

表 4-1 接闪器布置

建筑物防雷类别	滚球半径 h_r(m)	接闪网网格尺寸 (m)
第一类防雷建筑物	30	≤5×5 或 ≤6×4
第二类防雷建筑物	45	≤10×10 或 ≤12×7
第三类防雷建筑物	60	≤20×20 或 ≤24×16

滚球法是一种几何模拟法,假设有一个球体,以 h_r 为半径,沿地面向建筑物滚动,其滚球半径按我国防雷规范标准有 30m、45m、60m 三个规定值。当球体同时触及接闪器(或作为接闪器的金属物)和地面(或能承受雷击的金属物)的情况下,其未触及的部分,即规定绕击率为 0.1%时,就是接闪器的保护范围。

绕击率是指某一物体处在避雷针的保护范围内,由于雷电的路径受很多偶然因素影响,该物体仍有可能受到雷击,故将雷击的概率称为绕击率。

1. 单支接闪竿的保护范围计算

1)接闪竿的高度 h≤滚球半径 h_r 时的保护范围

首先,距地面 h_r 处做一平行于地面的平行线;然后,以针尖为圆心、h_r 为半径,做弧线交于平行线 A、B 两点;再分别以 A 和 B 为圆心、h_r 为半径做弧线,该弧线与针尖相交并与地面相切,以此弧线绕中心轴旋转在地面上形成的锥体就是接闪竿保护范围,如图 4-1 所示。

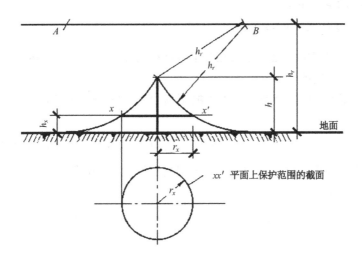

图 4-1 单支接闪竿高度小于等于滚球半径时其保护范围的确定方法

2) $h > h_r$ 时接闪竿在地平面上的保护半径

此时在接闪竿上取高度为 h_r 的一点代替单根接闪竿的针尖,即以等效高度为 h_r 的单根接闪竿来具体分析。

3) 接闪竿的高度 $h \leqslant h_x$ 时接闪在地平面上的保护范围

当接闪竿的高度 $h \leqslant h_x$ 时,其保护范围为一母线为圆弧的圆锥体,如图 4-2 所示。其中,h_x 为接闪竿要防护的空间高度,r_x 为接闪竿在 h_x 高度的平面保护半径。

$$r_x = \sqrt{h(2h_r - h)}$$

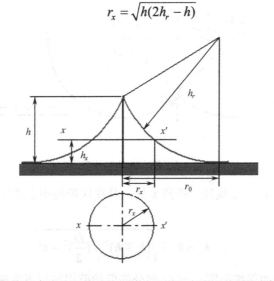

图 4-2 单支接闪竿高度小于等于接闪竿防护空间高度时其保护范围的确定方法

此时,接闪竿在 h_x 高度的平面上保护半径为

$$r_x = \sqrt{h(2h_r - h)} - \sqrt{h_x(2h_r - h_x)} = r_0 - \sqrt{h_x(2h_r - h_x)}$$

2. 多支接闪杆的保护范围

1) 双支等高接闪杆的保护范围

双支接闪杆之间的保护范围是按照两个滚球在地面从两侧滚向接闪杆,并与其接触后两球体的相交线而得出的。

当接闪杆高度 $h \leqslant h_r$,且两支接闪杆的距离 $D \geqslant 2\sqrt{h(2h_r-h)}$ 时,应按单支接闪杆的方法确定。

当 $D < 2\sqrt{h(2h_r-h)}$ 时,应按如下方法确定。如图 4-3 所示,$ABCD$ 外侧的保护范围,按照单支接闪杆的方法确定,C、E 点位于两针间的垂直平分线上。在地面每侧的最小保护宽度 b_0 按下式计算:

$$b_0 = CO = EO = \sqrt{h(2h_r-h)-(\frac{D}{2})^2}$$

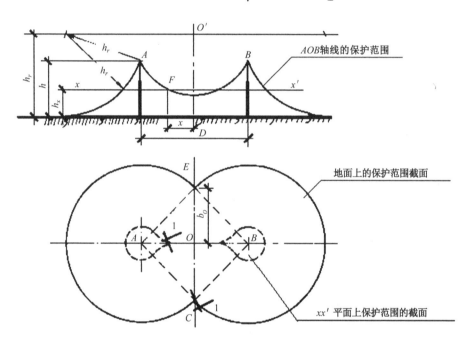

图 4-3 等高双竿防护范围

在 AOB 轴线上,距中心线任一距离 x 处,其在保护范围上边线上的保护高度 h_x 按下式确定:

$$h_x = h_r - \sqrt{(h_r-h)^2+(\frac{D}{2})^2-x^2}$$

两针间 $AEBC$ 内的保护范围,ACO 部分的保护范围按以下方法确定:在任一保护高度 h_x 和 C 点所处的垂直平面上,在 F 点上以 h_x 作为假想接闪杆,按单支接闪杆的方法逐点确定。

双支等高接闪杆保护范围脊线的计算如图 4-4 所示。

在进行双支接闪竿设计时,双支接闪竿保护范围脊线最低点与接闪竿的水平高度差称为渗透深度。为了便于保护范围的计算,通常只需要计算参透深度即可确定接闪竿的高度。

$$P = R - \sqrt{R^2 - (\frac{d}{2})^2}$$

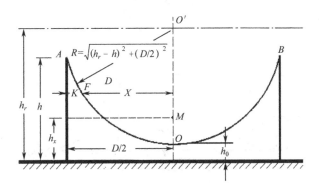

图 4-4 双支等高接闪竿保护范围脊线的计算简图

在这里,渗透深度是滚球半径与接闪竿间距离函数。当两针之间的距离增大时,渗透深度增大,但 P 值不大于滚球半径 R。若计算出 P 为负值,说明两支接闪竿已经不能完成对防护对象的防雷保护。

设计时,接闪竿的高度应大于 P。图 4-5 和图 4-6 形象地说明了这种思考方法。

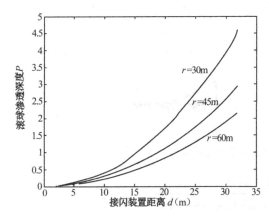

图 4-5 不同滚球半径下的渗透深度

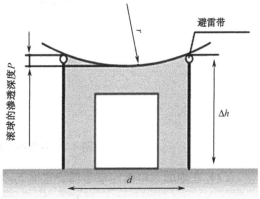

图 4-6 渗透深度示意图

图中,r 是滚球半径,d 为两个接闪装置之间的距离。

接闪竿用来防止直接雷击,以保护屋顶及在屋顶上安装的设施。如果接闪竿呈正方形布置,在接闪竿之间没有跨接线时,通常滚球不能沿着它的"轨道"滚动继续跨过,而是被深深地卡入了网格中间,这样就使它的渗透深度加大。

2) 双支不等高接闪竿的保护范围

如图 4-7 所示,在短针高度 $h_1 \leqslant h_r$ 和长针高度 $h_2 \leqslant h_r$ 的情况下,有如下分类。

(1)当 $D \geqslant \sqrt{h_1(2h_r-h_1)} + \sqrt{h_2(2h_r-h_2)}$ 时，应各按单支接闪竿所规定的方法确定。

(2)当 $D < \sqrt{h_1(2h_r-h_1)} + \sqrt{h_2(2h_r-h_2)}$ 时，应按下列方法确定：ABCE 外侧的保护范围按照单支接闪竿的方法确定；CE 或 HO'的位置按下式计算，有

$$D_1 = \frac{(h_r-h_2)^2 - (h_r-h_1)^2 + D^2}{2D}$$

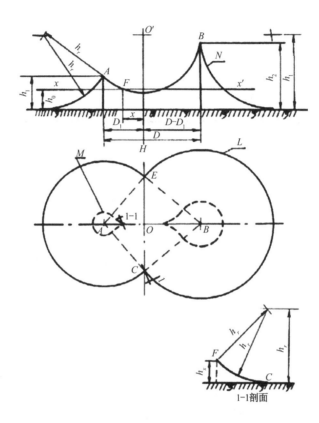

图 4-7 双支不等高接闪竿的保护范围

(3)在地面上每侧的最小保护宽度 b_O 按下式计算：

$$b_O = CO = EO = \sqrt{h_1(2h_r-h_1) - D_1^2}$$

在 AOB 轴线上，A、B 间保护范围上边线按下式确定：

$$h_x = h_r - \sqrt{(h_r-h)^2 + (\frac{D}{2})^2 - x^2}$$

式中，x 为距 CE 或 HO'的距离。该保护范围上边线是以 HO'上距地面 h_r 的一点 O'为圆心，以 $\sqrt{(h_r-h)^2 + D_1^2}$ 为半径所做的圆弧 AB。

ACO 部分的保护范围按以下方法确定：在 h_x 和 C 点所处的垂直平面上，以 h_x 作为假想接闪竿，按单支接闪竿的方法确定。

3) 矩形布置四支等高接闪竿的保护范围

矩形布置四支等高接闪竿的保护范围分两种情况处理。

在 h≤hr 的情况下，$D_3 \geqslant 2\sqrt{h_1(2h_r-h)}$ 时，应各按双支等高接闪竿的方法确定。

当 $D_3 < 2\sqrt{h_r-h}$ 时，应按下列方法确定。

（1）四支接闪竿的外侧各按双支接闪竿的方法确定，如图 4-8 所示。

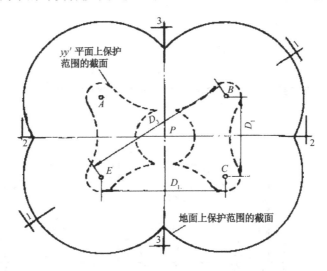

图 4-8 矩形布置四支等高接闪竿的保护范围

（2）B、E 接闪竿连线上的保护范围如图 4-9 所示，外侧部分按单支接闪竿的方法确定。两针的保护范围按以下方法确定：以 B、E 两针针尖为圆心、h_r 为半径做弧相交于 O 点，以 O 点为圆心、h_r 为半径做圆弧，与针尖相连的这段圆弧即为针间保护范围。保护范围最低点的高度 h_0 按下式计算：

$$h_0 = \sqrt{h_r^2 - (\frac{D_3}{2})^2} + h - h_r$$

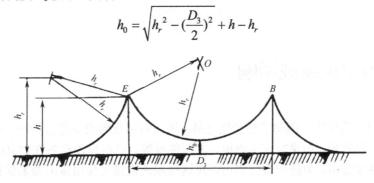

图 4-9 剖面一

（3）图 4-10 所示的剖面的保护范围，以 P 点的垂直线上的 O 点（距地面高度为 h_r+h_0）为圆心、h_r 为半径做圆弧，与 B、C 和 A、E 双支接闪竿所做出的外侧保护范围延长圆弧相交于 F、H 点。F 点（H 点与此类同）的位置及高度可按下列计算式确定：

$$(h_r - h_x)^2 = h_r^2 - (b_0 + x)^2$$

$$(h_r + h_0 - h_x)^2 = h_r^2 - (\frac{D_1}{2} - x)^2$$

（4）图 4-11 所示剖面的保护范围计算方法与图 4-10 所示剖面部分保护范围的计算方法相同。

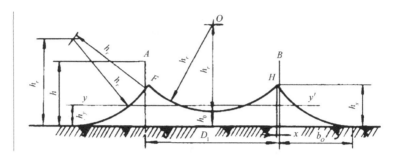

图 4-10 剖面二

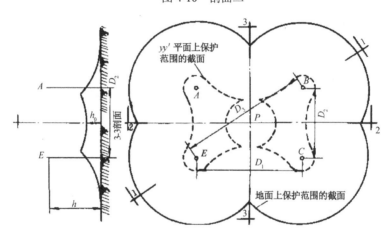

图 4-11 剖面三

4.2 接闪竿风荷载影响

接闪竿的防雷保护范围除了建筑物之外，还可对屋顶的设备进行防护，如卫星与雷达天线、视频监控系统、中央空调压缩机、太阳能板等。这些屋顶设备在没有防雷保护的情况下，极易遭受雷击。为防止直接雷击，对这些屋顶设施可使用接闪器来保护，使受保护设备处在接闪器的 $LPZ0_B$ 区内，从而减少直接雷击的概率，但不能形成对雷电电磁场及雷电电磁脉冲的防护。

雷雨天气多大风，闪电发生的同时，风对接闪竿的性能会产生影响。因此，接闪器的设计，特别是接闪竿、接闪线的设计，必须考虑其对风的荷载能力。用以防止接闪器的倾倒、折断，并保持与被保护物体之间必要的隔离距离，保证在接闪竿倾斜的情况下渗透深度的有效性。

当风速增大 40%时，接闪竿风载荷提高一倍。在计算接闪竿实际的风荷载应力时，要将风速大小、建筑物高度、地理位置等因素一起考虑，以保证接闪器的稳定性及抗断强度。

接闪竿的稳定性与材料的机械参数、接闪竿与支撑物体的风力接触面积及重量、重力脚的重量有关。出现风载荷时，接闪竿上会产生弯曲应力，弯曲应力随接闪竿增长而增加，影响接闪竿抗断强度的因素主要来自材料特性及负载。

4.3 接闪器制作

4.3.1 接闪器材料

规范中规定，在制作接闪器时，主要用到的是圆钢、钢管、扁钢等材料。

圆钢是指截面为圆形的实心长条钢材。其规格以直径的毫米数表示，如"50"即表示直径为 50mm 的圆钢。常见的圆钢有 Φ6、Φ6.5、Φ8、Φ10、Φ12、Φ14、Φ16、Φ18、Φ20、Φ22、Φ25、Φ28、Φ32 等，如图 4-12 所示。

图 4-12 常见的圆钢

在制作接闪网、接闪带时，有时也采用扁钢作为接闪材料。扁钢是指宽 12～300mm、厚 4～60mm、截面为长方形并稍带钝边的钢材。扁钢可以是成品钢材，也可以作为焊管的坯料和叠轧薄板用的薄板坯。扁钢作为防雷工程材料得到了广泛应用，如引下线、等电位连接带、接地排、接地极连接导体等。

常用的扁钢规格如表 4-2 所示。在防雷工程中，根据规范要求，用得较多的是 12mm（截面长边）×4mm（截面宽边）、22mm×4mm、40mm×4mm 的扁钢。这主要是考虑到扁钢对雷电流的承受能力，其横截面积通常要求不低于 40mm^2。

钢管在接闪器特别是接闪竿的制作中应用最多。当屋面上只需要 0.5～1m 的接闪短针时，用单独的圆钢即可加工而成。但更多的情况下，需要根据被防护对象的实际情况来确定接闪器的高度与数量。当接闪竿的长度超过 2m 时，需要分段制作，以便于加工、运输与安装。此时作为接闪竿的下段，可用热镀锌钢管制作。为了满足对雷电流的泄放，对钢管的厚度与直径做了要求，表 4-3 中给出了常用钢管的规格型号。根据需要，在接闪器的制作中只需要保证合适的钢管壁厚,以及与圆钢连接的需要来确定钢管的外径。

表 4-2 常用的扁钢规格

宽度(mm)	厚度(mm)															
	4	5	6	7	8	9	10	11	12	14	16	18	20	22	25	28	30
	重量(kg/m)															
12	0.38	0.47	0.57	0.66	0.75												
14	0.44	0.55	0.66	0.77	0.88												
16	0.50	0.63	0.75	0.88	1.00	1.15	1.26										
18	0.57	0.71	0.85	0.99	1.13	1.27	1.41										
20	0.63	0.79	0.94	1.10	1.26	1.41	1.57	1.73	1.88								
22	0.69	0.86	1.04	1.21	1.38	1.55	1.73	1.90	2.07								
25	0.79	0.98	1.18	1.37	1.57	1.77	1.96	2.16	2.36	2.75	3.14						
28	0.88	1.10	1.32	1.54	1.76	1.98	2.20	2.42	2.64	3.08	3.53						
30	0.94	1.18	1.41	1.65	1.88	2.12	2.36	2.59	2.83	3.36	3.77	4.24	4.71				
32	1.01	1.25	1.50	1.76	2.01	2.26	2.54	2.76	3.01	3.51	4.02	4.52	5.02				
(35)	1.10	1.37	1.65	1.92	2.20	—	2.75	—	3.30	3.95	—						
36	1.13	1.41	1.69	1.97	2.26	2.51	2.82	3.11	3.39	3.95	4.52	5.09	5.65				
40	1.26	1.57	1.88	2.20	2.51	2.83	3.14	3.45	3.77	4.40	5.02	5.65	6.28	6.91	7.85	8.79	
45	1.41	1.77	2.12	2.47	2.83	3.18	3.53	3.89	2.24	4.95	5.65	6.36	7.07	7.77	8.83	9.89	10.60
50	1.57	1.96	2.36	2.75	3.14	3.53	3.93	4.32	4.71	5.50	6.28	7.07	7.85	8.64	9.81	10.99	11.78
(55)	1.73	2.16	2.59	3.02	3.45	—	4.32	—	5.19	6.05	—						—
56	1.76	2.20	2.64	3.08	3.52	3.95	4.39	4.83	5.27	6.15	7.30	7.91	8.79	9.67	10.99	12.31	13.19
60	1.88	2.36	2.83	3.30	3.77	4.24	4.71	5.18	5.65	6.59	7.54	8.48	9.42	10.36	11.78	13.19	14.13
63	1.98	2.47	2.97	3.46	3.95	4.45	4.94	5.44	5.93	6.92	7.91	8.90	9.69	10.88	12.36	13.85	14.34
65	2.04	2.55	3.06	3.57	4.08	4.59	5.10	5.61	6.12	7.14	8.16	9.19	10.21	11.23	12.76	14.29	15.31
70	2.20	2.75	3.30	3.85	4.40	4.95	5.50	6.04	6.59	7.69	8.79	8.89	10.99	12.09	13.74	15.39	16.49
75	2.36	2.94	3.53	4.12	4.71	5.30	5.89	6.48	7.07	8.24	9.42	10.60	11.78	12.95	14.72	16.49	17.66
80	2.51	3.14	3.77	4.40	5.02	5.65	6.28	6.91	7.54	8.79	10.05	11.80	12.56	13.82	15.70	17.68	18.84

接闪线与接闪网通常由热镀锌钢绞线、铜绞线制成,如图 4-13 所示。

钢绞线是由多根钢丝绞合构成的钢铁制品,表面可以加镀铜层、镀锌层、包铝层、锌铝合金层、涂环氧树脂。最常用的钢绞线为镀锌钢绞线和预应力钢绞线。每根预应力钢绞线中的钢丝一般为 7 根,也有 2 根、3 根及 19 根,钢丝上可以有金属或非金属的防腐层。涂防腐油脂或石蜡后包高密度聚乙烯 HDPE 的钢绞线称为无黏结预应力钢绞线。在防雷工程中,热镀锌钢绞线用作接闪线和接闪网,但截面积不得小于 $50mm^2$。

铜包钢绞线由一定根数的铜包钢单线绞制而成,是钢丝外围包裹铜层的复合线材。在防雷工程中,利用高频信号的趋肤效应,在高频区沿表面行走,提高雷电流的导通能力,所以,铜层厚度应达到一定范围,确保雷电流的泄放。在铜包钢绞线中,钢丝起支撑作用。依据铜包裹到钢丝的不同方法,主要分为电镀、包覆、热铸/浸及电铸,从而既有钢的强度和韧性,又有铜的良好导电性和耐腐蚀性能。

表 4-3　常用的钢管的规格型号

外径(mm)	壁厚（mm）											
	2.5	3.0	3.5	4.0	4.5	5.0	6.0	7.0	8.0	9.0	10.0	12.0
	理论质量（kg/m）											
12	0.586	0.666	0.734	0.789	—	—	—	—	—	—	—	—
14	0.709	0.81	0.91	0.99	—	—	—	—	—	—	—	—
18	0.956	1.11	1.25	1.38	1.50	1.60	—	—	—	—	—	—
20	1.08	1.26	1.42	1.58	1.72	1.85	2.07	—	—	—	—	—
25	1.39	1.63	1.86	2.07	2.28	2.47	2.81	3.11	—	—	—	—
32	1.76	2.15	2.46	2.76	3.05	3.33	3.85	4.32	4.47	—	—	—
38	2.19	2.59	2.98	3.35	3.72	4.07	4.74	5.35	5.95	—	—	—
42	2.44	2.89	3.35	3.75	4.16	4.56	5.33	6.04	6.71	7.32	—	—
45	2.62	3.11	3.58	4.04	4.49	4.93	5.77	6.56	7.30	7.99	—	—
57	3.36	4.00	4.62	5.23	5.83	6.41	7.55	8.63	9.67	10.65	—	—
60	3.55	4.22	4.88	5.52	6.16	6.78	7.99	9.15	10.26	11.32	—	—
73	4.35	5.18	6.00	6.81	7.60	8.38	9.91	11.39	12.82	14.21	—	—
76	4.53	5.40	6.26	7.10	7.93	8.75	10.36	11.91	13.12	14.37	—	—
89	5.33	6.36	7.38	8.38	9.38	10.36	12.28	14.16	15.98	17.76	—	—
102	6.13	7.32	8.50	9.67	10.82	11.96	14.21	16.40	18.55	20.64	—	—
108	6.50	7.77	9.02	10.26	11.49	12.70	15.09	17.44	19.73	21.97	—	—
114				10.48	12.15	13.44	15.98	18.47	20.91	23.31	25.56	30.19
133				12.73	14.26	15.78	18.79	21.75	24.66	27.52	30.33	35.81
140				13.42	15.07	16.65	19.83	22.96	26.04	29.08	32.06	37.88
159					17.15	18.99	22.64	26.24	29.79	33.29	36.75	43.50
168						20.10	23.97	27.79	31.57	35.29	38.97	46.17
219						31.52	36.60	41.63	46.61	51.54	61.26	
245							41.09	46.76	52.38	57.95	68.95	
273							45.92	52.28	58.60	64.86	77.24	
325								62.54	70.14	77.68	92.63	
377									81.68	90.51	108.02	
426									92.55	102.59	122.52	
480									104.54	115.90	139.49	
530									115.62	128.23	154.29	

图 4-13　热镀锌钢绞线、铜绞线

4.3.2　接闪器规格要求

接闪器与引下线、接地装置共同完成雷电接闪、分流、泄流功能。表 4-4 列出了利用圆钢、钢管、扁钢及绞线作为接闪器的规格。接闪器材料选择主要考虑到接闪过程中接闪器的导流能力及抗击穿、抗熔化能力。

表 4-4　接闪器材料的选择

		圆　钢	钢　管	扁钢截面	镀锌钢绞线
接闪杆	针长≤1m	$\phi \geqslant 12mm$	$\phi \geqslant 20mm$		
	针长为 1～2m	$\phi \geqslant 16mm$	$\phi \geqslant 25mm$		
	在烟囱顶端安装	$\phi \geqslant 20mm$			
接闪网（带）	一般	$\phi \geqslant 7mm$		$\geqslant 12 \times 4mm^2$	
	在烟囱上安装	$\phi \geqslant 12mm$		$\geqslant 25 \times 4mm^2$	
接闪线					$\geqslant 35mm^2$

接闪杆是最常用的接闪器，由于其接闪效果好、适应性强、便于安装，所以在防雷工程中大量使用。接闪杆一般采用镀锌圆钢或镀锌钢管焊接制成。为了保证足够的雷电流通流量及对雷电的防护能力，要求制成接闪器的材料需要具备一定的规格要求。接闪杆长度在 1.5m 以上时，如果利用圆钢制作，圆钢直径不得小于 10mm；如果利用钢管制作，钢管直径不得小于 20mm，且管壁厚度不得小于 2.75mm。在有污染或腐蚀性较强的场所，这些尺寸应适当加大或采取防腐措施，比如用铜材或不锈钢制作。同时，对制作材料要求有一定的抗风压能力与防腐能力。

接闪器常采用圆钢、扁钢、钢管或圆钢与焊接钢管制成。表 4-5 给出的数值是以圆钢及钢管为材料制成的接闪杆的规格要求。在 IEC 规范及国家标准中，要求接闪器顶端的针尖应制作成半球状，且顶端半球的曲率半径为 4.8～12.7mm，半球应光滑，且需要进行热镀锌处理。

表 4-5 接闪杆接闪器最小直径

针 形	圆钢（mm）	钢管（mm）
针长 1m 以下	12	20
针长 1~2m	16	25
烟囱顶上的针	20	40

接闪杆一般适用于保护那些比较低矮的地面建筑物及高层楼房顶上突出的设施，特别适合保护那些要求防雷引下线与内部各种金属管道隔离的建筑物。接闪杆针体垂直度偏差不大于±1.5°。

当因建筑物造型或施工限制不便使用接闪杆时，可在建筑物上设置接闪带或接闪网以防护直接雷击，接闪带和接闪网的工作原理与接闪杆类似。在许多情况下，采用接闪带或接闪网来保护建筑物既可以收到良好的效果，又能降低工程投资。

接闪带是用圆钢或扁钢做成的长条带状体，常装设在建筑物易受直接雷击的部位，如屋脊、屋檐、屋顶边缘及女儿墙或平屋面上。接闪带应保持与大地良好的电气连接，当雷云的下行先导向建筑物上的这些易受雷击部位发展时，接闪带率先接闪，承受直接雷击，将强大的雷电流引入大地，从而使建筑物得到保护。这是一种对建筑物上的易受雷击部位进行重点保护的措施，目前已广泛应用于普通民用建筑物和古建筑物的防雷保护。

用于构成接闪带的圆钢直径应不小于 8mm，扁钢的截面应不小于 50mm^2，且厚度不小于 4mm。在采用接闪带对建筑物进行防雷保护时，如果遇到屋顶上有烟囱或其他突出物时，还需要另设接闪杆或接闪带加以保护。

焊接时，根据 IEC 标准要求，不能出现点焊、虚焊，焊缝要平整，焊接平滑无气孔。如果是圆钢与圆钢或圆钢与扁钢连接，则要求焊缝处，焊接长度在圆钢的直径的 6 倍以上。扁钢与扁钢焊接时，焊接长度是宽边尺寸的 2 倍以上，三面线焊。用于支撑接闪带的支架高度不小于 150mm，不得与水平接闪带成直角焊接，支架间距不大于 1000mm。

如表 4-6 所示为不同情况上支架间距的要求。

表 4-6 不同情况上支架间距的要求

布置方式	扁形导体和绞线固定支架的间距（mm）	单根圆形导体固定支架的间距（mm）
安装于水平面上的水平导体	500	1000
安装于垂直面上的水平导体	500	1000

接闪网实际上相当于纵横交错的接闪带叠加在一起。在建筑物上设置接闪网，可以实施对建筑物的全面防雷保护。接闪网的设置有明装和暗装两种形式。明装接闪网是在建筑物的屋顶上或顶层屋面上以较疏的可见金属网格作为接闪器，沿其四周或沿外墙做引下线接地。由于明装接闪网不甚美观，在施工方面也会带来困难，同时还会增加额外的工程投资，因此现在已较少使用。暗装接闪网是钢筋混凝土结构中的钢筋网构成的。它的保护原理是古典电学中的法拉第笼，当人与大地隔离时，可以带电修理高压电线，这说明只要人

与带电体等电位时,是不会有触电危险的。所以,当把导体放入金属笼内,再将金属笼接以高电位,则笼内的导体也不会出现电压反击现象。

利用建筑物中各层楼板和地基中的钢筋,只要保持可靠的电气连接,就是一个大的金属笼,同时与大地有良好的电气连接,这样整个建筑物就成为一个可靠的等电位的接地体,构成一个大的立体法拉第笼,如图 4-14 所示。放在建筑物内的各种金属设备、电气设备及上、下水管等,只要与钢筋架可靠连接,就能较好地防止直接雷击。由于利用现成的钢筋作为避雷装置,既节约了投资,又保持了建筑物的完美造型。当然,笼式接闪网的防护雷电损害作用的效果与笼体的大小及其网格尺寸有关,笼体越小且其网格尺寸越小,则其防雷效果就越好。网格尺寸的大小取决于被保护建筑物的重要性,应按建筑物防雷设计规范来确定。

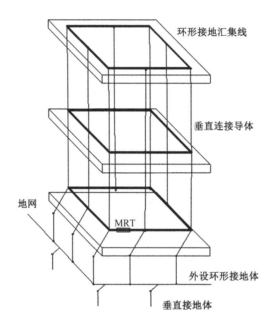

图 4-14 建筑物立体金属笼式结构

利用混凝土结构中的钢筋作为暗装防雷装置时,首先必须做到内部钢筋可靠的电气连接,各层梁和柱、墙和楼板要真正做到绑扎或搭接,如果一座建筑物只有很少的几根作为主引线的柱子,其内部钢筋应该由上到下焊接两根主筋并由基础引出不少于两根导线焊接到接地装置上;其次对建筑物内的金属设备也必须可靠接地,电气设备采用中性点接地系统,其中性点统一接到共用地网上,电气线路最好穿金属管或采用有金属屏蔽的电缆,以便达到屏蔽作用,也可采用高绝缘强度的绝缘套管套上,防止雷电反击。

但是,采用暗装接闪网也存在一个缺点,即在每次承受雷击后,雷击点处的屋面表层会被击出小洞并有一些碎片脱落,使得这一小块的防水和保温层受到破坏。实际上,建筑物防水和保温隔离层中的钢筋距层面的厚度越小,在雷击点处产生的洞孔也就越小。有些建筑物的防水和保温层较厚,当其中钢筋距层面的厚度大于 20cm 时,应另设辅助接闪网。另外,在建筑物顶部常有一些金属突出物,如金属旗杆、透气管、钢爬梯、金属天沟和金属烟囱等，这些金属突出物必须与接闪网进行良好的电气连接，以形成统一的接闪系统。对于建筑物顶部突出的非钢筋混凝土物体，可以另设接闪网或接闪杆加以保护。

4.3.3 利用金属屋面与金属构件作接闪器

许多建筑物在建造的过程中，除了建筑用钢筋之外，还应用了其他金属材料。例如，在屋顶利用彩钢板，或在建筑顶端架设金属构件、雨水槽、栏杆或衬里钢板等。由于这些屋顶设施本身具有良好的导电性能，因此，可以考虑利用这些金属材料作为接闪器，这样就形成了接闪装置的天然构件。

屋顶上的接闪装置是指屋顶上的金属构件组成的总体，最容易受到雷击的部位都应装上接闪装置。各类金属屋面或屋顶的金属构件作为接闪器时，必须有良好的接地。

不是所有的金属屋面都可以作为接闪器。在《建筑物防雷设计规范》GB 50057—2010中规定，除第一类防雷建筑物外，金属屋面的建筑物宜利用其屋面作为接闪器，但要符合接闪器的工艺要求。

首先，屋顶金属板间的连接应是持久的电气贯通，无绝缘被覆层。为此，可采用铜锌合金焊、熔焊、卷边压接、缝接、螺钉或螺栓连接等方式来连接。其次，当金属屋面下面没有存放易燃物品时，金属屋面如果是铅板制成的，则其厚度应不小于 2mm；如果是不锈钢、热镀锌钢、钛和铜板制成的，其厚度应该不小于 0.5mm；如果金属屋面的制作材料是铝板，则它的厚度应不小于 0.65mm；金属屋面如果是锌板制成的，其厚度应不小于 0.7mm。当金属屋面下面存放了易燃物品时，除了需要采取隔离措施之外，对金属板的厚度要求更加严格，如果屋面是不锈钢、热镀锌钢和钛板制成的，其厚度不应小于 4mm；金属屋面如果是铜板制成的，其厚度不应小于 5mm；金属屋面如果是铝板，则厚度不应小于 7mm。另外，如果是非永久电气连接，这些金属构件必须通过金属导体连接，而且连接必须符合规范的规格要求。

在雷击点附近，当金属板的厚度大于或等于表4-7中 t' 的厚度时，如果建筑物外部金属板的击穿熔化或易燃物质的引燃可忽略不计，则这些金属板可作为接闪装置使用。

表4-7 金属板的最小厚度

材 料	厚度 t（mm）	厚度 t'（mm）
铅	—	2.0
钢（不锈钢/镀锌）	4	0.5
钛	4	0.5
铜	5	0.5
铝	7	0.5
锌	—	0.5

如果由于雷电造成的击穿、过热和引燃等可造成更坏的严重后果，此时金属板的厚度不允许小于表4-6中 t 的值。例如，某金属管或罐装容器因为雷击原因，造成内壁温度升

高危及其内部的介质,它们就不能作为接闪器使用。若金属板不满足相应的最小厚度的要求,则建筑构件应放置在雷击保护的范围内。

除此之外,屋顶金属装置作为天然接闪器要注意以下情况。首先,一个很薄的非金属涂层,在直接雷击时不能认为是绝缘的。直接雷击时的能量很高,能够产生最高达到10000℃的高温,作为天然引下线的部件,它与屋顶金属板之间的连接处不能有非金属涂层,涂层在接闪时将被击穿。其次,如果通过连接建筑物内部的金属管、电缆、天线引线使雷电流进入建筑物内部,影响电气与电子设备,甚至导致其损坏,此时需要在屋顶设施上设立单独的接闪器。因此,为了阻止雷电流的侵入,当利用屋脊、屋檐及金属构件作为接闪器后,建筑物外沿部分的接闪器必须尽可能地直接靠近边沿安装。

对于烟囱,接闪器可直接安装在烟囱上。在烟囱内部若存在金属套管,必须保持烟囱套管导电部分的安全隔离距离,接闪杆应带有隔片或隔套,金属套管应连接到等电位连接装置中。在 IEC 的规范当中,考虑到烟囱、放散管、呼吸阀、排放管等可能排放爆炸危险气体、蒸汽或粉尘,极易在直接雷击时引起火灾与爆炸,因而除了要求这些设施本身需要处在接闪器保护范围之内外,还要求在无管帽时接闪器需要保护到管口上方半径为 5m 的半球体,当有管帽时按照表 4-8 进行设计。当然,如果排放的这些爆炸危险性气体通过引燃或永远达不到爆炸浓度,防雷设计时,只需要保护到管帽或管口。

表 4-8 有管帽时接闪装置的设计

装置内的压力与周围空气压力的压力差(kPa)	排放物对比于空气	管帽以上的垂直距离(m)	距管口处的水平距离(m)
<5	重于空气	1	2
5~25	重于空气	2.5	5
≤25	轻于空气	2.5	5
>25	重或轻于空气	5	5

这里,相对密度小于或者等于 0.75 的爆炸性气体规定为轻于空气的气体;相对密度大于 0.75 的爆炸性气体规定为重于空气的气体。

4.4 接闪杆制作与安装

4.4.1 接闪杆的分段设计

对于长度为 2m 以下的接闪杆在前面已经做了介绍,常用单根圆钢或钢管制作。但在实际工程中,接闪杆的长度经常超过 2m。为了加工、运输及施工维护的方便,当接闪杆长度大于 2m 时,通常采用分段加工制作。如图 4-15 所示,接闪杆总长为 12m,在制作时分成了 A~E 五段,每段的长度如表 4-9 所示。

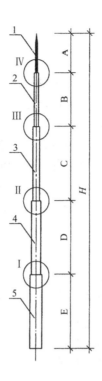

图 4-15 接闪竿的分段示意图

其中,针尖必须是圆钢,可制作成圆锥状或半球状。这里用的是直径为 20mm 的圆钢。从第二个分段开始,用的是钢管。针体各节尺寸如表 4-9 所示,比如第二段,即 B 段,用的就是 DN25 的钢管,内径为 25mm。

表 4-9 针体各节尺寸

针高 H (m)		2.0	3.0	4.0	5.0	6.0	7.0
各节尺寸 (mm)	A (oΦ20)	2000	1500	1000	1500	1500	1500
	B (DN25)		1500	1500	1500	2000	1500
	C (DN40)			1500	2000	2500	2000
	D (DN50)						2000
	E (DN70)						
针高 H (m)		8.0	9.0	10	11	12	
各节尺寸 (mm)	A (oΦ20)	1500	1500	1500	2000	2000	
	B (DN25)	1500	1500	1500	2000	2000	
	C (DN40)	2000	2000	2000	2000	2000	
	D (DN50)	3000	2000	2000	2000	3000	
	E (DN70)		2000	3000	3000	3000	

4.4.2 接闪杆的连接

接闪杆的连接以套管焊接为宜,也可以通过法兰盘处,利用螺栓连接。

如果使用焊接的方法,在选择各分段管材时,为了达到连接紧密,要努力做到上一段的外径与下一段的钢管内径最大限度地接近,不要使两者之间相差过大。例如,当针尖外径为20mm时,选择连接它的下一段钢管的内径为25mm。

焊接两个分段时,为了提高接闪杆的电气连接性能与机械性能,提高接闪杆抗风压能力,需要在两个分段的连接处加装焊钉。两个焊钉在水平方向上垂直安装,如图4-16所示。如果连接套管较长,也可以加装两个以上的焊钉。

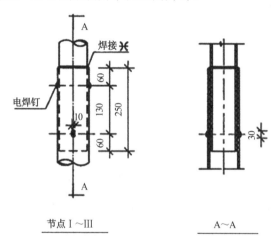

图4-16 接闪杆的连接

4.4.3 接闪杆的安装

接闪杆的安装方式、材料选型要符合设计要求,无设计要求时,第一、二类建/构筑物应能防直击雷、防雷电感应、防雷电波侵入,第三类建/构筑物应能防直击雷。

1. 屋面接闪杆安装

接闪杆的制作与安装需要按照设计图纸或标准图集进行。接闪杆在屋面安装时应向土建专业提供地脚螺栓的资料,以便于土建专业制作混凝土基础和预埋地脚螺栓,地脚螺栓预埋在支座内,至少有两根与屋面、墙体或梁内钢筋焊接。待混凝土强度满足施工要求后,再安装接闪杆,连接引下线。接闪杆安装应垂直,偏差不超过1.5°或接闪针尖直径;同时,接闪杆安装应牢固,并与引下线可靠焊接,如图4-17所示。

如果为独立接闪杆,则需要加大基础尺寸。基坑四周土壤切勿扰动,如果部分回填土时,必须分层夯实。独立接闪杆及其接地装置与道路或建筑物的出入口保护距离要符合规定,其距离应大于3m。当距离小于3m时,应采取均压措施或铺设卵石或沥青。

埋注支架所用的水泥砂浆的配合比应不低于1:2；应尽可能随结构施工预埋支架或铁件。角钢支架埋注深度不小于100mm，扁钢和圆钢支架埋注深度不小于80mm。所有支架必须牢固，灰浆饱满，横平竖直。防雷装置的各种支架顶部一般应距建筑物表面150mm；接地干线支架其顶部应距墙面200mm。支架水平间距不大于1m，混凝土支座不大于2m。转角处两边的支架距转角中心不大于250mm。支架应平直，水平度每2m检查段允许偏差$\frac{3}{1000}$，垂直度每3m检查段允许偏差$\frac{2}{1000}$，但全长偏差不得大于10mm。

安装时，将支座钢板固定在预埋的地脚螺栓上，焊上一块肋板，再将接闪杆立起，找直、找正后，进行点焊，然后加以校正，焊上其他三块肋板。最后将引下线焊接在底板上，清除药皮，刷防锈漆。支架等铁件均应做防腐处理。若焊接处不饱满，焊药处理不干净，漏刷防锈漆，应及时予以补焊，将药皮敲掉，刷上防锈漆。

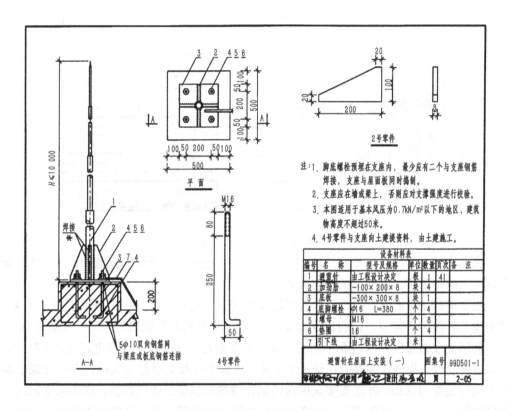

图 4-17 屋面接闪杆的安装

2. 山墙与侧墙上接闪杆安装

山墙一般称为外横墙，是指沿建筑物短轴方向布置的墙，建筑物两端的横向外墙一般称为山墙。古代建筑一般都有山墙，它的作用主要是与邻居的住宅隔开和防火。处在山墙上的接闪杆，由于没有屋面上平整的基础条件，安装起来会稍微复杂些。如图 4-18 所示为基本风压为 0.7kN/m² 以下的地区，针顶标高不超过 30m 时的山墙接闪杆安装示意图。

首先需要向土建方提供资料，由土建方专业完成基础的浇筑。用 C20 碎石混凝土现浇或用C20预制混凝土块，尺寸大小为240mm×240mm×370mm。在预埋支架时，两个支架各由一根50mm×50mm×5mm的角钢、长度L=450mm的角钢及与之焊接在一起的圆钢结合而成，其中圆钢的作用是防止角钢支架纵向松动。处在上面的角钢支架直角外侧加U形螺栓固定；处在下面的角钢支架，一直角边内侧加放接闪竿，另一水平直角边托底。

接闪竿找直后，进行紧固；然后焊接引下线。引下线可以是扁钢，也可以是圆钢。由接闪竿直接与引下线连接，引下线外敷入地。

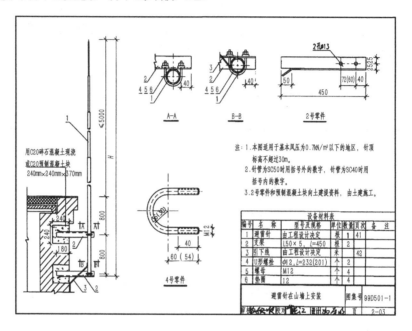

图4-18　山墙接闪竿安装示意

侧墙指的是房屋前后侧面的墙体。有侧墙的房屋通常有较长的屋檐伸出，因此，安装在侧墙上的接闪竿，其支架的伸出较长。

根据滚球法，雷电防护设计的接闪器需要将建筑物包含在其保护范围之内，所以，侧墙上安装的接闪竿需要一定的自身长度，如图4-19所示为在侧墙上接闪竿安装示意图。

侧墙上安装接闪竿与前面不同的是支架的架设与安装。当安装高度超过7m时，采用C20钢筋混凝土现浇作为基础；低于7m时，可采用混凝土块作为基础。在现浇或混凝土块中预埋底板与铁脚。外部支架采用角钢制作成梯形铁架。通过焊接，将外部支架连接到预埋钢板上。上下支架各利用一块梯形钢板来固定接闪竿，梯形钢板焊接到各自的角钢支架上。引下线依然利用扁钢或圆钢与接闪竿直接连接入地。

3．接闪带（网）安装

接闪带与接闪网在屋面安装时应制作混凝土支座，混凝土支座的制作由土建专业进行。施工时应首先安装直线段两端的支架，如图4-20（a）所示；然后拉线安装中间的支架。支架应整齐美观，横平竖直；直线段支架水平间距为500~1000mm，拐角处支架距拐角中点为250~500mm，如图4-20（b）所示。

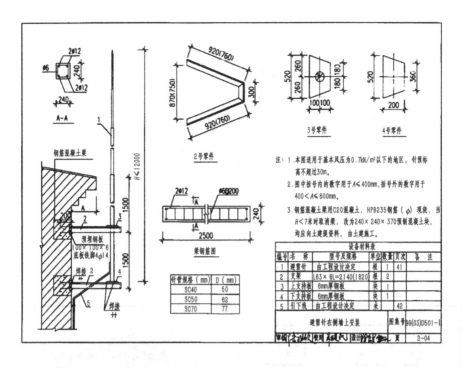

图 4-19 侧墙上接闪竿安装示意

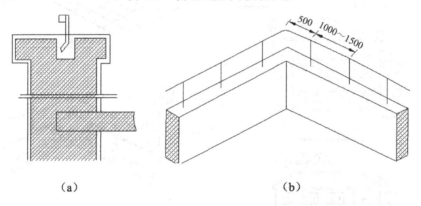

图 4-20 接闪带（网）女儿墙安装方式

接闪带（网）的连接宜采用搭接焊，圆钢时搭接长度为其直径的 6 倍，扁钢时为其宽度的 2 倍，且至少焊接 3 个棱边。焊接处进行防腐处理。接闪带（网）过伸缩缝、沉降缝时将接闪带弯成半径为 100mm 的弧形，且支持卡子中心距建筑物边沿距离不大于 400mm 也可向下部弯曲，如图 4-21 所示。

建筑物顶部的接闪竿、接闪带等必须与顶部外露的其他金属物体连成一个整体的电气通路，且与避雷引下线连接可靠，如图 4-22 所示。

防雷装置与器件

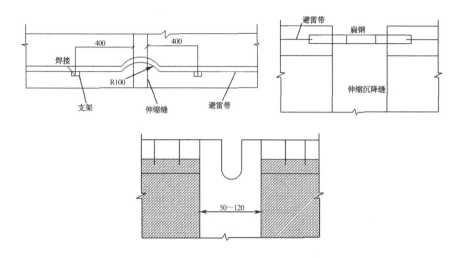

图 4-21 接闪带（网）过伸缩缝、沉降缝安装方式

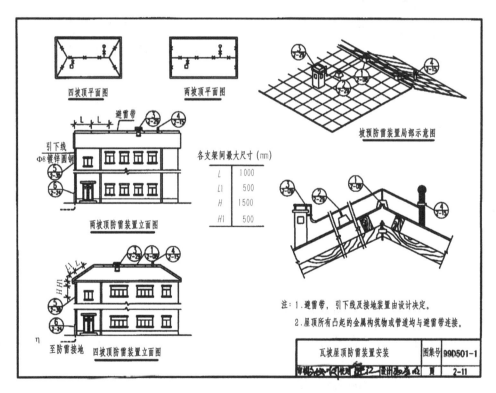

图 4-22 接闪带的设置

4. 接闪短针

对于小型的建筑设施的防雷保护，可通过单一接闪短针或多支避雷短针的组合来完成。若接闪短针的高度达到 2m 以上，应采取措施提高其稳定性，角架支撑可使避雷短针提高抗侧风能力，如图 4-23 所示。

图 4-23 接闪短针

4.5 引下线及断接卡

4.5.1 引下线

引下线又称引流器,是用于将雷电流从接闪器传导至接地装置的导体。引下线将接闪器或金属设备与接地装置连接起来。引下线在正常情况下不载流;在雷击时,将雷电流传送到接地装置去。

1. 雷电流沿引下线的电位降

当雷电流通过接地引下线时,在导线的周围产生电磁场并沿着导线产生一电位降,如图 4-24 所示,单位时间内单位导体长度上的这种电位降可用下式表示:

$$U_i = \frac{Z}{v} \cdot \frac{di}{dt} \tag{4.1}$$

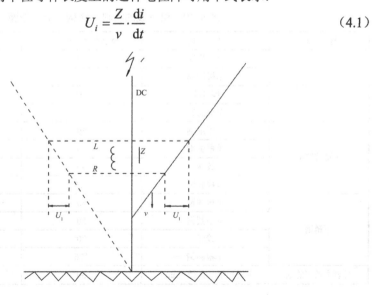

图 4-24 沿引下线的电位降

电位降是由传播速度 v=300m/μs 及波头陡度为 di/dt 的电流产生的。波阻抗 Z 为 300～500Ω。根据以上数值，对陡度为 1kA/μs 的雷电流来说，沿导线的电位降为 1～1.7kV/m。

另外，公式（4.1）中 i 为雷电流，U_i 为电位降，Z 为波阻抗，电感为 L，电阻为 R。换言之，防雷装置可用一个集中元件的电路来代表。沿导线的电位降为

$$U_i = L\frac{di}{dt} + iR \tag{4.2}$$

式（4.2）中，L 为导线的电感，R 为其有效电阻。长导线的电感为 1～1.5μH/m，由此可知，对于陡度为 1kV/μs 的雷电流来说，其电感电位降为 1～1.5kV/m，在波头的持续时间内导线上的欧姆电压降很小，在截面为 50mm 的铜导线上，电压降仅为 0.36V/m·kA，而在同截面的钢线上则为 3.4V/m·kA。

以测量到的最大雷电流陡度为 100kA/μs 来计算，在 10m 长的单根引下线上电感电压降为 1～1.5MV。但这一高电压只出现于雷电流波头存在的一瞬间，为时也不过几微秒。由于电晕损耗，这一电压将进一步降低。

如果使雷电流分布在几条并联的引下线上，由于每根引下线上的电流陡度系数按并联导线的根数成反比减小，因而感应电压降将大为减小。

2．引下线的材料

防雷工程上一般利用建筑物钢筋混凝土柱子内的主筋作为引下线，当出于某些原因需要专设引下线时，常用铜材、镀锌钢、不锈钢和镀铜钢来加工制作。其中，镀锌钢和镀铜钢是比较常见的；铜材和不锈钢由于成本较高，仅在设计要求很高的场合采用。一般工程中宜采用热镀锌圆钢或扁钢，宜优先采用圆钢。

避雷引下线所使用的钢材或支持件均应经热浸镀锌。引下线的结构与最小截面应按表 4-10 取值。

表 4-10　引下线的材料、结构与最小截面

材　料	结　构	最小截面（mm²）	备　注
铜、镀锡铜	单根扁铜	50	厚度 2mm
	单根圆铜	50	直径 7mm
	铜绞线	50	每股线直径 1.7mm
	单根圆铜	176	直径 15mm
热浸镀锌钢	单根扁钢	50	厚度 2.5mm
	单根圆钢	50	直径 7mm
	绞线	50	每股线直径 1.7mm
	单根圆钢	176	直径 15mm
不锈钢	单根扁钢	50	厚度 2mm
	单根圆钢	50	直径 7mm
	绞线	70	每股线直径 1.7mm
	单根圆钢	176	直径 15mm
外表面镀铜的钢	单根圆钢（直径 7mm）	50	镀铜厚度至少 70μm，铜纯度 99.9%

4.5.2 引下线敷设

在规范中要求,引下线应沿建筑物四周和内庭院四周均匀或对称布置,通常不少于两根。对于第一类建筑物,引下线不应少于两根,其间距沿周长计算不宜大于 12m。第二类建筑物专设引下线不应少于 2 根,其间距沿周长计算不宜大于 18m。当建筑物的跨度较大,无法在跨距中间设引下线时,应在跨距两端设引下线并减小其他引下线的间距,平均间距不宜大于 18m。第三类建筑物专设引下线,其间距沿周长计算不宜大于 25m。当建筑物的跨度较大,无法在跨距中间设引下线时,应在跨距两端设引下线并减小其他引下线的间距,专设引下线的平均间距不应大于 25m;但周长不超过 25m、高度不超过 40m 的建筑物,三类防雷建筑物可只设 1 根引下线。

1. 明敷引下线

专设引下线应沿建筑物外墙外表面明敷,并经最短路径接地。如图 4-25 所示,沿外墙用 25mm×4mm 镀锌扁钢作为引下线,每隔 1m 设置固定支架。离地 1.6～1.7m 设置断接卡,在每处引下线连接人工接地极,采用保护钢管或 PVC 管密封处理。对于明敷引下线安装,之前应进行调直,引下线应沿建筑物、构筑物外墙敷设,尽可能短而直;明敷引下线应分段固定,弯曲处半径应大于等于圆钢直径或扁钢厚度的 10 倍,敷设应平正顺直、无急弯;焊接固定的焊缝应饱满无遗漏,螺栓固定应有防松零件(垫圈),焊接部分的防腐应完整;固定支架的高度不宜小于 150mm;引下线接头采用搭接焊,明敷引下线支持卡子间距为 0.5～1m,支持卡子可用相应规格的膨胀螺栓代替,如表 4-11 和图 4-26 所示。

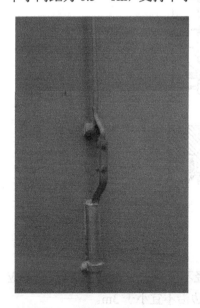

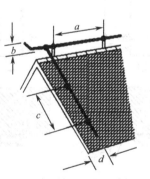

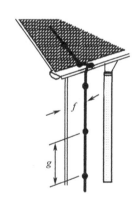

注:a——水平接闪导线支架的距离,取 500mm～1000mm;b——水平接闪导线的翘起高度,取 100mm;c——坡面接闪导线支架的距离,取 500mm～1000mm;d——接闪器与屋面边沿的距离,尽可能靠近屋面边沿;f——引下线与建筑物转角处的距离,取 300mm;g——引下线支架距离,取 1000mm。

图 4-25 明敷引下线与断接卡　　图 4-26 坡屋面接闪器与引下线的安装施工

表 4-11 水平与垂直面上的导体支架距离

布置方式	扁形导体和绞线固定支架的间距（mm）	单根圆形导体固定支架的间距（mm）
水平面上的水平导体	500	1000
垂直面上的水平导体	500	1000
地面至 20m 处的垂直导体	1000	1000
从 20m 处起往上的垂直导体	500	1000

引下线上的电压降与引下线的长度成正比。为尽可能地减小沿引下线的电压降，接闪装置必须通过引下线以最短的路径接地。碰到建筑上大型外伸的凸出物时，如阳台等，要将引下线笔直地穿过去而不要绕着突出物安装。此外，引下线安装中还应避免形成环路。

当利用建筑物内钢筋作为防雷引下线时，若钢筋直径在 16mm 及以上，则可利用两根钢筋作为一组引下线；当钢筋直径在 10mm 及以上时应利用 4 根钢筋作为引下线。若利用钢筋混凝土桩基础作为接地极，应将桩基础的抛头钢筋与承台梁主筋焊接，并与上面作为引下线的柱中钢筋焊接。

在易受机械损伤的地方，地面上约 1.7m 至地面以下 0.3m 的明设引下线在断接卡下部，应外套 PVC 管、硬塑料管、角钢和开口钢管保护，保护管埋入地下部分深度不应小于 300mm，如图 4-27 所示。在穿越楼板或墙时应加套管保护，跨越沉降缝或伸缩缝时应进行 Ω 弯补偿。

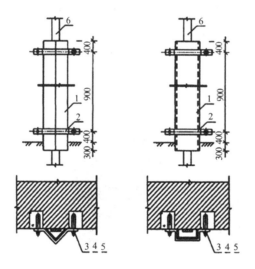

图 4-27 引下线的保护

2．暗敷引下线

建筑艺术要求较高者，引下线可暗敷，但其圆钢直径不应小于 10mm，扁钢截面不应小于 $80mm^2$。防直击雷的专设引下线距出入口或人行道边沿不宜小于 3m。

3．引下线的天然组件

使用建筑设施的天然组件作为引下线，可以减少安装引下线的数量，在某些情况下，甚至可以完全免除安装引下线。

（1）利用金属装置作为引下线：当利用金属装置作为引下线时，其前提条件是能够确保这些不同的金属部件之间安全、长效地连接在一起，并且它们的尺寸距离要符合引下线的设计安装要求。对于这些金属装置，也可以外加绝缘护套。含有易燃易爆材料的管道不得用作引下线；同时，若法兰连接器的密封不是金属的，或者与金属管道相连的法兰连接器没有和其他的导电体进行电气连接，也不得用作引下线。

（2）利用建筑设施的金属骨架结构作为引下线：当用建筑物的钢筋骨架或相互连接的钢筋结构作为引下线时，就不再需要环形导体，因为额外环形导体对改善电流的分布起不到作用。

（3）利用建筑设施的互联加固结构作为引下线：建筑设施现有的加固结构不能作为天然接闪装置的组成部分，除非它们做了相互连接；不然，必须分别对它们做外部防雷保护。

4.5.3 断接卡

1. 断接卡的作用

人工接地装置或利用建筑物基础钢筋的接地装置必须在地面以上按设计要求位置设测试点。建筑物的金属构件作为引下线时，所有金属部件之间要连接成可靠的电气通路。

GB 50057—2010《建筑物防雷设计规范》规定，采用多根专设引下线时，应在各引下线上距地面0.3~1.7m之间装设断接卡。GB 50169—2006《接地装置施工及验收规范》规定，建筑物上的防雷设施采用多根引下线时，应在各引下线距地面1.5~1.7m处设置断接卡，如图4-28所示。

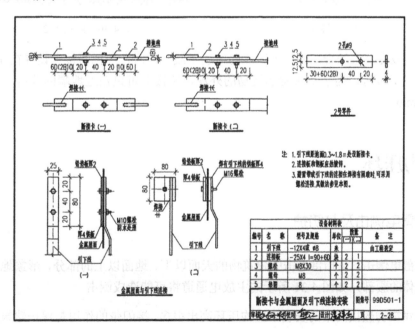

图4-28 断接卡与金属屋面及引下线的连接安装

断接卡起的作用是将防雷引下线与接地体断开,以利于测量接地体的接地电阻值。如果不设断接卡,要想测量接地体的接地电阻,需要在引下线顶端进行测量,测得数值还需要减去引上线的直流电阻,在测量一般楼房或高层建筑时这是无法办到的,如图 4-29 所示为断接卡的一种形式。

2. 断接卡的安装

(1)设置断接卡应用在有多根引下线的场合。当建筑物(烟囱)只有一组接地极时,不需要设置断接卡。

(2)当利用混凝土内钢筋、钢柱作为自然引下线并同时采用基础接地体时,可不设断接卡;但利用钢筋作为引下线时应在室内外的适当地点设若干连接板。当仅利用钢筋作为引下线并采用埋于土壤中的人工接地体时,应在每根引下线上距地面不低于 0.3m 处设接地体连接板。采用埋于土壤中的人工接地体时应设断接卡,其上端应与连接板或钢柱焊接。连接板处宜有明显标志,如图 4-30 所示。

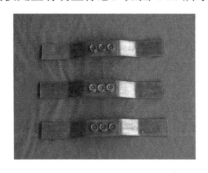
图 4-29　断接卡 1

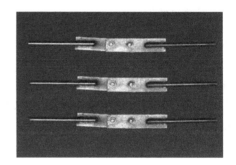
图 4-30　断接卡 2

(3)一般在公共场合,如住宅区,防雷引下线明敷时,应把断接卡设置在 1.5~1.7m 处;引下线暗敷时,为了不影响建筑物的外观,断接卡可设在近地端的墙内,一般距地 300~400mm。

4.6　均压环

4.6.1　雷电侧击及其防护

所谓雷电侧击,是指雷电击中建筑物的天面以下、地面以上的部分,形象地说就如同打到了楼体的腰部,如图 4-31 所示的主放电通道将可能造成侧击。

我国建筑物敷接闪带的安装率比均压环高出很多,接闪带的作用是保护建筑物免受直击雷的损害。然而近年来,随着建筑物建设的高度不断增加,大大提高了雷电侧击的概率,许多城市建筑频繁受到雷电的侧击。对于没有采取防雷电侧击措施的建筑物,由于楼体的高度不确定,可能遭受侧击雷的部位也不一定,所以,有时雷电侧击更具破坏性。

图 4-31 闪电侧击建筑物

当建筑物遭受雷电侧击之后,电流很有可能随着电气设备的线路或者金属门窗传入楼体内部,这对于建筑物内的人员和设施是一个极大的威胁。如果建筑物内敷设了防雷电侧击的均压环,可以很大程度地降低伤害。

4.6.2 均压环及其安装

1. 均压环

均压环有很多分类,能作用于很多领域。按照用处的不同,均压环分为防雷均压环、避雷器均压环(主要在避雷器的外部安装)、绝缘子均压环等;按制作材料的不同又可以分为不锈钢均压环、铁制均压环、铝制均压环等。这里讨论的均压环是防雷均压环。

均压环,不难理解,主要是用来平均电压的,其原理是将输入的高压平均分布到物体周围,从而各个环形之间不存在电位差。防雷均压环的原理也是如此,将建筑物顶部的接闪带、建筑物的钢筋等共同连接在一起而形成法拉第笼,使笼内部的每处都受到保护,这对于防侧击雷十分有效。均压环防雷的大致思路如下:将建筑物内的导体和墙体外敷设的金属线路和金属制物体等电位进行连接,并且一直连到接地装置,从而将处于室内外的所有设施连成一个大等势体,设备之间没有了电位差也就不会产生有害电流。

2. 均压环的安装

建筑物均压环的安装在 GB 50057—2010《建筑物防雷设计规范》中给出了具体的措施。

当建筑物为钢筋混凝土结构或钢结构的高层建筑物时,第一类防雷建筑物的 30m 以上部分、第二类防雷建筑物的 45m 以上部分、第三类防雷建筑物的 60m 以上部分应装设均压环。第一类建筑物高于 30m 时,从 30m 起每隔不大于 6m 沿建筑物四周设均压环并与引下线相连;30m 及以上外墙上的栏杆、门窗等较大的金属物应与防雷装置连接。第二、三类建筑物高于 45m、60m 的,其上部每隔建筑物高度的 20%并在超过 45m、60m 的部位加装均压环,以防雷电侧击。外墙内、外竖直敷设的金属管道及金属物的顶端和底端,应与防雷装置等电位连接,如图 4-32 所示。

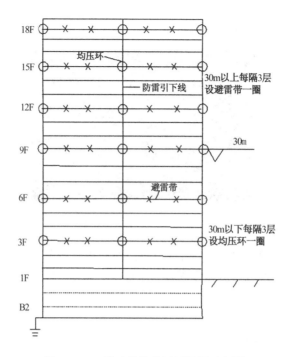

图 4-32 一类建筑物均压环设置示意图

在建筑物钢筋混凝土内的钢筋包括梁筋和柱筋,具有电气贯通性连接且上部与接闪器焊接,又与引下线可靠焊接的情况下,横向钢筋可作为均压环。

(1)材料规格:钢筋或圆钢,仅为一根时,其直径应≥10mm,利用混凝土构件内有箍筋连接的钢筋时,其截面积总和应≥10mm 钢筋的截面积。

(2)环与柱主筋连接:检查有无均压环,有无与用作引下线的柱主筋全部连接,并使该高度及以上外墙上的栏杆、门、窗及大金属物与防雷设备相连。

(3)门窗环过渡电阻:检测门窗环的电气通路情况,可用低电阻测试仪检测,要求其过渡电阻 $R<0.03\Omega$。

(4)与竖直金属管连接:检查竖直敷设的金属管道及金属构件与环的连接情况,要求可靠焊接,其顶端和底端与防雷设备可靠连接。

(5)环间间距:安装两个以上均压环时,环间间距不大于 12m,一般为 6m。

(6)环间连接:与所有引下线、竖直敷设的金属管道、金属门窗等金属部件可靠连接。

(7)如果建筑物有玻璃幕墙的设计,应当在每一层敷设均压环。建筑物的玻璃幕墙应当可靠地和已经存在的均匀环、引下线等防雷设施进行电气连接。与此同时,在每一个幕墙预埋处的附近,均压环都要事先留好 $D≥\Phi 7$ 的热镀锌圆钢以用来和幕墙的预埋金属相焊接。如图 4-33 所示为金属栏杆和扶手等建筑物的连接示例。

对于圈梁内水平均压环,需要使用的钢筋之间连接,以及钢筋分别防雷引下线、金属门、窗等之间的连接采用 $D≥\Phi 7$ 镀锌圆钢或不小于 24mm×4mm 的镀锌扁钢。均压环可暗敷在建筑物表面抹灰层内,或直接利用结构钢筋贯通,并应与防雷引下线或楼板的钢筋焊接。外檐金属门、窗、栏杆、扶手等金属部件的预埋件焊点不少于两处,与均压环预留的圆钢焊接成整体。铝制门窗与避雷装置连接在加工订货铝制门窗时应按要求甩出 30cm 的铝带或扁钢两处，如超过 3m，就需要三处连接，以便进行压接或焊接。

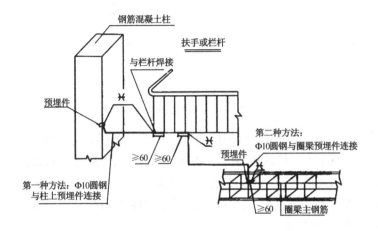

图 4-33　金属栏杆和扶手作为均压环

4.7　屏蔽体

雷击发生时，由雷电流产生的雷电电磁脉冲（LEMP）和电磁场会直接通过辐射进入电子信息系统，为了保护电子信息系统，需要采取屏蔽措施。

4.7.1　屏蔽

1. 电屏蔽

电屏蔽的作用原理是减弱干扰场源与被干扰物体之间的电场感应效果，阻止外界电场的电力线进入屏蔽体内部。屏蔽体一般由电的良导体制成，相对于电子信息系统中的电子设备和线路，由雷电产生的电场就是一种强度很高的外界电场。对于图 4-34（a），虽然外界电场电力线不进入屏蔽体内，但外界电场的引入改变了屏蔽体内部原先所带的电位，这会影响到屏蔽体内部电子电路的正常工作。为了在引入外界电场前后维持屏蔽体电位不变，需要把屏蔽体接地，让屏蔽体始终保持地电位，如图 4-34（b）所示，从而发挥有效的屏蔽作用。

对于电屏蔽作用原理的分析，采用电路理论方法比较简便，按电路理论的观点，干扰场源与被干扰物体之间的电场感应效果可以用它们之间的电容耦合来描述，如图 4-35 所示，其中 1 为干扰场源，2 为被干扰物体，它们的电位分别为 U_1 和 U_2，这两者之间的关系为

$$U_2 = \frac{C_{12}}{C_{12}+C_{20}} U_1 \tag{4.3}$$

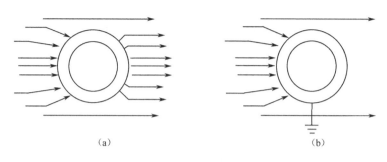

图 4-34 电屏蔽体原理

从上式可见，一方面，要减小被干扰物体 2 上的电位 U_2，可以增大电容 C_{20}，即电子设备中的一些敏感微电子元件或线路应尽可能地贴近金属板或地线布置；另一方面，要减少 U_2，还可以减小互电容 C_{12}，这表明被干扰物体应尽量远离干扰场源。当这些措施难以满足要求时，需要对被干扰物体进行屏蔽，即在物体 1 与物体 2 之间加入一块接地的金属屏蔽体，如图 4-36 所示。

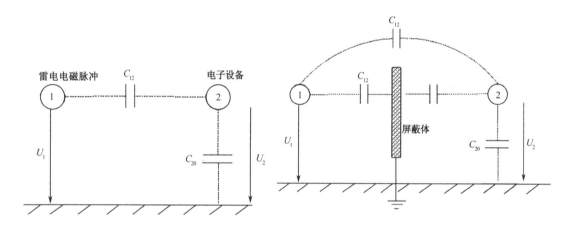

图 4-35 干扰源与被干扰物体电容耦合　　图 4-36 接地的金属屏蔽体

由于屏蔽体不可能为无穷大，物体 1 和物体 2 之间仍有残余电容 C'_{12}，在考虑了 C'_{12} 的影响后，物体 2 上的电位为

$$U'_2 = \frac{C'_{12}}{C'_{12}+C_{23}+C_{20}}U_1 \approx \frac{C'_{12}}{C_{20}+C_{23}}U_1 \tag{4.4}$$

将式（4.4）与式（4.3）比较，由于 $C'_{12} < C_{12}$，$C_{23} > C_{12}$，因此 C'_2 相对于 U_2 来说是非常小的，接近于零。这就是屏蔽效果，在这里要强调的是电屏蔽体的良好接地是非常重要的。

在雷云对地放电过程中，雷电下行先导通道实际上是一个很强的干扰场源。先导通道中的电荷所产生的电场对地面的金属体具有电场感应作用，被干扰的物体常有架空线路、通信线路及较大的金属构件等。

2. 磁屏蔽

磁屏蔽可分为低频磁场屏蔽和高频磁场屏蔽两种类型。低频磁场屏蔽往往是一件比较困难的事情，这是因为低频率磁场的屏蔽主要依靠高磁导率材料所具有的低磁阻对干扰磁场的分路作用，而低频下的涡流屏蔽作用是很小的。如图 4-37 所示为一个由高磁导率材料（如硅钢片或玻璃合金等）制成的屏蔽体。该屏蔽体放在均匀低频干扰磁场中，由于屏蔽体铁磁材料的磁导率很高，屏蔽体壁的磁阻很小，而其周围空气路径的磁阻却很大，因此，大部分低频干扰磁场的磁力线会沿屏蔽体通过，穿入屏蔽体内腔空气路径的磁力线很少，从而使得放置于屏蔽体内腔的物体得到屏蔽保护。显然，屏蔽体材料的磁导率越高，或屏蔽体壁层越厚，磁分路的作用就越显著，对低频磁场干扰的屏蔽效果就越好。

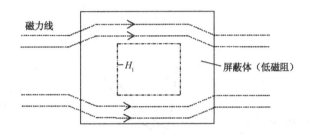

图 4-37 低频磁场屏蔽

高频磁场的屏蔽对电子信息系统的雷电防护来说具有重要意义，由于雷电流的等值频率较高，它所产生的脉冲磁场会对电子设备和微电子器件造成颇为严重的磁感应危害，导致电子元件和设备的损坏，因此，需要对这种高频的雷电电磁脉冲磁场进行有效的屏蔽。高频磁场的屏蔽通常采用低电阻的良导体材料，如铅和铝等，其屏蔽原理是：利用磁感应作用，让高频干扰磁场在屏蔽体表面感应出涡流，涡流又产生反磁场来抵消干扰磁场，以达到屏蔽的目的。按电磁感应定律，闭合回路中感应出的电动势与穿过该回路磁场的时间变化率成正比，对高频磁场而言，其时间变化率是很高的，感应作用也是很强的。由于磁感应电动势所产生的感应电流又将产生磁场，根据楞次定律，该磁场方向与原干扰磁场的方向相反，如图 4-38 所示。高频下干扰磁场 B_0 穿过金属屏蔽体时，在屏蔽体中感应电动势，并在屏蔽体中产生涡流，涡流环电流产生的磁场 B 与干扰磁场 B_0 方向相反，对 B_0 产生抵消作用。同时，B 在屏蔽体的侧面与 B_0 方向一致，使 B_0 得到增强，这就意味着对屏蔽体来说，磁场只能从其侧面绕行而过，难以从其正面通过。如果将良导体做成屏蔽盒，则外界干扰磁场将受到屏蔽盒的涡流磁场排斥和抵消而难以进入盒内，从而实现对盒内电子设备的屏蔽保护。

3. 电磁屏蔽

电磁屏蔽是用屏蔽体来削弱和抑制高频电磁场的一种技术措施，这种屏蔽同时对电场和磁场进行阻尼和衰减。电磁屏蔽体常用导电材料或其他能有效阻挡电磁波的材料制成，且被良好接地，其屏蔽效果与电磁波的性质和所采用材料的特性密切相关，并采用屏蔽效能来加以定量描述。

屏蔽效能的定义如下：无屏蔽体时空间某点的电场强度 E_0 或磁场强度 H 与有屏蔽体时该点的电场强度 E_1 或磁场强度 H_1 之比为

$$\mathrm{SE} = \frac{E_0}{E_1} = \frac{H_0}{H_1} \tag{4.5}$$

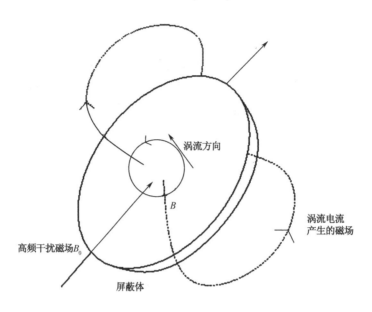

图 4-38 磁屏蔽原理

SE 是屏蔽效能。由于在式（4.5）中屏蔽效能的量值范围很大，采用这种倍数来表示不甚方便，在计算时也显得比较麻烦，为此，在工程上均采用分贝（dB）来计量，以分贝作为单位的屏蔽效能为

$$\mathrm{SE} = 20\lg\frac{E_0}{E_1} = 20\lg\frac{H_0}{H_1} \tag{4.6}$$

对于屏蔽效能的分析，常采用传输线理论。为此，考虑一块厚度为 d 的金属板，当电磁波入射到金属板的第一个表面时，电磁波将发生折射、反射，一部分电磁波被金属板反射回去，剩余的部分电磁波折射透过金属板的第一个表面进入金属体内，在金属体中衰减传输，经过距离 d 后到达金属板的第二个表面，在第二个表面上将再次发生折射、反射，再有部分电磁波被反射回金属体内，部分电磁波透过金属板的第二个表面进入金属板的另一侧。在金属板的第二个表面被反射回来的那部分电磁波在金属板中反向衰减传输，经过距离 d 后到达金属板的第一个表面，继续发生折射、反射，这一过程将反复循环。在这一过程中，电磁波刚达到金属板第一个表面时被其反射回去的反向能量称为反射损耗，从金属板第一个表面透进金属板内的折射波在其中传输时的衰减损耗称为吸收损耗，电磁波在金属板的两个表面之间产生的多次反射所引起的能量损耗称为多次反射损耗。综合考虑这些损耗后，金属板以倍数表示的电磁屏蔽效能可估算为

$$\mathrm{SE} = A \times R \times M \tag{4.7}$$

式中，A 为吸收损耗（倍）；R 为反射损耗（倍）；M 为多次反射损耗的修正项。如果将式（4.7）中的各量均用分贝（dB）来表示，则可写为

$$SE = A \times R \times M \tag{4.8}$$

通常，吸收损耗 A 与金属板的厚度成正比，且随频率、电导率、磁导率的增大而增大。反射损耗 R 不仅与金属材料本身的特性（电导率与磁导率）有关，而且还与金属板所处的位置有关。在计算反射损耗时，先应根据电磁波频率及干扰场源与金属板之间的距离来确定所处区域，视近区和远区两种情况分别进行计算。在金属板吸收损耗较大（$A>150$dB）的情况下，多次反射损耗修正项 M 可以略计，因为吸收损耗较大，意味着金属板较厚或频率较高，因此，电磁波在金属板内经一次传输到达金属板第二个表面时已衰减得很小，再反射回金属板第一个表面的能量将更小，多次反射后电磁波将衰减得微乎其微，以致可不必考虑。但是，当金属板薄或频率低时，吸收能量很小，多次反射使屏蔽效能下降的影响就必须考虑。

4.7.2 屏蔽措施

1. 建筑物的屏蔽

现代高层建筑物多采用钢筋混凝土结构，其板、柱、梁和基础内有大量的钢筋，将它们连接起来在整体上构成一个法拉第笼式接闪网。采用钢结构的建筑物，将建筑结构中各钢件相互连接起来，也可以形成这种笼式接闪网，同时也具有屏蔽作用。虽然它们在网格结构上是稀疏的，但可以对建筑物外部入射的雷电电磁场进行初次抑制，使电磁场在透过它们后受到一定程度的衰减，这将有利于减轻对建筑物内电子信息系统采取屏蔽措施的压力。接闪网对外部雷电电磁场所能发挥的有限屏蔽作用与其自身网孔尺寸有很大的关系，也与雷电脉冲电磁场的频率分量有关。在雷电脉冲电磁场频率范围 100kHz～1MHz，接闪网网孔尺寸与磁屏蔽效能的关系如图 4-39 所示，在该图中，接闪网的两孔被认为是方形的，其边长为 W，钢筋直径为 d。

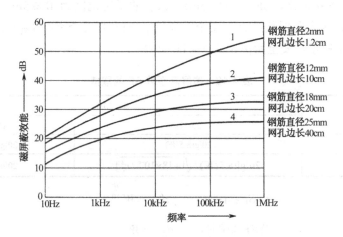

图 4-39 接闪网网孔尺寸与磁屏蔽效能的关系

当建筑物以外的某一位置落雷时，为了工程估算的简易性，可采用安培环路定律来估算雷点附近的磁场强度，有

$$H_0 = \frac{I}{2\pi r} \tag{4.9}$$

式中，I 为雷电流幅值，r 是计算场点与雷击点的距离。当存在建筑物接闪网屏蔽时，如图 4-40 所示，接闪网屏蔽体内部磁场可按式（4.10）来确定。

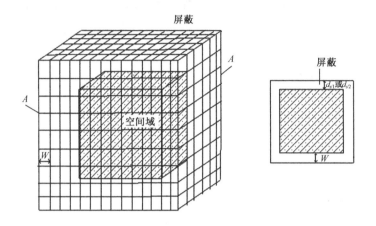

图 4-40　建筑物笼式接闪网内部屏蔽空间域

$$H_1 = \frac{H_0}{10^{\frac{SF}{20}}} \tag{4.10}$$

式（4.10）中，H_1 为栅格型大空间屏蔽内的磁场强度，单位为 A/m；磁屏蔽系数 SF 按表 4-12 取值。在表 4-12 中，25kHz 频率下 SF 的取值适用于首次雷击的磁场；1MHz 频率下的 SF 取值适用于后续雷击的磁场。钢筋的相对磁导率取为 $\mu_r = 200$，W 为网孔尺寸（m），r_0 为钢筋的半径（m）。当 SF 的计算式得出的值为负数时取 SF=0；若建筑物具有网格形等电位连接网络，SF 可增加 6dB。该表的适用范围为 $W \leqslant 5m$。表 4-12 的计算值仅对在各 LPZ 区内距屏蔽层有一安全距离 $d_{S/1}$（m）的安全空间 V_{S1} 内才有效，该安全空间域如图 4-41 所示，安全距离由式（4.11）确定。

表 4-12　磁屏蔽系数 SF 的取值

材　料	SF（dB）	
	25kHz	1MHz
铜/铝	$20\lg(8.5/W)$	$20\lg(8.5/W)$
钢	$20\lg[(8.5/W)/\sqrt{1+18\times10^{-6}/r_0^2}]$	$20\lg(8.5/W)$

当 $SF \geqslant 10$ 时，　　$d_{S/1} = W^{\frac{SF}{10}}$ （4.11）

当 SF<10 时，　　$d_{S/1} = W$

当雷击于建筑物接闪网时,接闪网屏蔽体内部安全空间域 LPZ1 内的磁场强度应按下式来估算:

$$H_1 = \frac{k_H IW}{d_W \sqrt{d_r}} \tag{4.12}$$

式中,I 为雷电流强度;k_H 为形状系数,取为 $0.01(1/\sqrt{m})$;d_r 为磁场计算点到屏蔽体顶部的最短离(m);d_W 为磁场计算点到屏蔽壁的最短距离(m)。

H_1 仅对于接闪网屏蔽体内部距屏蔽体一个安全距 $d_{S/2}$(m)的安全空间域 V_{S2} 内才有效,$d_{S/2}=W$。建筑物内的电子信息系统应尽量安置在安全空间域 V_{S2} 内,因为超出了此安全空间域就会接近屏蔽体,在接闪网屏蔽体受到直接雷击时,屏蔽体附近的磁场强度是很高的,对电子设备的干扰也是很严重的。

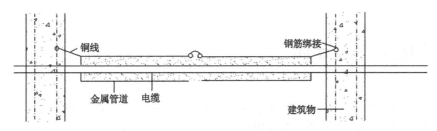

图 4-41 金属管在建筑物入口处的电气连接

2. 线路屏蔽

1) 建筑物之间线路的屏蔽

从雷电脉冲电磁场防护的角度来看,位于建筑物之间的户外线路(供电线或通信线)应采用带金属屏蔽的电缆,对于没有屏蔽的线路,应穿金属管入户。金属管应与建筑物的钢筋引下线或接地线进行电气连接,如图 4-41 所示。当两座建筑物之间距离较长时,需要设置若干段金属管,在每两段金属管接头处应进行可靠的电气连接,以保证整个管道在电气上的连续性,这样的管道可以向其内部的线路提供有效的屏蔽保护。

2) 户内线路的屏蔽

在建筑物需要集中布设大量线路的地方,应构筑布线井,布线井壁内的钢筋应每隔一定距离进行一圈电气连接,构成网格,这样也能起到屏蔽作用。在建筑物内分支布线和室内布线的路径上可架设布线槽来对线路进行屏蔽。布线槽的壁由金属材料制成,它应就近与接地导线或防雷引下线钢筋等连接,各段布线槽的结合部应进行可靠连接,这种连接可用与布线槽壁同样形状的板托将两段槽壁连接,在板托外每隔不大于 100mm 的位置用螺钉紧固。采用导线连接的方式虽容易实现,但在高频的雷电脉冲电磁场感应下连接导线的寄生电感会在两段槽壁之间产生可观的暂态电位差。布线槽在到达电子信息系统或电子设备的屏蔽体时,应在入口处与这些屏蔽体进行可靠连接,这种连接可采用槽底面连接、槽两侧面连接、槽底与侧面同时连接三种方式。在建筑物内,除了采用布线槽外,也可以让线路穿金属管来进行屏蔽。

3) 设备屏蔽

原则上，凡对脉冲电磁干扰敏感的电子设备，尤其是那些含有大规模集成电路的微电子设备，都应采用连续、完整的金属外壳将它们封闭起来，进出设备的信号线和电源线屏蔽层在其进出口处应与设备的金属外壳保持良好的电气接触。实际上，电子设备的金属外壳难以做到在电气上完全连续，总存在一些不连续的地方，如排气孔、散热缝、装配缝隙、插件孔等，这些不连续之处的存在将会降低设备外壳的屏蔽效能。在距离不变的情况下，开孔尺寸越大，箱体的屏蔽效能就越低。为了获得较好的屏蔽效果，应对电子设备外壳上的电气不连续处进行处理，比较可行的做法是在开孔口上设置透光导电层或在孔口内设置致密的屏蔽网，也可以在开窗口上用导电纤维制作屏蔽窗帘。对于机箱壳装配缝隙，可采用导电纤维作为垫衬，填实缝隙，并将机箱壳上需要开出的缝隙（供散热等用途）做成两个表面重叠的形状，同时应尽量减小缝隙的长度。

4.8 等电位连接导体

等电位连接导体就是将分开的诸导电性物体连接到防雷装置的导体。用等电位连接导体将建筑物和建筑物内系统的所有导电性物体互相连接组成的一个网，形成一个等电位连接网络。

雷电流在防雷装置上会产生暂态高电位，在电气设备上会引起危险的电位差。这种电位差又会产生电磁干扰并造成雷电反击。为了消除这种电位差，需要采取等电位连接措施以均衡电压。

4.8.1 等电位连接

等电位连接就是将设备、组件和元器件的金属外壳或构架在电气上连接在一起，形成一个电气连续的整体，这样可以避免在不同金属外壳或构架之间出现电位差，而这种电位差往往是产生电磁干扰和造成雷电反击的原因。

通过等电位连接，可以达到降低预期接触电压、消除自建筑物外沿 PEN 线或 PE 线窜入的危险故障电压、减少保护装置动作带来的危害等目的；同时，等电位连接也是电磁兼容主要措施之一。

等电位连接分为如下 3 类。

（1）总等电位连接（MEB）：将建筑物内的诸多导电部分汇集到进线配电箱近旁的接地母排上（也就是总接地端子板上）而互相连接。这些导电部分包括：进线配电箱的保护线干线（PE 母排或 PEN 母排），自电气装置接地极引来的接地干线，建筑物内水管、煤气管、采暖和空调管道等金属管道，条件许可的建筑物金属构建等导电体。

（2）局部等电位连接（LEB）：将部分导体在局部范围内再进行一次连接，或将人体可同时触及的有可能出现危险电位差的不同导电部分相互直接连接。

（3）辅助等电位连接（SEB）：在相临导电部分间，用导线直接连通，使其电位相等或接近。一般在电气装置的某部分接地故障保护不能满足切断回路的时间要求时，进行辅助等电位连接，把两导电部分之间连接从而降低接触电压。

4.8.2 等电位连接导体的材料

等电位连接导体可以用下列材料制作：扁铜、铜绞线、扁铝、铝绞线、铝合金、外表镀铜的铝、镀锌钢、不锈钢、镀铜钢。

等电位连接导体应能耐受由于设备内部故障电流可能引起的最高热效应、最大动应力及可预见的机械应力；具有足够低的阻抗，以避免各部分间显著的电位差；能耐受环境效应（含腐蚀效应）；可移动的导体连接件（如铰链和滑片等）不应是两部分间唯一的保护连接件。在预计移开设备某一部件时，不应切断其余部件的保护连接。

等电位连接可以使用焊接、螺栓连接和熔接三种方法。当使用螺栓连接时，要考虑螺栓松动的问题，一般应用铜鼻将连接线焊牢后栓紧。

连接材料一般推荐使用铜材，因其导电性能和强度都比较好，使用多股铜线的弯曲也比较方便。但使用铜材与建筑物内结构钢筋连接时，可能会因铜的电位（+0.35V）与铁的电位（-0.44V）不同而形成原电池，产生电化学腐蚀。因此，在土壤中，特别是基础钢筋处连接，要避免使用裸铜线，最好使用同一金属。

等电位连接导体的尺寸与其所在位置与估算流过的雷电流的量相关。防雷等电位连接导体的最小截面应符合表 4-13 所示的规定。

表 4-13 防雷等电位连接导体最小截面

等电位连接部件	材　料	截　面（mm^2）
等电位连接带（铜、外表面镀铜的钢或热镀锌钢）	Cu（铜）	50
	Fe（铁）	
从等电位连接带至接地装置或各等电位连接带之间的连接导体	Cu（铜）	16
	Al（铝）	25
	Fe（铁）	50
从屋内金属装置至等电位连接带的连接导体	Cu（铜）	6
	Al（铝）	10
	Fe（铁）	16

等电位连接线不承载雷电流，因此，它们可以是裸露或绝缘的，如图 4-42 所示。

主等电位连接线的横截面积为 6~25mm^2。辅助等电位连接线的横截面积：在装置未保护时用 2.5mm^2 连接线；在装置受保护时用 4mm^2 连接线。天线的等电位连接线的最小横截面积：铜线为 16mm^2、铝线为 25mm^2、钢线为 50mm^2，具体如表 4-14 所示。

图 4-42 等电位连接线

表 4-14 等电位连接的线径要求

	主等电位连接	辅助等电位连接	
正常	0.5×装置中保护地线的最大横截面积	在两个物体之间	1×保护地线的最小横截面积
		在一个物体和外来的导体之间	0.5×保护地线的横截面积
最小	$6mm^2$	具有机械保护	$2.5mm^2$ 的铜或同等的导体
		没有机械保护	$4mm^2$ 的铜或同等的导体
受限	$25mm^2$ 的铜或同等的导体	—	—

等电位连接排采用热镀锌扁钢、扁铜或铝排，在实际应用时，优先采用铜排。使用的钢材或支持件均应经热浸镀锌。根据规范的要求，等电位连接排必须用宽为 50mm、厚为 4mm 的紫铜排，接线数量也就是连接端子数量根据实际情况确定，如图 4-43 所示。

等电位连接盒是一种专用于进行等电位连接的金属盒子，一般埋设于墙体下部。在连接盒内，设置等电位连接排，各暗敷等电位连接线连接于此，如图 4-44 和图 4-45 所示。

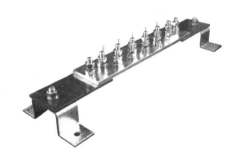

图 4-43 等电位连接排

图 4-44 等电位连接盒内部结构

图 4-45 等电位连接盒

等电位连接端子是固定在等电位连接排上的部件，用于连接等电位连接线，如图 4-46 所示。

等电位连接器是一种开关型保护器件，如图 4-47 所示。当连接器两端的电位差大于所限峰值电压时，连接器导通，迫使连接器两端不同接地体电位基本相等，消除接地体间放电现象，从而避免了由于地电位差值过高危及人身及设备安全。等电位连接器常态工作情况下为开路，从而连接了不同接地体之间的相互干扰，遇雷击地电位不等时导通，迫使地电位基本相等。

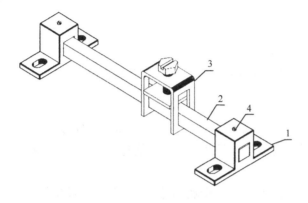 

图 4-46　等电位连接端子　　　　　　　图 4-47　等电位连接器

等电位连接器主要用于接地系统的等电位连接，具有限制电压低、响应快、残压低、无续流、安装方便等特点，可保护各种不便直接接地的设备避免来自各种感应雷击和浪涌电压带来的危害。等电位连接器常用于需要与接地网隔离的设备上，如输气管道等。

等电位连接网是对一个系统的外露各导电部分做等电位连接的各导体所组成的网络，如图 4-48 所示。

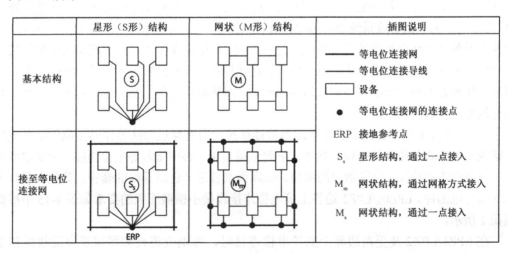

图 4-48　等电位连接网

使用星形（S 形）结构，即单点接地时，该信息系统的所有金属组件，除等电位连接点外，应与共用接地系统的各组件有足够的绝缘（＞10kV/1.2/50μs）。通常，S形等电位连接网络用于相对较小、限定于局部的系统，所有服务性设施和电缆仅在一点进入该信息系统。S形网络应仅通过唯一的接地基准点组合到共用接地系统中去。在此情况下，在各设备之间的所有线路和电缆应按照星形结构与各等电位连接线平行敷设，以避免产生感应环路。由于采用唯一的一点进行等电位连接，故不会有与雷电有关联的低频电流进入信息系统，而信息系统内的低频干扰源也不会产生大地电流。做等电位连接的这唯一的点也是接电涌保护器限制传导来的过电压的理想连接点。这种接地通常用于较小的本地系统中。

使用网状（M形）结构，即多点接地时，电子设备的金属部件不必与等电位连接网绝缘，所有金属部件都应就近接入等电位连接网，等电位连接点越多越好，线路可从不同位置进入建筑物。这种接地形式常用于扩展和开放的系统中，也适用于高频电路。

1. 常规等电位连接

按照规范要求，进入建筑物的金属管道（如供热管、供气管、水管、穿线管）、电力电缆多种金属护套、电源线进配电箱的PE线、信号线屏蔽层等均在入口处就近进行等电位连接，等电位连接导线应尽可能短。

对于布置于建筑物内部的各种金属管、电缆槽、金属构件、电气和电子设备外壳等也应进行等电位连接，这些等电位连接属于常规的等电位连接，主要通过搭接、连接母排和母线环等方式来实施。搭接是一种最基本的等电位连接方式，适合于金属件之间的直接等电位连接。采用连接母排进行等电位连接是一种间接等电位连接方式，在多个金属件比较集中的地方设置一个连接母排，其有效截面一般为25～95mm^2，将金属件（如金属管、电缆屏蔽层、设备金属外壳等）通过母排连接起来，实施相互之间的电位均衡，母排应良好接地。如图4-49所示为建筑物电源线入口处采用的连接母排等电位连接示意。在一座建筑物内，可能会设置多个连接母排，这些母排在电气上应具有良好的连通性。在建筑物室内，为了便于多个设备或系统进行等电位连接，常在室内沿墙体四周设置一圈连接母线环，让各个设备及线路屏蔽层就近与母线环进行连接，实现各设备和线路屏蔽层之间的间接电位均衡。这种母线环实质上就是闭合形式的连接母排，其截面积应不小于50mm^2，在距墙根高几厘米处明敷，母线环通常每隔约5m连接到基础接地体上去。这种母线环应用于高层建筑物时也称为均压环。

LPZ0$_A$/LPZ1边界上的金属装置等电位连接时，所有穿过分区界面的金属管道和电气线路或系统都必须接入等电位连接中。下列金属装置，必须接入等电位连接：金属电缆管道、屏蔽电缆和导线、建筑物内的钢筋、金属供水管道、金属导线的套管、其他金属导管系统或导电部件。LPZ0$_A$/LPZ1边界上等电位连接线最小横截面积的要求如表4-15中横截面积1所示。

在LPZ1/LPZ2及更高边界上的等电位连接时，等电位连接应尽可能靠近线缆和金属管线进入该区的入口处，此时，等电位连接线最小横截面积的要求如表4-15中横截面积2所示。

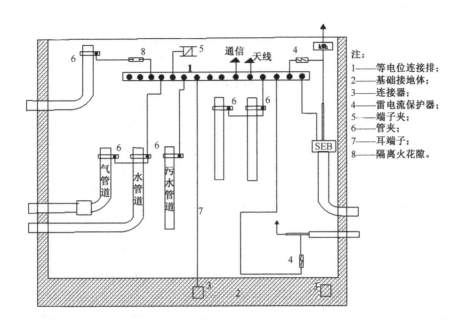

图 4-49 建筑物电源线入口处等电位连接示意

表 4-15 等电位连接的材料选择

材 料	横截面积 1	横截面积 2
Cu	14mm²	5mm²
Al	22mm²	8mm²
Fe	50mm²	16mm²

注:
1——等电位连接排;
2——基础接地体;
3——连接器;
4——雷电流保护器;
5——端子夹;
6——管夹;
7——耳端子;
8——隔离火花隙。

对于低压供电设备的等电位连接,若具有多个雷电流引入点或外部导电部件,且内部环形导体作为等电位连接排之间的连接,所有的电源线从同一位置引入时,低压供电设备的等电位连接应在 LPZ0$_A$/LPZ1 的边界处,通常采用建筑物的边界。变压器位于建筑物外及在建筑物内时的等电位连接如图 4-50 所示。

中压供电设备在进行等电位连接时,防雷保护分区 LPZ0$_A$ 应延伸至变压器的二次侧,等电位连接在变压器的 220V/400V 侧进行。

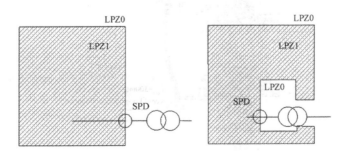

图 4-50 变压器位于建筑物外及在建筑物内时的等电位连接

2. 暂态等电位连接

在一些特殊场合，各金属体之间不允许进行永久性的常规等电位连接，只有在它们之间出现短暂的高电位差时才能进行暂时的等电位连接，而在暂态高电位差消失后，彼此之间又需要恢复不连接的开断隔离状态，这就是暂态等电位连接。

暂态等电位连接可以设置在信号线或电源线进入建筑物的入口处，它主要是针对信号芯线和电源火线来设置的。由于信号线屏蔽层和电源保护地线 PE 在入口处必须与接地的母排进行常规等电位连接，当建筑物受雷击时，其地电位将抬高，则信号线屏蔽层和电源保护地线 PE 的电位也将随之抬高，相对于这一抬高的电位，信号芯线和电源火线上工作电压是低的，于是就在屏蔽层与信号芯线，以及在电源火线与 PE 线之间出现高的暂态电位差，为了消除这种电位差，可在信号芯线和电源火线与接地的母排之间加装信号保护器和电源保护器。在正常运行时，各电涌保护器承受正常运行电压，它们呈现出高阻开路状态，不会影响各线路的正常运行；在发生雷击时，各电涌保护器将承受雷电暂态高电位差的作用，转变为导通短路状态，实施与屏蔽层和 PE 线的暂态等电位连接。

在煤气管道进入建筑物的入口处，也需要设置暂态等电位连接，通常为了避免将这种金属管道使用于自然接地体，在煤气管入户处必须串接一段绝缘管，将户内和户外的两部分管道绝缘开。但是，在雷击时，这段绝缘管两端可能会出现高的暂态电位差，从而可能会在管内产生火花，并导致爆炸。出于防止这种危险的需要，必须在这段绝缘管的两端跨接一个放电间隙。平时放电间隙断开，绝缘管起电气隔离户内与外管道的作用；在遇到雷电暂态电位差时，放电间隙首先击穿短路。绝缘管两端实现暂态等电位，这样就可以避免因暂态高电位差引起的爆炸事故。另外，在两种不同的金属体进行等电位连接时，如果这两种金属的电极电位相差较大，则无法用一个金属搭接条将它们进行电气连接，因为搭接条自身的电极电位很难同时接近被连接的两个金属体的电极电位，而两种电极电位相差较大的金属体直接连接在一起将会产生颇为严重的电化学腐蚀作用。在这种情况下，可以用一个放电间隙把这两个电极电位相差大的金属体连接起来，在平时由于间隙开断而使得这两个金属体相互隔离，只有在出现雷电暂态电位差时，这两个金属体才进行短暂等电位连接，如图 4-51 所示为一个工程实例。

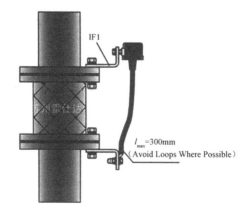

图 4-51 煤气管上绝缘和两端的暂态等电位连接

接地系统有时也需要进行暂态等电位连接。建筑物内的强电系统与弱电系统共用一个接地网是易于实现的,但在正常运行时强电设备产生的干扰(如大功率可控硅通断产生的谐波干扰)可能会通过共同的接地网传播到弱电设备中去。有些微电子系统出于抗干扰的考虑,要求与强电系统接地网分开,另做单独接地,将微电子系统的接地,特别是微电子电路的逻辑接地做到距离强电系统接地网 20m 以外的地方。这种分开接地方式固然可以隔断干扰从共同接地网传播的路径,但对防雷保护来说是不利的。因为在雷击时,这两个分离的接地体之间将出现暂态高电位差,危害微电子设备的安全可靠运行。为了防止这一危害,可以在微电子系统接地线的入口处用一个放电间隙与强电系统的接地网连接起来,实现暂态共地,如图 4-52 所示。在正常运行时,放电间隙断开,两个接地体分开,有利于阻断强电系统干扰通过接地系统传播到弱电系统;在发生雷击时,放电间隙击穿导通,将两个接地体连接起来,使各自的电位大致升高到相等的水平,不会出现高的暂态电位差,从而可避免微电子设备受到高电位差的危害。

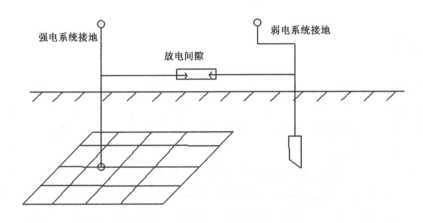

图 4-52　暂态共地

4.8.3　等电位连接实施

总接地端子板应与总等电位连接带相连接,各楼层接地端子板应与各楼层等电位连接带或等电位连接端子板相连接。接地干线应在竖直上、下两端及防雷区的交界处,与等电位连接带相连接。建筑物弱电竖井内的 PE 保护线,其垂直部位上、下两端应进行等电位连接。当楼层有信息系统机房时,应增加等电位连接点。

在建筑物内,当某电气装置或装置内的一部分在发生接地故障情况下自动切断供电的间接接触保护条件不能满足时,应设置局部等电位连接。局部等电位连接应包括各电气装置机壳、金属管道和建筑物金属构件等,以及 PE、PEN 线。局部等电位连接线截面不应小于该电气装置中较小 PE 线的截面。

LPZ0$_B$ 和 LPZ1 区处进行总等电位连接,对于穿过各后续防雷区界面的所有导体、电力线、通信线、信号线等,都应在界面处进行局部等电位连接,可采用局部等电位连接带进行等电位连接。等电位连接可以根据不同材料选择适当、可靠的连接方式，如焊接、熔接和螺栓连接等连接方法。其中，燃气管道、燃油管道应用隔离型等电位连接器或电涌保护器做总等电位连接；电源系统的保护接地线（PE线）、电源线及信号线的SPD，应与总等电位连接带相连接；进入信息系统机房的金属管线及线缆屏蔽金属层应与辅助等电位连接带相连接。

4.9 接地装置

接地装置是接地体与接地线的总和，用于传导雷电流并将其流散入大地。埋入土壤中或混凝土基础中作散流用的导体称为接地体。接地线是从引下线断接卡或换线处至接地体的连接导体；或从接地端子、等电位连接带至接地体的连接导体。

4.9.1 接地电阻

接地电阻是电流 I 经过接地体流入大地时接地体的电位 U 和电流 I 的比值。如果不考虑大地回流的影响，那么当一定大小的直流或工频电流经接地体流入大地时，接地体的电位即为接地体与无穷远处零电位面之间的电位差，此时的接地电阻可以定义为由接地体到无穷远处土壤的总电阻。

接地电阻由三个部分组成：接地线的电阻及接地电极自身的电阻；接地电极的表面及与其接触的大地之间的接触电阻；电极周围大地的电阻，即散流电流在土壤中遇到的全部电阻，也称散流电阻。其中，散流电阻是最重要的。这是因为接地体采用金属导体，自身电阻很小；而接触电阻与接地体几何尺寸及施工方式有关，正常情况下电阻也很小。

工频接地电阻是指接地装置流过工频电流时所表现出来的电阻值。

4.9.2 接地体

为达到与地连接的目的，一根或一组与土壤密切接触并提供与土壤之间电气连接的导体称为接地体。接地体是接地装置的主要组成部分，其选择与装设是能否取得合格接地电阻的关键。

接地体可分为两类，即自然接地体和人工接地体。

如果直接将与大地接触的各种金属构件、金属井管、钢筋混凝土建（构）筑物的基础金属管道和设备等作为接地体，这些接地体被称为自然接地体。凡与大地有可靠而良好接触的设备或构件，大都可以作为自然接地体。例如，与大地有可靠连接的建筑物的钢结构件；敷设于地下而数量不少于两根的电缆金属外皮；建筑物钢筋混凝土基础的钢筋部分；敷设在地下的金属管道及热力管道等。在设计与选择接地体时，要充分利用自然接地体，应优先利用建筑物的自然接地体。当自然接地体的接地电阻达不到要求时,应增加人工接地体;若所利用的自然接地体经实测接地电阻合乎要求时,就不必另行装设人工接地体。

专门用做接地的金属线材、金属网等称为人工接地体。如图 4-53 所示为防雷工程中的人工与自然接地体。

图 4-53　人工接地体与自然接地体

4.9.3　均匀土壤中接地体的工频接地电阻计算

1. 半球形接地体工频接地电阻计算

以与地面齐平的处于均匀土壤中的半球形接地体为例,假设接地体的半径为 a,由接地体流入大地的电流为 I,土壤的电阻率为 ρ。由此可以得到半球形接地体的电阻 R 为

$$R = \frac{U}{I} = \frac{\rho}{2\pi a} \tag{4.13}$$

接地电阻只与土壤电阻率和接地尺寸相关。实际上,与接地电极距离为接地电极尺寸 10 倍以内的土壤对接地电阻贡献达到 90%,这也为降阻剂能够降阻提供了理论依据。

2. 圆棒形接地体工频接地电阻的计算

单根圆棒形垂直接地体,若土壤电阻率为 ρ,棒的长度为 l,直径 $d = 2a$,经圆棒流入大地中的电流为 I。在 $l \gg a$ 时,可认为流入地中的电流沿圆棒长度均匀分布,且集中在圆棒的轴线上,利用中点电位法计算所得到的电极电阻为

$$R = \frac{U}{I} = \frac{\rho}{2\pi l} \ln \frac{1}{a} \tag{4.14}$$

为了提高计算的精度,还可以在假定电流均匀分布的基础上采用平均电流法,即用导体各点电位的平均值作为导体的电位。电极接地电阻为

$$R = \frac{V_a}{I} = \frac{\rho}{2\pi l} \left(\ln \frac{2l}{a} - 1 \right) \tag{4.15}$$

3. 水平接地体工频接地电阻的计算

当水平接地体有一定的埋设深度 h 时,可以设置镜像求解,可求得埋设深度为 h 的水

平接地体的电阻。

中点电位法：

$$R = \frac{\rho}{2\pi L}\ln\frac{l^2}{hd} = \frac{\rho}{\pi l}\ln\frac{1}{\sqrt{2ah}} \qquad (4.16)$$

平均电位法：

$$R = \frac{\rho}{2\pi l}\left(\ln\frac{l^2}{hd} - 0.61\right) = \frac{\rho}{\pi l}\left(\ln\frac{2l}{\sqrt{2ha}} - 1\right) \qquad (4.17)$$

4. 圆环形接地体工频接地电阻的计算

假设无限大均匀土壤电阻率为ρ，由直径为$d=2a$的圆导体弯成，圆环的直径$D=2b$，经圆环流入大地中的电流为I，电流I沿圆环的周长均匀流散。当$b \gg a$时，可以假设电流集中由圆导体的轴线散出。

由此可以得到处于无限大均匀土壤中的圆环的接地电阻为

$$R = \frac{U}{I} = \frac{\rho}{4\pi^2 b}\ln\frac{8b}{a} \qquad (4.18)$$

5. 圆盘形接地体工频接地电阻的计算

当电流由半径为b的圆盘电极向无限均匀大地中流散时，流散电流在圆盘表面的分布是极不均匀的。为了得到精确的计算公式，应直接从拉普拉斯方程出发求解。

因此，埋设深度为h的圆盘接地电阻的近似计算公式为

$$R = \frac{U}{I} = \frac{\rho}{4b}\left(1 - \frac{4h}{\pi b}\right) \qquad (4.19)$$

式（4.19）只适用于$h \ll b$的情况，从工程实际出发，可取$h<0.02b$。如果把地网用一个占地面积相等的圆盘取代，则埋设深度为 0.8m 时，地网的半径应大于 40m；埋设深度为 0.6m 时，地网的半径应大于 30m，这完全可以满足工程的实际要求。

当$h=0$时，圆盘接地电极的接地电阻为$\frac{\rho}{4b}$；而当$h \to \infty$时，则无限均匀大地的接地电阻应趋于$\frac{\rho}{8b}$。圆盘接地电极在任意埋设深度的接地电阻也可以用下述内插公式近似计算：

$$R = \frac{\rho}{4b}\left(1 - \frac{1}{2}\frac{1}{1+\frac{b}{h}}\right) = \frac{\rho}{8b}\left(1 + \frac{b}{\frac{h}{a}+b}\right) \qquad (4.20)$$

4.9.4 人工接地体的接地电阻

1. 单根垂直接地体

不同深度的土壤电阻率是不同的，通常在接近地面几米内的电阻率相对要高一些，而

且土壤越深越稳定。因为土壤越深，其含水量随季节变化的影响就越小。因此打入大地的垂直接地体的长度应达到土壤的永久含水层最好。垂直接地体的长度一般可选 1.5～3m，实际工程设计中可以选用的有 1.5m、2m、2.5m 三种长度。普通地区为 2m，土质较疏松地区为 2.5m。

单根垂直接地体的接地电阻值，根据使用钢材的型号及接地体形状的不同，分别用下列计算式计算。

圆钢接地体：
$$R = \frac{\rho}{2\pi L} \ln \frac{4L(L+2h)}{1.36d(L+4h)} \quad (4.21)$$

钢管接地体：
$$R = \frac{\rho}{2\pi L} \ln \frac{4L(L+2h)}{d(L+4h)} \quad (4.22)$$

扁钢接地体：
$$R = \frac{\rho}{2\pi L} \ln \frac{8L(L+2h)}{b(L+4h)} \quad (4.23)$$

等边角钢接地体：
$$R = \frac{\rho}{2\pi L} \ln \frac{4.8L(L+2h)}{b(L+4h)} \quad (4.24)$$

不等边角钢接地体：
$$R = \frac{\rho}{2\pi L} \ln \frac{4L(L+2h)}{\sqrt[4]{b_1 b(b_1^2+b^2)(L+4h)}} \quad (4.25)$$

式中，L 为垂直接地体长度，b 为扁钢或角钢的边长，b_1 为不等边角钢的另一边长，d 为钢管或圆钢的直径，h 为由地面到接地体上端的埋设深度，ρ 为土壤的电阻率。

2．多根垂直接地体

接地电阻值的降低程度并不与接地体的数量成正比，因为电流从单一接地体流出时，将会受到其他接地体的制约，影响电流的散流，这相当于加大了各单一接地体的接地电阻，这种影响电流散流的现象称为接地体的屏蔽效应。

垂直接地体相距越近，屏蔽效应越大，总的接地电阻相对也就越大。为了表示屏蔽效应作用的大小，引入垂直接地体利用系数 η。由表 4-16 中可以看出，接地体设置过密是很不经济的，故一般多采用 $\frac{a}{L}=2$，a 为接地体之间的距离，L 为接地体长度。垂直接地体利用系数还与垂直接地体的根数、位置和形状有关。

由于屏蔽效应，多根等间距、相同长度的垂直接地体的接地电阻值不是各接地体接地电阻的并联值，而应该由下式计算：

$$R_n = \frac{R}{n\eta} \quad (4.26)$$

式中，R_n 为多根垂直接地体的总接地电阻，n 为垂直接地体的根数，R 为单根垂直接地体的接地电阻值，η 为垂直接地体的利用系数。

3．复合接地体

在多根垂直接地体的基础上，再用多根水平接地体互相连接组成的接地体，称为地网。小于 10000m² 的地网称为中小型地网，此时垂直接地体占主导；大于 10000m² 的地网称大型地网，此时水平接地体占主导。

表 4-16　多根垂直接地体的利用系数

敷设方式	接地体距离与接地体长度之比 a/L	接地体根数 n	利用系数 η
排形敷设	1	3	0.76~0.80
	2		0.85~0.88
	3		0.90~0.92
	1	5	0.67~0.72
	2		0.79~0.83
	3		0.85~0.88
	1	10	0.56~0.62
	2		0.72~0.77
	3		0.79~0.83
环形敷设	1	6	0.58~0.65
	2		0.71~0.75
	3		0.78~0.82
	1	10	0.52~0.58
	2		0.66~0.71
	3		0.74~0.78
	1	20	0.44~0.50
	2		0.61~0.66
	3		0.68~0.73
	1	30	0.41~0.47
	2		0.58~0.63
	3		0.66~0.71

（1）垂直接地体占主导的接地电阻为

$$R = \frac{R_1 R_2}{R_1 \eta_2 + R_2 n \eta_1} \tag{4.27}$$

式中，R_1 为单根垂直接地体的电阻，n 为垂直接地体的根数，η_1 为垂直接地体的利用系数，η_2 为水平接地体的利用系数，R_2 为水平接地体的电阻。地网接地电阻近似计算为：

$$R \approx \frac{0.9 R_1}{n \eta_1} \tag{4.28}$$

（2）水平接地体占主导的接地电阻为

$$R = 0.44 \frac{\rho}{\sqrt{S}} + 0.159 \frac{\rho}{L} \ln \frac{8S}{hd \times 10^{-4}} \tag{4.29}$$

式中，L 为垂直接地体和水平接地体的长度总和，h 为水平接地体埋设的深度，ρ 为土壤的电阻率，d 为水平接地体的直径，S 为地网的总面积。

在 ρ 相同的情况下，接地电阻主要取决于地网的面积 S，增大地网面积是减小接地电阻的主要途径。而式（4.29）中的第二项对接地电阻的影响较小，一般仅占 8%。

4.9.5 自然接地体

自然接地体是兼具接地功能的但不是为此目的而专门设置的与大地有良好接触的各种金属构件、金属井管、钢筋混凝土中的钢筋、埋地金属管道和设施等的统称。

自然接地体一般都比较长,与大地接触面积大,将其连通既能够优化防雷工程设计、节约投资,又可以起到等电位的作用,还可以降低接触电压和跨步电压。各种自然接地装置的工频接地电阻的简易估算如表 4-17 所示。

表 4-17 自然接地装置的工频接地电阻的估算

自然接地体		估算公式	备 注
金属管道		$R = \dfrac{2\rho}{L}$	L 是金属管道的长度
钢筋混凝土基础		$R = 0.2 \dfrac{\rho}{\sqrt[3]{V}}$	V 是钢筋混凝土基础的体积
装配式基础的自然接地体	铁塔	$R = 0.1\rho$	
	门型杆塔	$R = 0.06\rho$	
	带有 V 形拉线的门型杆塔	$R = 0.09\rho$	
钢筋混凝土线杆的自然接地体	单杆	$R = 0.3\rho$	
	双杆	$R = 0.2\rho$	
	拉线的单、双杆	$R = 0.1\rho$	
	一个拉线盘	$R = 0.28\rho$	
沿装配式基础敷设的深埋式自然接地体	铁塔	$R = 0.07\rho$	
	门型杆塔	$R = 0.04\rho$	
	带有 V 形拉线的门型杆塔	$R = 0.09\rho$	
深埋式接地体与装配式基础自然接地体的综合	铁塔	$R = 0.05\rho$	
	门型杆塔	$R = 0.03\rho$	
	带有 V 形拉线的门型杆塔	$R = 0.04\rho$	

4.10 冲击接地电阻

冲击接地电阻是指接地装置流过冲击电流时表现出来的电阻值。通常将冲击接地电阻 R_i 定义为接地体上冲击电位的最大值 U_m 对流入接地体的冲击电流的最大值 I_m 之比,即

$$R_i = \frac{U_m}{I_m} \tag{4.30}$$

在冲击电流的作用下,接地体的接地电阻和电流的大小有关,不是一个常数。而且在考虑波过程时,电压最大值 U_m 与电流最大值 I_m 出现的时刻一般是不同的,所以,严格地说,R_i 并无实际的物理意义。之所以取二者之比作为 R_i,是因为这种定义可以带来方便:只要知道雷电流的幅值 I_m,则由 $R_i I_m$ 即可得出接地体上出现的最高电压 U_m,而后者可应用于防雷工程设计。

4.10.1 接地的冲击效应

由于雷电流的波头陡度很大,这会使接地体本身呈现明显的电感性质,阻碍雷电流向接地体远端的流动。对于长接地体,这个现象更为明显,也因此接地体得不到充分的利用。接地体在雷电冲击电流作用下,既有电阻又有电感。其电阻部分服从欧姆定律,与闪电的强度有关;而电感部分与雷电流的波形有关。雷电流使得接地体的阻抗比工频电流的纯电阻大,雷电流频率越高,该阻抗增加越大,这一现象称为接地的电感效应。

雷电流入地后在接地体周围的电流密度很大,土壤中的电位梯度很高。于是在接地体附近形成的电场强度超过土壤的击穿强度,地中的放电场强约为 300kV/m,从而产生电弧或火花放电,这相当于加大了接地体的几何尺寸,增大了接地体与土壤的接触面积,因而降低了散流电阻。这时表现出的电阻不服从狭义的欧姆定律,它的大小与雷电流的大小紧密相关,与散流电流的分布情况、土壤的成分、状况等也有复杂的关系,这一现象称为接地的火花效应。

4.10.2 接地体的有效长度

冲击电流散流的速度和土壤的电阻率有关,接地体的有效长度可以按下式确定:

$$l_e = 2\sqrt{\rho} \tag{4.31}$$

式中,l_e 为接地体的有效长度;ρ 为敷设接地体处的土壤电阻率。GB 50065—2011《交流电气装置的接地设计规范》中建议每根接地体的最大长度 l_{max} 不超过表 4-18 中的值。

表 4-18 每根接地体的最大长度 l_{max}

$\rho(\Omega \cdot m)$	≤500	500<ρ≤1000	1000<ρ≤2000	2000<ρ≤5000
每根接地体最大长度 l_{max}(m)	40	60	80	100

4.10.3 冲击接地电阻的计算

在实际工程中,冲击接地电阻 R_i 通常根据工频接地电阻 R 来求取:

$$R_i = \alpha R \tag{4.32}$$

式中,α 为冲击系数,α 的值一般小于 1,但当接地体的长度很大时也可能大于 1。

1. 单独接地体冲击系数

对于垂直接地体,其冲击系数为

$$\alpha = 2.75\rho^{-0.4}\left(1.8 + \sqrt{L}\right)\left[0.75 - \exp(-1.5I_p^{-0.2})\right] \tag{4.33}$$

对单端流入冲击电流的水平接地体,其冲击系数为

$$\alpha = 1.62\rho^{-0.4}\left(5.0 + \sqrt{L}\right)\left[0.79 - \exp(-2.3I_p^{-0.2})\right] \tag{4.34}$$

对中部流入冲击电流的水平接地体,其冲击系数为

$$\alpha = 1.16\rho^{-0.4}\left(7.1+\sqrt{L}\right)\left[0.78-\exp(-2.3I_p^{-0.2})\right] \quad (4.35)$$

上式中,I_p 为流过单独接地体的冲击电流;ρ 为土壤的电阻率;L 为接地体长度。

2. 多根水平接地体或垂直接地体的冲击接地电阻

由 n 根等长水平放射形接地体组成的接地装置,其冲击接地电阻可以按照下式计算:

$$R_i = \frac{R_{hi}}{n}\frac{1}{\eta_i} \quad (4.36)$$

式中,R_{hi} 为每根水平放射形接地体的冲击接地电阻;η_i 为考虑各个接地体之间相互影响的冲击利用系数,其值可以根据表 4-19 来选取。

表 4-19 各种形式接地体的冲击利用系数

接地体形式	接地导体的根数	冲击利用系数 η_i	备 注
n 根水平射线 (每根长 10~80m)	2	0.83~1.0	较小值用于较短的射线
	3	0.75~0.90	
	4~6	0.65~0.80	
与水平接地体连接的垂直接地体	2	0.80~0.85	$\frac{D(垂直接地体间距)}{l(垂直接地体长度)}$ $=2\sim3$,较小值用于 $\frac{D}{l}=2$
	3	0.70~0.80	
	4	0.70~0.75	
	6	0.65~0.70	
自然接地体	拉线棒与拉线盘间	0.6	
	铁塔的各基础间	0.4~0.5	

由水平接地体连接的 n 根垂直接地体组成的接地装置,其冲击接地电阻可以按下式确定:

$$R_i = \frac{\dfrac{R_{vi}}{n}R'_{hi}}{\dfrac{R_{vi}}{n}+R'_{hi}}\frac{1}{\eta_i} \quad (4.37)$$

式中,R_{vi} 为每根垂直接地体的冲击接地电阻;R'_{hi} 为水平接地体的冲击接地电阻;η_i 为各个接地体之间的冲击利用系数,其值可以根据表 4-19 来选取。

4.10.4 接地体材料选择

在 GB 50057—2010 中规定,垂直接地体采用热镀锌圆钢、扁钢、角钢;水平接地体采用热镀锌圆钢、扁钢;在敷设于土壤中的接地体连接到混凝土基础内起基础接地体作用的钢筋或钢材的情况下,土壤中的接地体宜采用铜质、镀铜或不锈钢导体。因此,常用于接地体的金属材料有扁铜、圆铜、铜板、铜绞线、扁钢、圆钢、钢管、钢板、型钢。

人工接地体有垂直埋设和水平埋设两种。垂直埋设多采用钢管、角钢、圆钢制成的接地体,并有足够的机械强度与防腐性能;水平埋设的接地体多采用圆钢、扁钢制成,常见的有带形、环形和放射形几种。

1. 铜覆钢接地体

铜覆钢接地体是接地工程中应用较为普遍的一种接地产品,是一种双金属复合材料,是将铜与钢两种金属通过特殊工艺加工而成的复合导体,具有导电性好、施工方便、造价低等特点。根据工程需要,铜覆钢接地体产品有多种不同的规格,主要体现在产品的长度、直径及镀铜的厚度等方面。

在生产中,水平接地体一般选用柔软度比较好、含碳量为 0.10%~0.30% 的优质低碳钢;垂直接地体要求抗拉强度高,一般要求不小于 500MPa。铜覆钢采用特殊工艺将高纯度的铜均匀地覆盖到钢表面,铜厚度一般要求 0.25~0.5mm,该工艺可以有效地减缓接地体在地下氧化的速度。螺纹是采用轧辊螺纹槽加工螺纹,保持了钢与铜之间的紧密连接,确保高强度,具备优良的电气接地性能。

随着电子通信的不断普及,大型电站、超高压输变电线路和高层建筑的不断涌现,防雷接地的可靠性已越来越受到人们的重视。用型钢或建筑物基础作为接地体,由于耐腐蚀效果差而影响了接地装置的可靠性;采用铜覆钢复合材料作为接地体及防雷材料,由于铜的金属活泼性差,极其性能较为稳定。根据集肤效应,当表面铜层大于 0.25mm 时,钢芯载流很小。利用钢的强度将铜导体送到地下,表面铜层不会发生腐蚀现象,因而,接地棒电阻不会随着时间的推移发生变化,可实现免维护,寿命一般可达 50 年。这就是铜覆钢双金属复合材料被广泛接受和运用于防雷接地系统的原因。

2. 锌包钢接地体

锌包钢接地体以低碳钢为钢芯,具有钢的强度和热稳定性,可直接入地并保证接地泄流功能。锌作为覆层金属,其导电性能是钢的 2.5 倍,导电性更优。其基本原理是将传统的镀锌钢采用热浸镀等工艺将锌层加厚,增强自身抗腐蚀性能。

石油化工行业很多地方需要进行阴极保护,锌包钢接地体就是一个很好的选择,采用锌包钢复合材料作为接地体及防雷材料,可以有效预防接地体与防雷装置的腐蚀,增加寿命,对管道及其他钢质设备的阴极保护无破坏。

锌包钢材料的连接有两种方式,一是放热焊接,采用专用模具和焊粉,进行放热焊接;二是电焊,先将接地极、接地圆线表面的锌层用氧炔焊去掉,露出钢芯长度为其直径的 6 倍进行电焊连接。

锌包钢材料连接点防腐方式也有两种:一是包锌,即在焊接处采用锌包覆模具,将熔好的锌水倒入模具中,待冷却成型后打开模具,如图 4-54 所示;二是在连接点处涂防腐涂料,在焊接处和锌层损坏地方涂刷防腐涂料。

图 4-54 接头包锌

3. 缓释型离子接地体

缓释型离子接地体由陶瓷合金化合物组成，电极外表是紫铜合金，以确保最高导电性能及较长使用寿命，并配以内外两大种类回填料，如图 4-55 所示。接地导体外部的回填料以具有强吸水性、强吸附力和离子交换性能高的材料为主体，配以长效、降阻、电解离子接地系统防腐功能强、不受温度变化影响、耐高电压冲击的多种化学材料为辅料。缓释型离子接地体主要用于解决接地导棒周围的湿度、离子生成含量、防腐保护等问题，使导体与大地紧密结合，从而降低了土壤的电阻率，有效地增强了雷电导通释放能力，且能随着时间的推移逐渐扩大周围土壤的导电范围。缓释型离子接地体广泛适用于电力、通信、交通、金融、石化等诸多领域，特别适用于各种接地要求较高和土壤腐蚀性较强地区的接地系统。

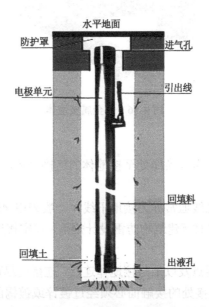

图 4-55 缓释型离子接地体

缓释型离子接地体的渗透作用形成树枝状低电阻泄流导电通道，使接地体等效直径加大，降低接地电阻；缓释电解质材料，使降阻效果能长期保持；优良防腐性能使接地体在各种高腐蚀性地区使用时,保证接地体的有效性和可靠性。

缓释型离子接地体根据接地网布置可采用垂直敷设和水平敷设两种方式,垂直方式效果最佳。根据地质条件可选择单根接地体或多根接地体并联。当选用多根并联方式时,接地体敷设的间距为接地体长度的2倍以上。

4. 非金属接地体

对于地势较高、砂石层厚、地下水位低、土壤电阻率高的地方,采用深埋接地和外引增加接地网面积的方法并不理想。一些城市土壤电阻率并不太高,但由于受地形限制,建筑面积小,接地网布置面积有限,导致深埋和外延接地体的施工难度大。化学降阻剂具有时效性,失效后需要添加,维护费用高;化学降阻剂对于金属接地装置腐蚀严重,具有较强的污染扩散能力。因此,非金属接地体得到了大量的应用。

非金属接地体由导电能力强的非金属材料(石墨、水泥等)复合加工成型,如图4-56所示。非金属接地体增大了接地体本身的散流面积,减小了接地体与土壤之间的接触电阻,具有强吸湿保湿能力,使其周围附近的土壤电阻率降低,介电常数增大,层间接触电阻减小,耐腐蚀性增强,因而能获得较小的接地电阻和较长的使用寿命,在通信、化工、交通等领域得到广泛使用。

图4-56 非金属接地体

5. 接地线

接地线是从引下线断接卡或换线处至接地体的连接导体,或从接地端子、等电位连接带至接地体的连接导体。

与接地体相连接的接地线通常称为接地干线,一般采用40mm×4mm或50mm×5mm的镀锌扁钢,GB 50057—2010《建筑物防雷设计规范》规定接地线应与水平接地体的截面相同。

接地干线应在不同的两点及以上与接地体连接,连接处尽可能采用电焊焊接,无条件焊接时,要用螺钉压接。连接处的接触面必须经过镀锌或镀锡的防锈处理,压接螺钉一般采用M12mm~M16mm的镀锌螺钉。安装时,接触面要保持平整、严密,不可有缝隙;螺钉要拧紧,在有震动的场所,螺钉上应加弹簧垫圈。

4.10.5 接地装置设计

接地装置设计要满足设计接地电阻要求,克服现实环境条件的制约,有把握地达到良好、稳定的接地效果,应从以下三个方面入手。

1．因地制宜地设计方案

通常防雷接地的电阻要求不超过 10Ω；有些电子设备的接地系统要求达到 4Ω 或 1Ω 的接地电阻。这里常常有个误区,认为只要有了 10Ω、4Ω 或 1Ω 的接地电阻就满足了设计要求,而忽略了季节因素对接地电阻的影响。因为土壤的电阻率是随季节而变化的,规范所要求的接地电阻实际上是接地电阻的最大允许值。为了满足这个要求,地网的接地电阻要达到：

$$R = \frac{R_{max}}{\omega} \quad (4.38)$$

式中,R_{max} 为接地电阻的最大值,对于常规接地系统其值为 10Ω、4Ω 或 1Ω；ω 是季节因子,根据所处的地区和工程的性质来取值,常用值为 1.45。

因此,由式(4.39)可知,通常所说的接地电阻的实际值如下：当 R_{max}=10Ω 时,R=6.9Ω；当 R_{max}=4Ω 时,R=2.75Ω；当 R_{max}=1Ω 时,R=0.65Ω。

只有达到这样的要求,接地网才是真正符合规范的,即使是在土壤电阻率最高的时候也能满足设计的要求。

接地工程本身的特点决定了周围环境对工程效果决定性的影响,因此,脱离了工程所在地的具体情况来设计接地工程是不可靠的。设计的好坏取决于对当地土壤环境等诸多因素的综合考虑,土壤电阻率、土层结构、含水情况、季节因素、气候及可施工面积等因素决定了接地网的形状、大小及工艺材料的选择。这些是在正式进行接地设计前必须首先搜集好的资料。

2．考虑接地网的形式

接地网的形式直接影响接地的效果和达到设计要求所需要的接地网的占地面积。首先,应建立接地环、水平接地极和垂直接地体配合使用的方案。在比较容易达到接地目的和要求较低的接地中可以选用平面的接地方法。通常将接地体和接地环配合使用,形成三维结构的接地装置。三维接地有三种不同类型,分别是等长接地、非等长接地和法拉第笼式接地。

（1）等长接地。等长接地使用相同的接地体,接地体埋设深度基本一致。采用等长接地时,施工方便,同时也可以取得较好的接地效果。

（2）非等长接地。非等长接地是更为科学的接地形式,它采用不同的接地体相互配合,由于接地体长度和埋设深度各不相同,从而大大地加大了等势面积,突破了接地网在面积方面的局限。

（3）法拉第笼式接地。法拉第笼式接地是指将多层水平接地网用垂直接地体相互连接后所形成的笼式结构。由于施工量大，这种接地形式并不常用，在设计中还应考虑接地网集肤效应、跨步电压等因素的影响。

3. 考虑岩土条件

（1）岩土类型：岩土直接关系到接地的难易程度。设计中最重要的参数之一就是岩土的土壤电阻率，但仅仅考虑这个参数是不够的，还要考虑开挖或钻井难度、持水能力等因素。有的岩土电阻率高，但是在整体岩石之间常有较好的土壤间隙层，在这样的环境中避开整体岩石，在间隙中开挖灌注降阻剂效果很好。

（2）地形制约：在接地工程施工过程中常常受到各种因素的制约，其中地形就是制约因素之一。大面积的接地网往往是不现实的。当接地面积一定时，如果接地极长度不超过接地网半径的 $\frac{1}{20}$，即使做成整块铜板也不可能达到要求的接地电阻值。因此，当受地形限制时可以考虑接地网的纵深方向，采用离子接地系统或深井施工的方法来达到设计的要求。

（3）土壤的含水情况：一般情况下，湿润的土壤导电性较好，但是在实际接地工程中也发现，当含水量达到饱和以后，接地效果反而不会好。当地底下有潮湿带且接地体深入到这一层时，降阻效果会好得多。

4.10.6 接地装置的安装

在接地装置安装前，根据施工图做好扁钢、接地极等材料的计划。材料进场必须具备相应的检测合格资料，并报监理认可。准备好合格焊条，做好焊条储存工作，严防受潮。施工机具配备挖掘机、交流电弧焊机、十字镐、铁铲、铁锹、铁锤、打夯机、洛阳铲。

在安装施工过程中，施工场地应符合施工要求。施工前要对施工人员进行安全培训技术交底，让施工人员了解和熟悉设计及施工规范要求；做好沟槽开挖时的排水工作；检查好施工机械或工具，保证满足施工要求；做好施工人员安排计划，配置劳动力；与土建做好沟通，尽量减少交叉作业，合理安排作业面。

沟槽开挖时，根据接地施工平面布置图，放出扁钢的施工平面位置，并每 8～10m 设置一根定位控制桩。在水平接地轴线边，每 5m 设置一个水平控制桩，测出设计地面标高作为沟槽开挖深度的控制依据。当不能用挖掘机挖掘时，采用人工开挖。土沟要上部宽、底部窄，沟壁与沟底水平线的夹角为 60°～70°。沟槽开挖完毕后，经检查合格方可进行接地网敷设。如图 4-57 所示为施工示意图。

安装接地装置时要根据设计要求选定自然接地体或人工接地体，根据设计规定的位置埋设。埋设接地体时，不应发生倾斜或弯曲，应使各接地体的上端保持在同一水平面上。如图 4-58 所示为 A 型接地装置与接地线连接安装。

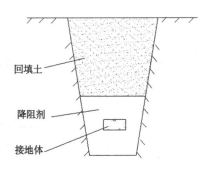

图 4-57 地沟中接地体的安装

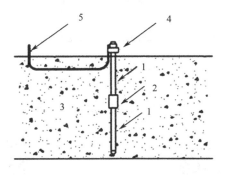

注：1——接地体；2——接地体接合器；3——土壤；4——接地体与接地线连接头；5——接地线。

图 4-58 A 型接地装置与接地线连接安装

垂直接地极在无设计要求时可选用不小于 50mm×5mm 的角钢、Φ20mm 的圆钢、Φ50mm 的钢管，钢管的厚度不小于 3.5mm。接地极的长度不应小于 2.5m。圆钢和钢管应锯成斜口或锻成锥型，角钢的一端应加工成尖状，如图 4-59 所示。接地极安装时应垂直打入地下，顶部距地面的距离不应小于 0.6m，人行通道处埋设深度不应小于 1m，接地极间距不应小于两根接地极长度之和。

将扁钢接地干线弯成三角形或弧形，与角钢接地极或钢管接地极焊接。如图 4-60 所示，接地线焊接应焊缝平整饱满并有足够的机械强度，不得有夹渣、裂纹、虚焊、气孔等缺陷。焊好后去除药皮，刷沥清漆进行防腐处理。与自然接地体焊接有困难时，可采用特殊夹子进行紧固连接。

将室外配电装置的接地支线连接到接地干线上，将室外接地干线和室内接地干线相连接。若土壤电阻率过大或在冻土层内，应采取降低土壤电阻率的措施。例如，在接地极上部 $\frac{1}{3}$ 处和周围 1m 的范围内换土，将接地极深埋至地面 2~3m，使用降阻剂等。

施工完成后应进行全面的检查，填土并夯实。

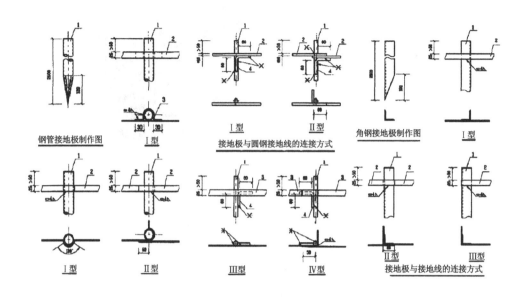

图 4-59 接地干线的焊接方法

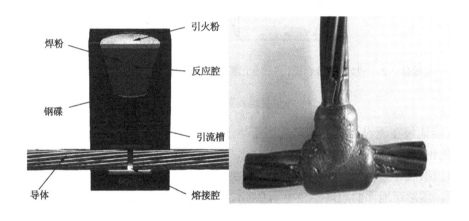

图 4-60 放热焊接的工具

4.10.7 接地体的焊接

接地体的连接应采用焊接,并宜采用放热焊接。当采用通用的焊接方法时,应在焊接处做防腐处理。导体为钢材时,焊接时的搭接长度及焊接方法如表 4-20 所示。

铜材与铜材或铜材与钢材焊接采用放热焊接,熔接接头应将被连接的导体完全包在接头里,要保证连接部位的金属完全熔化,并应连接牢固。

熔焊是将焊接接头在高温等的作用下至熔化状态再进行连接的方法。由于被焊工件是紧密贴在一起的,在温度场、重力等的作用下,不加压力,两个工件熔化的熔液会发生混合现象;待温度降低后,熔化部分凝结,两个工件就被牢固地焊在一起,完成焊接,如图

4-60 所示。

表 4-20　防雷装置钢材焊接时的搭线长度及焊接方法

焊接材料	搭接长度	焊接方法
扁钢与扁钢	不应少于扁钢宽度的 2 倍	两个大面不应少于 3 个棱边焊接
圆钢与圆钢	不应少于圆钢直径的 6 倍	双面施焊
圆钢与扁钢	不应少于圆钢直径的 6 倍	双面施焊
扁钢与钢管、扁钢与角钢	紧贴角钢外侧两面或紧贴 3/4 钢管表面，上、下两侧施焊，并应加焊由扁钢弯成的弧形（或直角形）卡子或直接由扁钢本身弯成弧形或直角形与钢管或角钢焊接	

4.11　降阻剂

大量的工程实践证明，使用降阻剂是降低接地装置接地电阻的有效措施。GB 50169—1992《电气装置安装工程接地装置施工及验收规范》也对降阻剂的使用提出了要求。接地装置的接地电阻与许多因素有关，对于大型地网存在着屏蔽和散流的问题，降阻剂的降阻效果是通过一定的设计和施工体现出来的。

4.11.1　降阻剂的降阻机理

1．增大接地体的有效截面

一个半球形接地体，原土壤电阻率为 ρ_2，将 r 至 r_1 范围内电阻率为 ρ_2 的土壤用低电阻率材料 ρ_1 置换，则接地电阻减小的百分数为

$$\Delta R = (1 - \frac{r}{r_1}) \times 100\% \tag{4.39}$$

可以看出，用低电阻率的材料置换半球附近高电阻率的土壤，相当于将半球形接地体的体半径由 r 增大到 r_1，由于接地体几何尺寸的增加，而使接地电阻减小。由式（4.39）可见，用低电阻率的材料后半球半径增大了一倍，接地电阻减小了 50%。

对于垂直接地体，接地电阻减小的百分数为

$$\Delta R = \left(1 - \left(\frac{\ln\frac{4l}{d_1}}{\ln\frac{4l}{d}}\right)\right) \times 100\% \tag{4.40}$$

因此，对于直径 d=0.02m、长 l=2m 的垂直接地体，当用低电阻率的材料将接地体的直径增大为 d_1=15d 时，接地电阻减小 45.3%。

对于埋深为 h 的水平接地体，其接地电阻减小的百分数如式（4.41）所示，其中，d、

d_1、l 分别为水平接地体直径、增大后直径、长度。

$$\Delta R = \left(1 - \frac{\ln \frac{2l}{d_1}}{\ln \frac{2l^2}{d_1 d}}\right) \times 100\% \qquad (4.41)$$

接地体加降阻剂后，相当于增加了接地体的有效截面，降低了接地电阻。有的降阻剂施加在接地体周围，确实相当于加大了接地体的有效截面，如某些固体降阻剂、导电水泥、物理降阻剂和膨润土降阻剂都具有这方面的特点。其中，膨润土降阻剂，由于加水后体积会膨胀，有效地扩大了接地体的有效截面，且长期稳定；而有些降阻剂和胶质流体降阻剂，施加在接地体周围，只能改善周围土壤的电阻率，而且改善后的土壤电阻率是不均匀的，有的会随着时间的推移发生变化，有的还会随着雨水的冲刷渗透而流失。特别是位于山区的风化石土壤和沙石土壤，某些化学降阻和流体降阻效果，即改善土壤电阻率的效果，会随着雨水的冲刷或渗透而变小，降阻会随时间而失效。

2．减小接触电阻

接触电阻的大小与接地极的表面状况有关。接地极表面越光滑，接触电阻越小；接地极表面越粗糙，接触电阻越大。降阻剂的另一个降阻机理就是减小接触电阻。只有某些固体降阻剂、物理降阻剂和膨润土降阻剂才有这方面的功能。例如，膨润土降阻剂吸水后体积膨胀，一方面与接地极紧密接触，另一方面与周围土壤可靠接触，同时由于其自身的防腐功能，接地体不会因为腐蚀而产生接触电阻。化学降阻剂或流质降阻剂则很少具有或不具有这方面的功能，某些化学降阻剂还会由于腐蚀作用使接地极生锈而使接触电阻变大。

3．降阻剂的渗透改善周围土壤电阻

降阻剂的一个主要降阻机理就是随着降阻剂的渗透，改善接地体周围的土壤电阻率。大地导电基本上属于离子导电，土壤电阻的大小与土壤中含金属离子的浓度有关，还与土壤中的水分有关。土壤中含导电的金属离子浓度越高，所含水量越多，导电性能就越好，土壤电阻率ρ就越小。每种降阻剂都会增加土壤中的导电离子浓度，并随着降阻剂在土壤中的扩散、渗透，土壤的电阻率也就随着得到改善。在这一点上化学降阻剂和某些流体降阻剂显示了较强的优势，由于它们的扩散、渗透性好，施加后接地体周围的土壤电阻率很快得到改善，是快速降低接地电阻的有效措施。而固体降阻剂由于其胶质含量高、黏性大，不易随水土流失和扩散，渗透和扩散非常慢，这也是膨润土降阻剂不能快速降阻的一个缺点。固体降阻剂一般要经过 3~6 个月的渗透扩散期才能达到理想的降阻效果。但是，也不能一味地强调渗透和扩散的速度，因为渗透、扩散较快的降阻剂一般寿命短，特别是在山区风化石土壤和沙石土壤，降阻剂渗透越快，往往失效也越快，这就是某些接地装置，加降阻剂改造后接地电阻率很快降了下来，但在一定的时间之后，接地电阻又迅速回升的原因。

4.11.2 降阻剂的分类和应用

1. 降阻剂的分类

(1) 化学降阻剂：化学降阻剂的共同特点是以电解质导电为主体，胶凝物对金属有较强的亲和力，凝固后形成立体网格结构，对储存电解液减少初期流失有一定的效果。化学降阻剂的降阻机理主要是以渗透作用改善土壤电阻率为主，但化学降阻剂是以含导电的金属盐类为主，只能在有水的情况下才能离解，电解液受季节和地下水位起落而流失，化学降阻剂的降阻效果与其含水量导电盐类的多少有关，盐类过多会造成对接地体的腐蚀，这是矛盾的两方面，这类降阻有液态的树脂降阻剂和粉类的固态降阻剂。

(2) 物理降阻剂：物理降阻剂是以强碱弱酸盐为胶凝物，对金属有很强的亲和力，并以非电解质粉末为导电材料，如木炭、石墨和金属粉末等，这类降阻剂对土壤的渗透作用很小，或基本上没有渗透作用。因为这类降阻剂不含电解质，所以，导电性能不受土壤含水量的影响，但不能很好地改善接地体周围的土壤导电率，因而影响了它的降阻效果。物理降阻剂中导电粉末不溶于水，凝固后不因地下水位变化而流失，降阻性能长效稳定。

(3) 导电水泥：导电水泥以水泥为基料，加入导电的无机盐类或非电解质的固体粉末为导电材料，降阻机理以增大接地体的有效截面、减小接地体与周围土壤的接触电阻为主，不能改善周围土壤的电阻率，但性能稳定，不易随水土流失而失效，寿命长，腐蚀小。

(4) 稀土类降阻剂：这类降阻剂以膨润剂为主要代表，它是以膨润土（非金属矿）粉为基料，加入一定比例的添加剂，利用了稀土的一些特性，如导电性能、对钢接地体的防腐性能、吸水性和保水性，在添加剂中又强化了降阻剂的降阻性能和防腐性能。

降阻机理功能主要如下：扩大接地体的有效截面；减小接地体与周围土壤的接触电阻率；由于渗透扩散作用改善周围土壤的电阻率；较强的吸水性和保水性改善土壤导电状况。这类降阻剂一般性能稳定，对接地体的腐蚀小。

2. 降阻剂的应用

降阻剂的最佳使用场所是土壤电阻率较高的中小型接地装置，如线路杆塔的接地、中小型变电所的接地、微波塔的接地。对于大型接地网，其内接地网使用了降阻剂，由于其屏蔽作用，降阻效果不明显，但可以改善均压特性和接地电阻的稳定性。

降阻效果：降阻剂的降阻效果是通过一定的设计方案和施工体现出来的。因为接地装置存在着相互屏蔽的问题，施加降阻剂后同样存在屏蔽问题，在接地设计时，要最大可能地减少屏蔽，通过合理施工，使降阻剂达到最理想的降阻效果。

电阻率：降阻剂本身的电阻率要小，因为降阻剂使用的主要目的是降低接地装置的接地电阻。

腐蚀率：降阻剂对钢质接地体的腐蚀率要低。检查降阻剂是否具有防腐作用，一般应检查其对钢接地体的年腐蚀是否低于当地土壤的年腐蚀率。通常土壤对钢接地体的腐蚀率如下：扁钢为 0.05~0.2mm/a，圆钢为 0.07~0.3mm/a。一般化学降阻剂对钢接地体的腐蚀性较强，要选择对接地体具有防腐保护功能的降阻剂。

稳定性和长效性：一般希望接地装置的接地电阻一直稳定在某个值以下，而某些降阻剂的降阻率会随土壤的干湿变化而变化。一些化学降阻剂所含电解质盐类，只有在水中才能离解出金属离子，一旦缺水就会析出颗粒状晶体，失去导电特性，这类降阻剂的降阻效果就会稳定。一些靠电解质粉末导电的降阻剂实际上是靠扩大接地体的有效截面降阻，这类降阻剂的降阻效果也会跟接地体一样受土壤含水量的影响。一些降阻剂虽然具有较强的渗透性、扩散性，在短期内降阻效果好，但是容易随水土一起流失，逐渐失去其降阻效果，甚至失效。这些化学降阻剂短期内虽然把接地电阻降了下来，但又可迅速回升，甚至比原来的接地电阻还高。因此，在选择降阻剂时对降阻剂的稳定性和使用寿命要认真考虑。

对环境有无污染：降阻剂和接地体直接埋在地下的土壤中，如果降阻剂中含有重金属和有毒物质，就会对周围土壤和地下水构成污染，因而选用降阻剂时一定要选无污染、无毒性、使用安全的降阻剂。

第 5 章

过电压保护器

在远距离输电中，输变电设备受到各种过电压的威胁。输电电压较低时，决定输变电系统绝缘水平的主要因素是雷电过电压，可采用单纯的火花间隙避雷器加以保护。后来，人们改用串联碳化硅等非线性电阻，发展了阀式避雷器，既能限制远雷过电压，又能限制近雷过电压。输电电压向高压、超高压和特高压发展，雷电过电压并不随之按比例升高，而操作过电压则逐渐成为决定输变电系统绝缘水平的主要因素。因而，相应地发展了磁吹阀式避雷器、限流型磁吹阀式避雷器，达到具有限制雷电过电压和操作过电压的水平。20 世纪 70 年代初，科学家专注于氧化锌非线性电阻元件在电力避雷器上应用的研究，由于氧化锌非线性电阻具有优异的非线性特性、极好的通流能力及其他优点，近几年，氧化锌避雷器得到迅速发展，现在已制成 3.3～500kV 整个系列的产品，并正向更高电压等级发展。氧化锌避雷器的发展已成为避雷器的主导方向。电力用避雷器发展过程可概括为四个阶段，如图 5-1 所示。

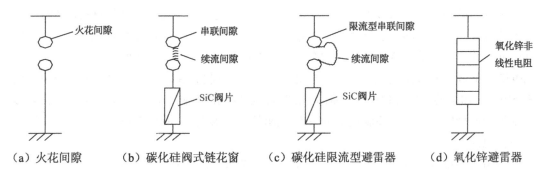

（a）火花间隙　　（b）碳化硅阀式链花窗　　（c）碳化硅限流型避雷器　　（d）氧化锌避雷器

图 5-1　避雷器发展过程

5.1 工作原理

沿线路侵入电气设备的过电压波会对设备的绝缘造成极大的危害,因此,必须使它们限制在安全的、设备能够承受的范围内。这种过电压波可能是输电线附近雷电活动引起的感应过电压,也可能是由于系统运行方式改变、设备投入或退出运行等操作引起的操作过电压,还可能是雷电击中进线段以外的导线引起的过电压。

为了释放过电压的能量,需要在导线与大地之间接上避雷器。避雷器的作用如下:正常情况下,它处于截止状态;在超过避雷器保护水平的过电压波到达时,避雷器立即导通,限制了过电压的幅值;雷电流泄入大地后,还要切断在雷电流通过火花间隙时形成的通道中导线流向大地的工频电流;最后,避雷器又恢复了绝缘状态。因此,避雷器的工作过程可概括分为三个步骤:限压、熄弧和恢复。

避雷器的限压作用首先由间隙来实现。如图 5-2 所示为避雷器动作时两端电压的波形,由图可以看出,管型避雷器动作时电压是一个截波,然后持续几十毫秒(几个周期)存在着高频振荡电压;阀式避雷器在间隙击穿后,它的端电压不降为零,而是具有一定数值的电压降,该电压降是雷电流流过非线性电阻时产生的,称为残压,它决定避雷器的保护水平。

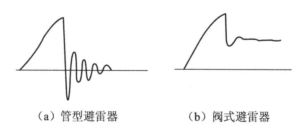

(a) 管型避雷器　　(b) 阀式避雷器

图 5-2　避雷器动作时两端的电压波形

不同类型避雷器熄弧装置的构造是不同的。管型避雷器内部装有产气材料,能够在雷电流通过时产生大量的高压气体,借此将电弧吹断。阀式避雷器的间隙则必须依靠与其串联的非线性电阻片的配合把续流限制在一定的数值以下,才能将之遮断。普通阀式避雷器的Φ52 和Φ56 间隙都是由上、下两片电极构成,低温烧制的 SiC 电阻片因其限流作用可遮断 50A 和 70A 的工频峰值电流。磁吹阀式避雷器的间隙有同心圆旋转电弧型和拉长电弧的限流型两种结构,配用高温烧制的 SiC 电阻片,能够遮断 300~700A 甚至近千安的工频峰值电流。

避雷器的恢复过程就是指在它的间隙中去游离的过程。在这一过程中,充满在间隙气体中的离子和自由电子迅速消失,绝缘强度在几毫秒内得到恢复,这时间隙再度处于绝缘状态,保证了电网的正常运行。

无间隙氧化锌避雷器的限压作用是靠 ZnO 电阻片来实现的。ZnO 电阻片的伏安特性曲线非常优异，在工作电压下，泄漏电流只有毫安数量级，而且基本上是容性分量，接近绝缘状态。过电压发生时，电阻变得极小，便于释放能量。能量释放之后，电阻片又自行恢复到最初的高阻状态。由此可见，氧化锌避雷器在工作中是不产生电弧的，它工作的全过程只包括限压和恢复两个步骤。

5.2 伏秒特性与工频续流

避雷器的伏秒特性的上限不得高于电气设备的伏秒特性的下限。避雷器间隙绝缘强度的恢复程度要高于避雷器上恢复电压的增长程度。伏秒特性是指电压与时间的对应关系，是指在冲击电压波形一定的前提下，绝缘的冲击放电电压与相应的放电时间的关系曲线。伏秒特性由试验确定，工程中用以表示绝缘在冲击电压作用下的击穿特性。其方法如下：保持冲击电压波形不变，逐级升高电压。电压较低时，击穿发生在波尾；电压增高时，放电时间减至很小，击穿可发生在波头。在波尾击穿时，以冲击电压的幅值为纵坐标，放电时间为横坐标。在波头击穿时，还以放电时间为横坐标，但以击穿时的电压为纵坐标。在电压较高时完成放电所需时间较短，在电压较低时完成放电所需时间较长。典型的伏秒特性曲线如图5-3所示，图中细线代表冲击电压波形，粗线代表伏秒特性曲线。

对电力避雷器要求工频续流能够及时得到控制。工频续流是指雷电压或过电压放电结束，但工频电压仍作用在避雷器上，使其流过的工频短路接地电流。绝缘强度自恢复能力要好，绝缘强度的恢复能力是指电气设备绝缘强度与时间的关系，即恢复到原来绝缘强度的快慢。另外，还有对避雷器额定电压的要求，即工频续流第一次过零后间隙所能承受的、不至于引起电弧重燃的最大工频电压，又称电弧电压。

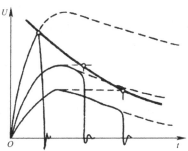

图5-3 避雷器典型伏秒关系曲线

5.3 电力避雷器分类

电力避雷器按放电类型可分为保护间隙、排气式避雷器、阀式避雷器、特殊场所中使用的避雷器、直流避雷器、氧化锌避雷器。

5.3.1 保护间隙

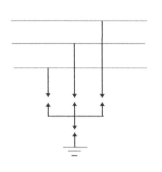

图 5-4 保护间隙避雷器等效电路

保护间隙是最简单、最经济的电力防雷设备，其结构简单、成本低廉、维护方便，缺点是灭弧能力差，在我国只用于 10kV 以下的配电网络中。此外，它容易造成接地或短路故障，引起线路开关跳闸或熔断器烧断，所以，对装有保护间隙的线路，一般要求装设自动重合闸装置或自动重合熔断器与之配合，以提高供电的可靠性。如图 5-4 所示为保护间隙避雷器等效电路。

常见的保护间隙避雷器由主间隙和辅助间隙构成。主间隙采用角形，使工频续流电弧在自身电动力和热气流的作用下，易于上升被拉长而自行熄灭。辅助间隙的作用是为防止主间隙被外物短接而造成接地短路事故，其主要不足是强大的冲击电流会造成三相变压器的相间绝缘损坏。

5.3.2 排气式避雷器

排气式避雷器又称管型避雷器。它由产气管、内部间隙和外部间隙三部分组成，并密封在避雷器管内，其结构如图 5-5 所示，外部间隙（S2）的作用是使产气管在正常运行时隔离工作电压和内部过电压；内部间隙（S1）由棒形电极和环形电极构成；产气管可以用纤维塑料或橡胶等在电弧高压下易于气化的有机材料制成。内部间隙和产气管共同作用产生高压气体吹动电弧，主要不足点是强大的冲击电流。在大气过电压下内外间隙 S1 和 S2 的总击穿电压应低于被保护设备的冲击耐受电压，因而 S1 和 S2 首先被击穿，把雷电电流释放到大地中。间隙被击穿后有工频短路电流进入排气式避雷器。在工频续流电弧的高温作用下，产气管内分解出大量气体，形成数兆帕甚至数十兆帕压力。高压气体从环形电极孔急速喷出，强烈地纵向吹动电弧，使工频续流在第一次过零时熄灭。

排气式避雷器常用于输电线、变电所进线段，但变电所内设备不用它来防雷。

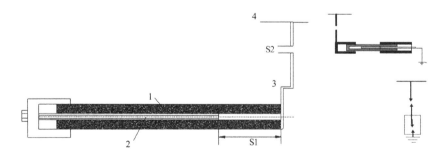

注：1——产气管；2——棒形电极；3——环形电极；4——工作母线；S1——内部间隙；S2——外部间隙。

图 5-5 排气式避雷器与等效电路

5.3.3 阀式避雷器

阀式避雷器内部由火花间隙和碳化硅非线性电阻片组成，具有较好的保护特性，因而广泛地应用于各种电压等级的线路和电气设备上。阀式避雷器按其用途可分为保护配电变压器用的配电型、保护电站设备用的电站型、限制输电线路向电站侵袭的雷电过电压和操作过电压的线路型、保护直接配电的发电机成电动机的旋转电机型。按其间隙结构可分为普通阀式避雷器、磁吹阀式避雷器及限流磁吹阀式避雷器三种。按电流又可分为交流避雷器和直流避雷器。

阀式避雷器性能的主要参数有如下几个。

（1）保护比：体现了避雷器保护水平，其值等于避雷器冲击放电电压或额定电流下的残压除以灭弧电压（峰值）。保护比越小，表示避雷器限制过电压的性能越好。

（2）切断比：它等于避雷器工频放电电压下限值除以灭弧电压。切断比越小，表示避雷器保证切断续流、恢复绝缘强度的能力越大。

（3）通流容量：它表示避雷器能耐受一定波形的通过电流的能力。

1. 普通阀式避雷器

普通阀式避雷器主要由火花间隙和碳化硅线性电阻片组成。磁吹阀式避雷器和限流型磁吹阀式避雷器均是以此为基础发展的。普通阀式避雷器初期以远雷过电压为对象，后期以近雷过电压为对象，以生产保护水平较低的避雷器为重点，同时还致力于提高续流遮断能力。

普通阀式避雷器主要应用于配电型避雷器。20世纪60年代以来，多用简单的自吹间隙式磁吹结构取代平板间隙，以提而灭弧性能；同时，增加防爆装置和故障自动脱接装置等，以保证运行安全。

2. 磁吹阀式避雷器

随着高压输电的发展，当系统切合空载长线，断路器重燃时，输变电设备受到来自系统本身的操作过电压的威胁。因此，发展了磁吹阀式避雷器。磁吹阀式避雷器采用磁吹间隙，既能限制雷电过电压，也能限制操作过电压。

磁吹阀式避雷器主要由磁吹间隙和碳化硅阀片组成，没有产生磁场的装置，以增加火花间隙的熄弧能力，性能比一般阴极压降熄弧的阀式避雷器好。磁吹间隙被击穿后，在永久磁铁、吹弧线圈活电极所产生的电磁力的作用下，电弧被迫离开起燃点，受到较好的去游离和冷却作用，而在电弧电压接近零值时熄灭。由于电弧从起燃点迅速离开，所以，在电弧熄灭前，在建弧点即开始恢复绝缘性能。因而，这种间隙的恢复强度及灭弧能力比普通平板间隙高得多，因此，磁吹阀式避雷器大多用于中压配电型避雷器，少数用于高压避雷器。

3. 限流型磁吹阀式避雷器

普通间隙或磁吹间隙两端无电压降，全靠碳化硅阀片限制放电电流。当残压降低时，续流也增加，在这种情况下极易发生系统所固有的恢复电压，施加于阀片的负载也增加，往往会降低动作负载能力。限流型磁吹阀式避雷器正是适应这种要求而发展的。当过电压侵入，避雷器动作时，间隙首先放电，在瞬时内释放过电压。当继续通过续流时，辅助间隙的电弧电流转为通过线圈，各主间隙的电弧在此线圈产生的磁场作用下，发生运动，而且被拉长，可为原长度的几十乃至几百倍，吹入绝缘材料的灭弧盒的狭缝中被挤压、冷却。这不仅能进一步提高灭弧能力，在电弧电流未近零值时即被熄灭，而且可产生较大的电弧压降。单个间隙的电弧压降值因材料结构而异，间隙灭弧盒为致密件陶瓷或云母玻璃，则电弧压降较低，为几百伏；若为多孔性陶瓷者则电弧压降较高，最高者为 1.7kV（峰值），且弧压降值上升速度很适合部分取代阀片，起限流作用。

这种限流型磁吹阀避雷器，经改进后的优点如下：吸收能量由阀片和间隙两者所分担，可进一步增大避雷器量，提高避雷器的性能；有较高的续流遮断能力，可靠地熄灭操作过电压续流；由于限流型间隙具有弧压降，可取代部分阀片，从而降低避雷器残压，提高保护性能，降低高压、超高压系统的绝缘水平。这种限流型间隙结构，在高压及超高压避雷器中，以及在六氟化硫（SF_6）避雷器和直流避雷器中已广泛使用。

5.3.4　特殊场所中使用的避雷器

耐污秽型避雷器、高原型避雷器和六氟化硫避雷器是三种在特殊场所使用的过电压保护电器。

1. 耐污秽型避雷器

在污秽地区，由于外绝缘表面凝聚着由水分、尘埃、导电颗粒和盐分等形成的导电层，泄漏电流很大。导电层的不均匀及干湿程度不一致会使原来的电压分布发生严重的畸变，避雷器的工频放电电压因而显著降低。同时，还造成局部分路电阻过载，对应于电位梯度升高部位的火花间隙长期处于电晕放电状况，继而引起整体避雷器动作，甚至会发生爆炸。另外，外绝缘强度因污秽而降低也可能会引起闪络，发生系统对地短路事故。为了克服上述缺陷，耐污秽型避雷器在结构上通常具有以下特点：选用阻值低的分路电阻，增大电导电流，加强强制均压的作用，也可增设均压电容器；采用单节瓷套或尽可能减少串联避雷器元件的数量，避免上一节元件的表面泄漏电流流过下一节元件的分路电阻，改变火花间隙组的工频电压分布；增大瓷套直径，以减少表面污秽层和避雷器电气元件之间的杂散电容；增大泄漏爬距，具有一定防污能力的避雷器瓷套的裙边均制成如图 5-6 所示的形状。运行经验证明，在严重污秽地区的避雷器泄漏比取值可到 4.0cm/kV。

2. 高原型避雷器

如图 5-7 所示为大气压力与海拔之间的关系曲线。一般避雷器是按照海拔不超过 1000m 设计的，它的密封结构在内外压差不大时能够确保足够小的漏气率。但当它安装在高原地区时，由于大气压力随海拔的上升降低很多，而避雷器原来在低海拔制造厂生产时，充入的是与当时环境等压的气体，这时其内部与外界的压差变大，漏气率增加，于是避雷器内部气体密度减少，致使放电电压显著降低。同时，火花间隙的熄弧能力也有所下降。

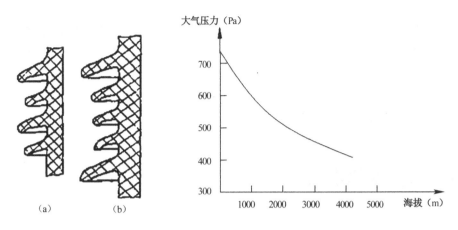

图 5-6 使用于污秽地区的避雷器瓷套的伞裙形状　　图 5-7 大气压力与海拔的关系曲线

3. 六氟化硫（SF_6）避雷器

SF_6 的分子量为 146.07，它具有无毒、不易燃烧和快速冷却电弧等特点，介电强度远远超过其他气体，因此，六氟化硫广泛应用于气体绝缘电站（GIS）组合电器中。六氟化硫避雷器采用落地罐式金属筒体封装的结构。这类避雷器的特点是金属筒壁与避雷器芯体之间的杂散电容远比瓷套结构的避雷器对地杂散电容大。六氟化硫避雷器有普通阀式和限流型磁吹阀式两种。其间隙的绝缘均用六氟化硫气体，其特点如下：能耐受高速重合闸过电压和断路器操作时的重燃过电压等重负载；绝缘性能良好的高压 SF_6 使串联间隙数量比充氮气（N_2）时大大减少，可简化间隙结构，缩小避雷器尺寸；SF_6 的电子亲和力强，灭弧性能好，但放电特性不太好。

5.3.5 直流避雷器

为了保护交直流变流站的各种设备，必须设置直流避雷器。但直流输电系统与交流输电系统不同，前者电压和电流没有零点，为恒定值，电压包括高次谐波，加之输送距离长，故对避雷器要求极其苛刻。如用线路直流避雷器限制从直流线路入侵的过电压，作为交流站的第一道保护，保护水平选得比变流站用避雷器低，所以，需要承受最苛刻的动作负效。用直流线路避雷器限制入侵过电压，可以减少变流站用直流避雷器在入侵过电压下的动作频率；然而，当入侵过电压很大时，通过直流电抗器的过电压在避雷器放电后不超过保护水平，或构成串联电桥时，火花放电特性就必须加以限制，使在其他电桥上不产生过电压。此外，在交流站内发生逆弧、通弧事故时，要求避雷器能确实可靠地保护设备，这样就要求直流避雷器有可靠的续流遮断能力。另外，诸如线路用直流避雷器，或接地侧电桥端子间的直流避雷器，要吸收大量的能量，可用并联立柱交互通过放电电流的混台循环式避雷器。

5.3.6 氧化锌避雷器

氧化锌（ZnO）非线性电阻有一系列 SiC 阀片无法比拟的优异特性。ZnO 应用于避雷器后可取消串联间隙，使避雷器实现无间隙化，而制成更接近于理想的过电压保护装置。避雷器取消串联间隙后其结构、性能、制造工艺及试验等引起了根本性的变化。

ZnO 避雷器的优良特性，主要取决于 ZnO 作为非线性电阻片的特性。由于材料配方和制造工艺的改进，ZnO 非线性电阻片的性能和可靠性大为提高。

5.4 避雷器的电气性能

避雷器额定电压、工频放电电压、冲击放电电压和冲击电流残压是表征避雷器电气性能的几项重要指标，它们是根据系统的参数、运行方式及绝缘配合的原则来确定的。

1. 额定电压

避雷器能够可靠地工作并能完成预期的动作负载试验的最大允许工频电压，称为避雷器额定电压。对于有间隙避雷器而言，我国、德国和苏联曾称这一电压为灭弧电压，现在以 IEC 标准统一定义。为确保避雷器正常工作，必须使这一电压设计得大于安装处可能出现的最大短时工频电压。

为了确定和计算避雷器额定电压，需要分析避雷器安装处工频电压的变化情况。在系统中，产生短时工频电压升高的起因主要有三个：一是发电机因突然甩负荷后转速加快，引起母线电压升高；二是由于电感—电容效应，远距离输电线路空载时末端电压升高；三是发生单相接地故障时，健全相电压升高。运行经验表明，全线跳闸、甩负荷与单相接地故障同时发生的机会是十分罕见的，故障往往出现于线路局部，因此，无须考虑这三种电压同时升高的可能性。我国关于甩负荷引起的母线电压升高的实测数据不超过 1.37 倍相电压。

2. 工频放电电压

工频放电电压是有串联间隙避雷器的一个重要参数。工频放电电压具有一定的分散性，分散带的宽窄与火花间隙的结构、预照射条件和工艺水平有很大的关系。按我国的制造水平，在碳化硅避雷器设计中，取工频放电电压平均值的±7%～10%为其上、下限。许多产品的分散带仅为±5%。

确定工频放电电压下限时，应该考虑两个条件：一是必须保证避雷器能够可靠地熄弧；二是对于非限制操作过电压的避雷器，其工频放电电压应该大于系统的操作过电压，防止在这种过电压出现时动作，损坏避雷器。

为阐明工频放电电压和避雷器灭弧能力之间的内在联系，使用切断比 K_q 的概念来描述阀式避雷器这一特性，它等于工频放电电压下限值 U_{min} 与避雷器额定电压 U_R 之比，即

$$K_q = \frac{U_{\min}}{U_R} \tag{5.1}$$

K_q 值越小，表明避雷器的熄弧能力越强。不同结构的火花间隙其 K_q 值是不同的，由试验得出，单个同心圆电弧旋转式间隙在工频续流为数百安时，K_q=1.31；电弧拉长式限流间隙在工频续流为 450A 时，K_q=1.4～1.5；而平板间隙在工频续流 100A 时，K_q 达 1.7。多个火花间隙串联组成的避雷器，因为考虑电压分布不均匀的因素，所以，它们的 K_q 取值略高，留有一定的裕度。几种国产碳化硅避雷器的切断比如下：FS 型配电用普通阀式避雷器的 K_q 为 2.05～2.37，FZ 型电站用普通阀式避雷器的 K_q 为 2.0～2.37。

3. 冲击放电电压和冲击电流残压

冲击放电电压和冲击电流残压是供绝缘配合计算用的重要数据。由气体放电理论得知，有串联间隙的避雷器的冲击放电电压与所施电压的陡度有很大关系，因此，标准规定了在 1.2/50μs 标准波、电压上升速率为一定值时，陡波头冲击电压及模拟不同波头的操作过电压等作用下的放电电压值。波头越陡，放电电压越高。根据实测，同一避雷器在前述陡波头冲击电压作用时的放电电压最大值可达标准波作用时的 1.15 倍左右。

冲击电流残压随冲击电流波形不同而不同，它是非线性电阻片呈现出的固有特性。在技术条件中，通常给出的是在标称放电电流幅值、7/20μs 波形作用时的残压。冲击电流上升的陡度越大，非线性电阻的残压也随之变大。ZnO 电阻片的这一变化比 SiC 电阻片小。美国曾进行过试验，其结果如下：0.12μs 波头的冲击电流在 SiC 电阻片上产生的残压是 7/20μs 冲击电流的 1.6 倍；对 ZnO 电阻片而言，这一倍数仅为 1.27。为了提供与截波冲击电压的绝缘配合参数，氧化锌避雷器在 1μs 陡波头冲击电流下的残压值也是非常重要的数据。

实际应用中，选取标准波冲击放电电压和标称放电电流残压中的一个最大者作为避雷器的保护水平。保护水平与避雷器额定电压（峰值）之比称为保护比，它是表征避雷器保护特性的一个指标，其值越低，保护性能越优越。例如，根据 5kA 冲击电流残压计算的 FS 型配电避雷器保护比为 2.79～3.17，FZ 型电站避雷器的保护比为 2.32～2.51；用 10kA 冲击电流残压计算的 110～220kV 系统用 ZnO 避雷器的保护比为 1.60～1.76。此外，还可用波头为 30～100μs 的冲击电流测量氧化锌避雷器的残压，以及用操作波电流测量碳化硅避雷器的残压来表征操作过电压出现时避雷器所呈现的保护特性，这些残压与避雷器额定电压（峰值）之比称为操作保护比。

第 6 章

防雷元器件

现代防雷技术的发展，主要体现在从直接雷击的防护发展到雷电波侵入及雷电电磁脉冲的防护，这对防雷装置的功能提出了新的要求。雷电电涌保护器本质上是电子电气装置，依然是在电子电路的基本原理下完成自身的应用功能。

防雷电子元器件主要有压敏电阻、气体放电间隙、半导体防雷器件、稳压型半导体器件、隔离变压器、光电耦合隔离器等。压敏电阻器件将超过预设门限的电压泄放到大地。气体放电间隙是利用气体在低电压时处于高度绝缘、高压电作用下会产生电离导通的原理，实现将电源和通信线路上雷电高压泄放到大地的目的。半导体防雷器件根据其工作原理可以分为稳压（箝位）型和导通（击穿）型两大类。导通型半导体避雷器件是一种特殊的闸流管，对正反两个方向的浪涌电压冲击均能起保护作用；稳压二极管就是一种典型的稳压（箝位）型半导体防雷保护器件。隔离变压器是起隔离作用的变压器，在防电磁干扰、防雷击方面有着独特的效果。

在电力与电气领域，低压是指额定交流电压 1200V、直流 1500V 及以下的电压。而高压则是指额定交流电压 1200V、直流 1500V 及以上的电压。低压电器是工作在低压电路中，用以电路的切换、控制、检测、保护、变换和调节作用的电器，是组成成套电气设备的基础配套件，使用量大，应用面广。低压电器在电路中使用，不可避免地受到电路传导来的雷电过电压、操作过电压和静电放电，以及低压电器本身在接通/断开过程中所产生的过电压的作用。这些过电压可以使电触点起弧、器件绝缘加速老化和损坏，或干扰邻近电路，因此，必须采用过电压抑制器件将它们限制到安全值之内。

雷电的发生对附近电子系统会产生影响。由于其影响的系统性质不同，有时候雷电的影响体现在高电压上，此时可以用一个电压电路模型来进行分析；有时候体现的影响是大电流，因此，又可以用一个电流模型来分析闪电。所以，总体来说，雷电对电路或线路的影响是过电压或过电流。防雷电路中将不可或缺地出现过压保护元件与过电流保护元件。

第 6 章 防雷元器件

在过电压保护元件中，有开关型元件和限压型元件。开关型元件有火花间隙、气体放电管、半导体放电管、玻璃放电管等。限压型元件有金属氧化物器件，如 MOV、半导体器件、静电保护元件。过流保护元件有熔断丝、自恢复保险丝、空气开关等。

6.1 放电间隙

金属放电间隙是由两个金属电极构成的一种简单的防雷保护装置。其中，一个电极固定在绝缘子上，与带电导线相接，另一个电极通过辅助间隙与接地装置相接，两个电极之间保持规定的间隙距离，如图 6-1 所示。

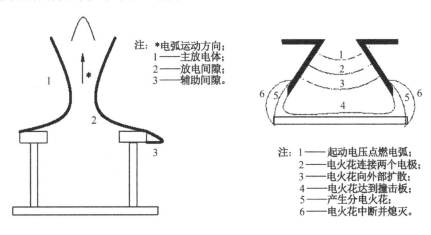

图 6-1 金属放电间隙

火花间隙放电能力强，通流容量大，可做到 100kA 以上，漏电流小，因此，在防雷系统中，要求用火花间隙来完成对雷电入侵的初级防护。但火花间隙也有很大的不足，首先，它的残压可以高达 2~4kV，这样在低压电器的雷电防护中，超过了低压电器的绝缘水平。另外，反应时间漫长，最长达到 100ns 左右，不利于电路的保护。由于金属间隙本身的特点，会有跟随电流也就是续流的出现，续流危害线路与电器的正常运行。

火花间隙的金属电极在承受较大电流时会出现局部金属升华，形成金属气体在间隙的腔体内扩散，一旦温度降低，将使放电腔内形成金属镀膜，电极的自身尺寸和间隙距离发生变化，影响避雷器的启动和正常使用。如图 6-2 所示为一种开放式火花间隙的剖面模型。

德国 Radax-Flow 技术，即轴向和径向吹弧技

图 6-2 一种开放式火花间隙的剖面模型

术，可以有效地灭断电弧。为了得到较大的续流遮断能力，在腔体内建立一个反向的弧光电压，其大小应与电网侧电压相当，它基于优化冷却轴向和径向所产生的电弧。所需的冷却气体是由周围的材料在电弧作用下产生的，由此增加电弧电压，如图6-3所示为Radax吹弧技术中电弧被径向和轴向吹出的原理示意。该类开放式的开关型电涌保护器主要应用在电源系统做B级防护使用。

如图6-4所示为一种密闭式间隙避雷器。它是一种多层石墨火花间隙，放电电流大，最大可达50kA，漏电流小、无续流、无电弧外泄、热稳定性好。该类间隙以石墨为主要材料，内采用全铜包被，解决了避雷器在放电时的散热问题。由于利用多层石墨电极串联，各串联电极之间形成多级启动与关断，克服了单个电极的续流与漏流问题，最大的特点是没有电弧的产生，且残压与开放式间隙避雷器比较要低很多，但响应时间慢。该种避雷器应用在电源的B、C级防护，与开放式间隙比较的优势在于不用考虑电弧问题，适合于各种配电制式。

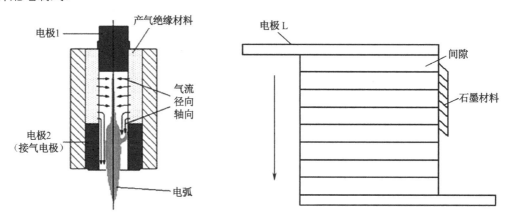

图6-3 Radax吹弧技术原理　　　　图6-4 密闭式间隙避雷器

火花间隙的距离和点火电压及续流是有关系的，如果主电极间距离较大，则火花间隙的电弧点火电压较高，因此，密闭的火花间隙可以减小或防止可能产生的续流。同时，火花间隙的距离和跳火电压及保护水平也有关系，通常，电弧点火电压较高时，跳火电压也较高，即保护水平较高，这不利于保护敏感的电子设备。因此，增大火花间隙的距离，可降低续流，但同时牺牲了保护水平。矛盾的解决方法是增加辅助电极及触发电路。

如图6-5所示为在施加工频50Hz交流电压时，火花间隙的电压、电流输出特性。从图中显然可以看出，辉光放电电压大于弧光放电电压。电压上升至点火电压前，没有电压流过防雷器。在电压达到电涌保护器的点火电压后，电涌保护器开始泄放电流，电压首先降至辉光电压，当电流在10mA至1.5A范围内，辉光电压的典型值约为70～200V；随着防雷器中电流的进一步加大，电压降至弧光电压，为10～35V。弧光放电区是电涌保护器的工作区域，在该区域，电涌保护器通过外加电流的波形，而输出电压控制在一个稳定的较低水平，为2～4kV。随着外施电压的减小，电压小于电涌保护器的灭弧电压，间隙关断，电弧熄灭，通过电涌保护器的电流截止，电网恢复到正常工作状态。如果是在工频的周期性外加过电压的情况下,上述过程在交流的下半周期将再次重复。如果是单脉冲的雷电波形,电涌保护器的一次电涌防护过程完成。

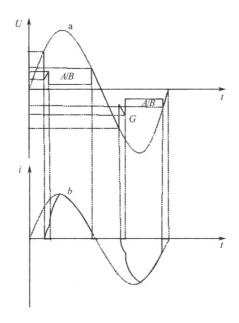

注：a——电涌保护器的电压波形；b——在正弦电压作用下电流波形；
　　G——辉光放电区域；A/B——弧光放电区域。

图 6-5　火花间隙的电压电流输出特性

实际工作中的间隙型保护器的工作过程如图 6-6 所示,施加 1.2/50μs 波形的开路浪涌电压及短路雷电流经过电涌保护器时的电压与电流特征。当浪涌电压达到火花间隙的击穿电压时,间隙导通,雷电流通过,间隙的输出端电压降低并稳定在一定水平,期间外施雷电流与电源系统中的电流通过。由于火花间隙具有续流能力,当外施电压降低到间隙的来弧电压时,由于间隙电极间的气体电离后不能快速恢复绝缘,在电源电压的作用下,击穿通道仍维持电弧放电的导通状态。因此,只有当工频电源电压经过最近的零点后,电弧才能熄灭,这就意味着,在工频半周期内,存在工频续流引起的短路电流,之后,保护器两端呈现的才是电源电压。这可能会引起上游熔丝的跳断。

电涌保护器的响应特性如图 6-7 所示。对于静态响应,电压陡度较小时,典型值为 100V/s,电涌保护器的点火电压主要取决于电极间的距离、气体的类型、密闭的贵重金属的离子化程度等,该点火电压被定义为直流点火电压。对于动态响应,当电压陡度较大时,典型值是 1000V/μs,电涌保护器的点火电压在其直流点火电压之上,这是因为气体离子化的时间有限,由此也形成了其点火电压的分散分布。

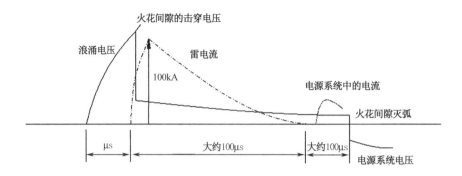

图 6-6 电涌保护器的电压输出波形

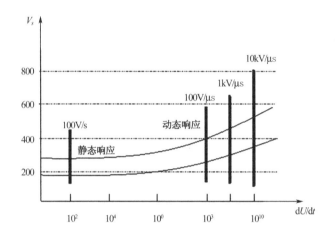

图 6-7 SPD 的响应特性

火花间隙避雷器自动灭弧电流、电压波形如图 6-8 所示。

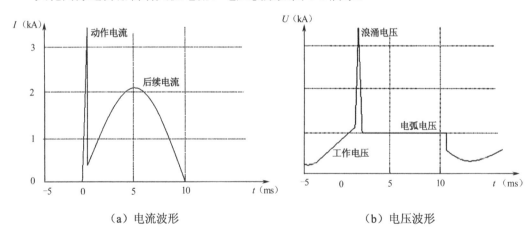

（a）电流波形　　　　　　　　　　（b）电压波形

图 6-8 电流波形和电压波形

6.2 陶瓷气体放电管

陶瓷气体放电管是防雷保护设备中应用最广泛的一种开关器件，气体放电管（GDT）采用金属化陶瓷管与两个或两个以上电极封结成一个或多个放电间隙。在陶瓷气体放电管内部充入惰性气体，并在电极的有效电子发射表面涂上激活电子粉，低于1mm的极间距离可以保证放电管击穿电压的稳定性。陶瓷气体放电管外形为圆柱形，有带引线和不带引线两种结构形式。陶瓷气体放电管用于交流不超过1200V、直流不超过1500V的通信或信号电路中，特别是在信息与信号系统的防护中。管内充入电气性能稳定的惰性气体，如氩气和氖气等。

如图6-9所示为不同情况下，气体放电管的电路符号。

当气体放电管两端的电压达到其直流放电电压时，内部气体击穿而放电。气体放电管的伏安特性属于非线性特征，击穿过程分为3个阶段：在击穿前直流电阻保持在$10^9\Omega$以上；在击穿瞬间阻抗和管压降急剧下降，导通电流剧烈上升；在击穿后瞬间阻抗和管压降维持在很低的水平，并持续至线路上电压低于气体放电管放电弧电压，之后自行恢复到断路状态。

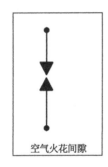 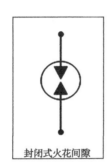 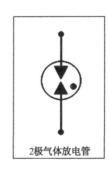 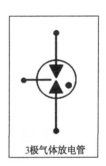

空气火花间隙　　封闭式火花间隙　　2极气体放电管　　3极气体放电管

图6-9　气体放电管电路符号

6.2.1 结构组成

二级放电管由纯铁电极、镍铬钴合金帽、银铜焊帽和陶瓷管体等主要部件构成，具体如图6-10所示。管内放电电极上涂敷有放射性氧化物，管内内壁也涂敷有放射性元素，用于改善放电特性。三极放电管也是由纯铁电极、镍铬钴合金帽、银铜焊帽和陶瓷管体等主要部件构成。与二极放电管不同，在三极放电管中增加了镍铬钴合金圆筒，作为第三电极，即接地电极。五极放电管的主要部件与二、三极放电管基本相同，它具有较好的放电对称性，可适用于多线路的保护。

气体放电管在击穿或导通前相当于开路，电阻很大，几乎没有漏电流，击穿或导通之后相当于短路,可通过很大的电流,而且电压降很小。气体放电管的脉冲通流容量很大,对于常见的陶瓷气体放电管,可通过规定 8/20μs 的雷电流峰值,常用的有 5~100kA。玻璃放电管是一种强效放电管,在通过上述波形的雷电流时,通流能力一般可在 500A、1kA、3kA。半导体放电管通流能力则只有几十安培。

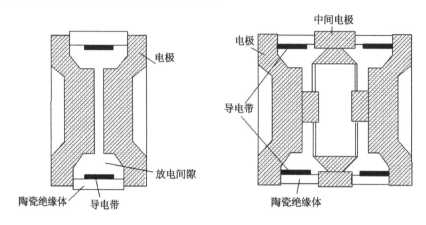

图 6-10 二极放电管结构

气体放电管和间隙一样,一般都具有双向导通性。气体放电管放电能力强,电流通容量大;极间寄生电容小,小于 3pF;绝缘电阻高,大于 1GΩ;击穿电压分散性较大,反应速度稍慢;体积小、成本低、性能稳定及寿命长。但气体放电管在使用中也存在一些问题,例如,放电时延性较大、动作灵敏度不够、响应时间较慢(在 80ns 左右);火花间隙一样存在续流的遮断问题,不利于对交流或 20V 以上的线路进行保护;残压较高,为 2~4kV。

6.2.2 响应特性

气体放电管击穿导通后,其两端电压较低,大大低于其击穿导通电压,也就是直流放电电压,对于上升陡度较大的波形,即使达到其直流放电电压,由于其击穿导通过程的延时作用,也不会立即放电,因此,在设备两端会出现比直流放电电压高得多的电压,即冲击放电电压,如图 6-11(a)所示为气体放电管电压变化特性曲线,如图 6-11(b)所示为气体放电管电压—电流特性曲线。气体放电管对浪涌波形的抑制如图 6-12 所示。

气体放电管 GDT 从暂态过电压达到放电管的直流放电电压,以及到其实际动作放电之间,存在一段时延。延迟时间取决于过电压波的波头上升陡度 $\dfrac{\mathrm{d}V}{\mathrm{d}t}$。

(1)续流特性:气体放电管 GDT 泄放过电流结束以后,被保护系统的工作电压能维持放电管电弧通道的存在,存在续流。一旦过电压消失,低于维持辉光放电的电压,自动恢复到关断高阻状态。因此,当过电压消失后,设备两端的正常运行电压必须低于放电管维持辉光放电的电压,否则,将影响被保护设备的正常工作,烧坏放电管。

(2)响应时间:从暂态过电压开始作用于放电管两端的时刻到放电管实际放电时刻之间有一个延迟时间,该时间称为响应时间。响应时间由两个方面组成:一是放电管中随机产生初始电子—离子对带电粒子所需要的时间,即统计时延;二是初始带电粒子形成电子崩所需要的时间,即形成时延。

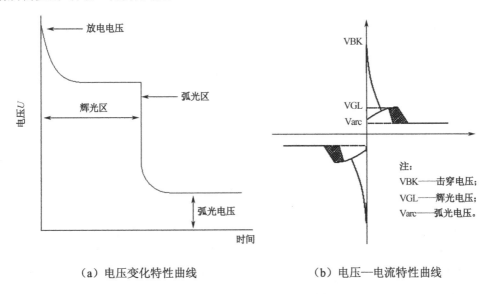

(a)电压变化特性曲线　　　　(b)电压—电流特性曲线

图 6-11　气体放电管电压、电压—电流特性曲线

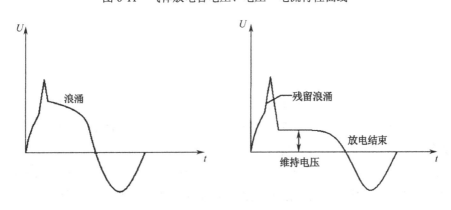

图 6-12　气体放电管对浪涌波形的抑制输出

(3)放电电压:放电电压指的是直流放电电压与冲击放电电压。直流放电电压是指在上升陡度低于 100V/s 的电压作用下,放电管开始放电的平均电压值。冲击放电电压是指在具有规定上升陡度的暂态电压脉冲作用下,放电管开始放电的电压值。放电管的响应时间或动作时延与电压脉冲的上升陡度有关,对于不同的上升陡度,放电管的冲击放电电压是不同的。由于放电的分散性,所以,放电电压是一个数值范围。冲击放电电流分为 7/20μs 波(短波)和 10/1000μs 波(长波)冲击放电电流两种。一般 7/20μs 波冲击放电电流用得

较多。冲击放电电流又分为单次冲击放电电流（7/20μs 波冲击 1 次）和标称冲击放电电流（7/20μs 波冲击 10 次），通常后者为前者的一半左右，有 2.5kA、5kA、10kA、20kA、40kA 等规格。

（4）耐受电流：耐受电流包括工频耐受电流与冲击耐受电流。工频耐受电流是指放电管通过工频电流 5 次，使放电管的直流放电电压及绝缘电阻无明显变化的最大电流值，也是放电管击穿后能耐受 50Hz 电流放电 1 秒的电流额定值。冲击耐受电流是指将放电管通过规定波形和规定次数的脉冲电流，使其直流放电电压和绝缘电阻不会发生明显变化的最大值电流峰值。这一参数是在一定波形和一定通流次数下给出的，制造厂通常给出在 8/20μs 波形下通流 10 次的冲击耐受电流，也给出在 10/1000μs 波形下通流 300 次的冲击耐受电流。

（5）击穿电压：击穿电压指直流击穿电压与冲击击穿电压。直流击穿电压是在放电管上施加 100V/s 的直流电压时的击穿电压值。这是放电管的标称电压，常用的有 75V、90V、150V、230V、350V、470V、600V、700V、1500V、2500V、3000V 等，其误差范围一般为±20%。冲击击穿电压是在放电管上施加 1kV/μs 的脉冲电压时的击穿电压值。因而，脉冲击穿电压反应速度较慢，要比直流击穿电压高得多。

（6）绝缘电阻和极间电容：绝缘电阻是指规定直流测试电压下放电管具有的阻抗。放电管的绝缘电阻值很大，厂家一般给出的是绝缘电阻的初始值，在 1GΩ 以上。绝缘电阻值的降低会导致漏流的增大，有可能产生噪声干扰。放电管的寄生电容很小，极间电容一般为 1~5pF，极间电容在很宽的频率范围内保持近似不变，同型号放电管的极间电容值分散性很小。

6.2.3　电气使用

气体放电管可在直流和交流条件下使用。其所选用的直流放电电压 U_{dc} 在直流条件下使用时，$U_{dc} \geqslant 1.8U_0$，U_0 为线路正常工作的直流电压；在交流条件下使用时，$U_{ac} \geqslant 1.44U_n$，U_n 为线路正常工作的交流电压有效值。

在快速脉冲冲击下，陶瓷气体放电管气体电离需要一定的时间，通常为 80~100ns，因而有一个幅度较高的尖脉冲会泄漏到后面去。若要抑制这个尖脉冲，有两种方法：一是在放电管后串联电感或留一段长度适当的传输线，使尖脉冲衰减到较低的电平；二是采用两级保护电路，以放电管作为第一级，以 TVS 管或半导体过电压保护器作为第二级，两级之间用电阻、电感或自恢复保险丝隔离。如果在气体放电管 GDT 保护电路后级并联其他保护电路，需要控制两级之间的反应电压配合关系，使大能量优先从气体放电管 GDT 泻放。直流击穿电压 V_S 的最小值应大于可能出现的最高电源峰值电压或最高信号电压的 1.2 倍以上。

通常气体放电管使用在电源回路中时，必须非常小心，为了保证在气体放电管 GDT 关断的一瞬间，续流完全切断，必须串联压敏电阻或其他断路器件。

6.3 玻璃放电管

玻璃放电管（SPARK）也就是强效放电管，俗称防雷管，是最新推出的防雷器件，如图 6-13 所示。玻璃放电管由封装在充满惰性气体的玻璃管中相隔一定距离的两个电极组成。玻璃放电管中间所充的气体主要是氖或氩，并保持一定压力。当其两端电压低于放电电压时，气体放电管是一个绝缘体；当其两端电压升高到大于放电电压时，产生弧光放电，气体电离放电后由高阻抗转为低阻抗，使其两端电压迅速降低。玻璃放电管受到瞬态高能量冲击时，它能以 10^{-9}s 量级的速度，将其两极间的高阻抗变为低阻抗，通过高达千安量级的浪涌电流。玻璃放电管广泛应用于供电、数据、信息接收、医疗器械、通信、消费类产品、高频电路、3G 通信产品、通信基站设备及其他静电通信及家电等系列产品。

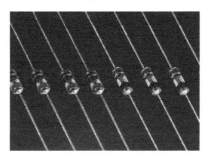

图 6-13 玻璃放电管

玻璃放电管有陶瓷气体放电管和半导体过电压保护器的优点，包括：绝缘电阻高，大于 100MΩ；极间电容小，小于 0.7pF；放电电流大，最大达 3kA；直流击穿电压高，最高达 5000V；双向对称性、反应速度快，只有几纳秒，不存在冲击击穿的滞后现象；性能稳定可靠、导通后电压极低；体积小、寿命长等。其缺点是直流击穿电压分散性较大。

通电容量在不同的波形下，分为三类。按它的 7/20μs 波脉冲放电电流 IPP 的大小分为三个系列：BK3 系列 IPP≥500A、BK2 系列 IPP≥1000A、BK1 系列 IPP≥3000A。按它的 8/20μs 波脉冲放电电流 IPP 的大小分为 YP、YS、YA 三个系列，脉冲放电电流与 7/20μs 波脉冲放电电流一致。

使用时应注意：玻璃放电管既可以用作电源电路的保护，也可以用作信号电路的保护；既可以用作共模保护，也可以用作差模保护，但只能用在浪涌电流不大于 3kA 的地方。直流击穿电压 V_S 的最小值至少应大于可能出现的最高电源峰值电压或最高信号电压的 1.2 倍以上。在有可能出现续流的地方，必须串联限流电阻或自恢复保险丝，防止玻璃放电管击穿后长时间导通而损坏。

玻璃放电管用于供电系统多选择 YA 或 YS 系列，数据传递装置多选 YA 或 YS 系列，天线装置或天线/信号电路包括可动部件选择 YS 或 YP 系列，抗静电装置选择 YS 和 YP 系列，医疗器械选择 YA、YS 或 YP 系列。

6.4 金属氧化物压敏电阻器

金属氧化物压敏电阻器（MOV）是一种陶瓷工艺制成的化合物半导体元件，在一定温度和一定电压范围内，其电导随电压的增加而迅速增大。它是低压电器中用于抑制过电压的应用非常广泛又经济的器件。压敏电阻有碳化硅压敏电阻和氧化锌压敏电阻两类。

1972 年，日本松下电气公司研制成无间隙氧化锌压敏电阻，由于它比碳化硅压敏电阻具有更理想的伏安特性，因此，很快就被应用到低压电网中，以后又逐步用到中高压电网中。目前从 380/220V 低压电网至 500kV 高压电网，均广泛使用氧化锌压敏电阻。压敏电阻具有瞬态电压抑制功能，可以用来代替瞬态抑制二极管、齐纳二极管和电容器的组合，现在大量使用的压敏电阻能承受更大的浪涌电流，而且其体积越大所能承受的浪涌电流越大，最大单体可达 70kA。在通信行业几乎所有电源防雷和部分数据接口防雷都使用了这种压敏电阻器件。

氧化锌压敏电阻电压系列齐全，从 12V 到 1800V，电流通流量大小兼备，从几百安培到上百千安培，可适合用在各种交流、直流电源电路和低频信号及控制电路中作为浪涌保护元件。它的封装形式主要有两种：一类是圆片，另一类是方片。圆片的基体直径有 Φ5、Φ7、Φ10、Φ14、Φ20、Φ25、Φ32、Φ40、Φ53 几种，方片主要是 34mm×34mm 的被银裸片，如图 6-14 所示。

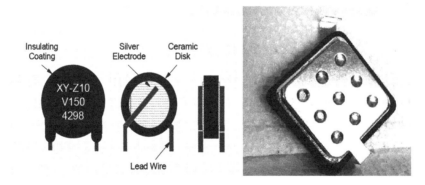

图 6-14　氧化锌（ZnO）压敏电阻

实际中常用的是氧化锌（ZnO）压敏电阻，它主要是以氧化锌为原料，添加多种微量金属氧化物，外面包封环氧树脂(可添加颜料)。ZnO 非线性电阻片属陶瓷电阻类，其制法与其他陶瓷元件大致相同，是以 ZnO 为主成分，加入少量的氧化铋（Bi_2O_3）、氧化铂（Co）、氧化铬（Cr_2O_3）、氧化锰（MnO）、氧化梯（Sb_3O_3）及其他微量金属氧化物等添加剂，经过混料、造粒、成型，在 1000℃ 以上的高温下烧结而成。在烧成过程中，各成分间发生复杂的化学反应。

ZnO 非线性电阻片的微观结构如图 6-15 所示，由 ZnO 晶粒、包围这些晶粒的粒界层和零散地分布于粒界层内的尖晶石（$Zn_7Sb_2O_{12}$）晶粒三部分组成。ZnO 晶相固熔体有 Co、Mn 等，其电阻率为 1～10Ω·cm，晶粒的平均直径为 10μm 左右。粒界层以 Bi_2O_3 为主，包含 Zn、Sb 等的固熔体，厚度约 0.1μm，其电阻率在低电场下非常高，因此，所施加的电压几乎全部加在此高电阻的粒界层上。此高电阻粒界层，有电阻随电压的增大而急剧减小的非线性特性。其伏安特性为，在从小电流到大电流的宽广范围内，具有非常平坦的非线性。在大电流密度时，ZnO 晶粒本身的电阻逐渐起较大的作用，ZnO 非线性电阻的非线性变坏。尖晶石是 ZnO 和 Sb_2O_5 的复合氧化物，晶粒径 3μm 左右，其作用在于抑制 ZnO 结晶的生长，对非线性无直接影响。氧化钴、氧化锰等添加剂的作用是与氧化铋形成一种化合物的串联数目，该数目取决于晶粒的直径及 ZnO 非线性电阻片的厚度，可控制起始动作电压，而改变其并联数目，即 ZnO 非线性电阻片的面积，则可控制冲击波形通流容量，即 ZnO 非线性电阻的电气特性随产品的配方、工艺和尺寸之不同而异。

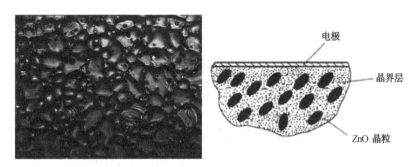

图 6-15 ZnO 非线性电阻片的微观结构示意

实际上，ZnO 非线性电阻片的这种结构，属于由 N 型半导体、ZnO 结晶及其表面所形成的被肖特基势垒所包围的高阻粒界层组成的"半导体（ZnO）—绝缘体—半导体"型，其模拟图形和等价回路如图 6-16 所示，R_g 表示 ZnO 结晶的固有电阻，R_s、R_i 及 C_s、C_i 分别表示 ZnO 晶拉的表面势垒和粒界层的电阻及电容。

单片压敏电阻的通流量一直不够理想，在这种前提下多片组合压敏电阻防雷器产生。多片压敏电阻组合防雷器主要解决了单片压敏电阻的通流量较小、不能满足 B 级场合的使用的问题，并从根本上解决了压敏电阻通流量的问题。

压敏电阻是一种"电阻值对电压敏感"的电阻器，随着加在它上面的电压不断增大，它的电阻值可以从兆欧级变到毫欧级。其典型伏安特性如图 6-17 所示。

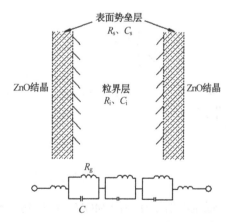

图 6-16 ZnO 非线性电阻的模拟图形和等效电路

由图可见，当电压较低时，压敏电阻工作于漏电流区，呈现很大的电阻，漏电流很小；当电压升高进入非线性区后，电流在相当大的范围内变化时，电压变化不大，呈现较好的限压特性；电压再升高，压敏电阻进入饱和区，呈现一个很小的线性电阻，由于电流很大，时间一长就会使压敏电阻烧毁、短路其至炸裂。正常使用时压敏电阻处于漏电流区，受到浪涌冲击时进入非线性区泄放浪涌电流，一般不使用饱和区。

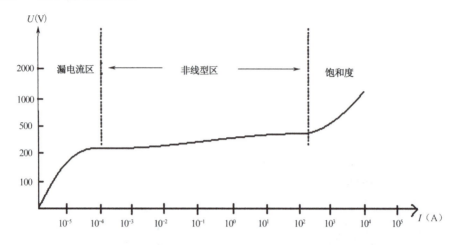

图 6-17　压敏电阻伏安特性

预击穿区的伏安特性随温度变化很大，即在外加电压相同的情况下，流过压敏电阻的电流会随环境温度的提高而大幅度增加；击穿区的伏安特性几乎不受温度的影响。由于压敏电阻的伏安特性从小电流到大电流的宽广范围内，线极其平坦，有极好的非线性，通过不断的研究和改进，此平坦区域已逐渐拉长；其非线性特性是对称性的，与正负极性无关。因此，它接近于理想的电压稳定装置，是 ZnO 非线性电阻的最大特点。如图 6-18 和图 6-19 所示为氧化锌压敏电阻器的 V-I 关系的比较与其等效电路。

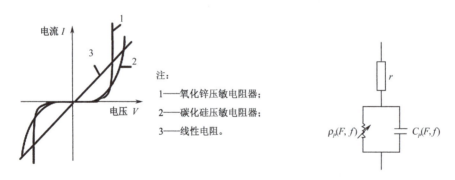

图 6-18　压敏电阻器 V—I 特性示意图　　图 6-19　氧化锌压敏电阻器微观结构等效电路

低压电器中使用的 MOV，依据其所承受的过电压应力的不同，大体可以分为以下四类：①抑制通过电源线或信号线传导侵入的雷电过电压或操作过电压的 MOV；②抑制低压电器本身在工作过程中产生的单次性过电压的 MOV，如抑制交流接触器、电磁继电器、固态继电器等的过电压的 MOV（这里"单次性"是指相邻两次过电压的间隔时间比较长，可以不考虑它们的累积效应）；③抑制低压电器本身在工作过程中产生的连续脉冲过电压的 MOV，如保护开关电源控制器的 MOV（对于这类 MOV，额定功率是主要技术指标）；④静电防护用 MOV。

6.4.1 氧化锌压敏电阻工作原理

ZnO 压敏电阻在设计制造过程中就已经确定了它的开关电压或者压敏电压，当压敏电压两端所施加的电压低于该开关电压值时，压敏电阻呈高阻值状态，此时即使压敏电阻并联在电源线路上，也像一个断开的开关；当施加在压敏电阻两端的电压高于压敏电阻值时，压敏电阻立即呈导通箝位状态，此时压敏电阻类似于一个稳压二极管。但与普通稳压二极管不同的是，压敏电阻的箝位电压高低不是一成不变的，而是随着电流的大小呈非线性变化，此时就压敏电阻内阻而言，内阻数值比较小，但其变化范围仍然很大，小电流时 $\dfrac{dV}{dI}$ 很大，大电流时 $\dfrac{dV}{dI}$ 则很小，可见小电流时内阻比大电流时大。压敏电阻这种动作箝位状态可以随着施加电压降低至动作电压以下而自动消失，并可以完全恢复到高阻态。所以，当电源线路上出现高雷电压入侵时，并联接在相线与地之间的压敏电阻会动作，呈导通箝位状态，雷电流即通过压敏电阻泄放到大地，使压敏电阻避雷器之后的电源线路电压箝位在安全范围内。当雷电压过后，压敏电阻恢复到高阻态，电压线路也恢复到正常供电状态。同样，把压敏电阻并联接在其他通信线路时，也可以把入侵通信线路时的雷电压箝位，保障进入通信设备接口的雷电压处于安全范围内。

一般来说，压敏电阻的片径越大，它的能量耐量越大，耐冲击电流也越大，如图 6-20 所示。压敏电阻所吸收的能量通常按下式计算：

$$W = kIVT$$

式中，I 为流过压敏电阻的峰值；V 为在电流 I 流过压敏电阻时压敏电阻两端的电压；T 为电流持续时间；k 为电流 I 的波形系数。对于 2ms 的方波，$k=1$；对于 8/20μs 的波，$k=1.4$；对于 10/1000μs 的波形，$k=1.4$。

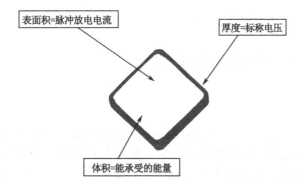

图 6-20 氧化锌压敏电阻的能量关系

压敏电阻串联使用时，应确保每只压敏电阻的通流容量相同，特性相近。串联后的最大允许电压等于各只压敏电阻最大允许电压之和。在浪涌电流特别大的情况下，也可将若干只压敏电阻并联使用，但要保证每只元件的压敏电压相同且伏安特性一致。并联后的压敏电压不变，总通流容量为各个压敏电阻的通流容量之和。由于压敏电阻串并联的数量增加往往使整体可靠性降低，故应控制串并联压敏电阻的数量。

6.4.2 压敏电阻的失效

（1）劣化。劣化是指由于电涌、使用或不利环境的影响造成 SPD 原始性能参数的变化，表现为：漏电流增大；压敏电压显著下降，直至为零。当泄漏电流持续增大到几十毫安至几安，会使温度不断升高，若不切断电路，会造成 MOV 芯片被热熔击穿，一旦 MOV 芯片被击穿，就成了一个阻值很低的导体，造成系统短路并且发热量大幅降低，热脱离保护机构将失去作用。严重的会造成起火、损毁设备。

首先，当通以直流电流时，在 ZnO 非线性电阻上，可观察到伏安特性的非对称性劣化。其次，发现静电电容对偏压的依赖关系的变化及在低频域介质损耗的增大，又进一步在劣化的元件上，观察到与其劣化程度相对应的热刺激电流，在测量热刺激电流之后，伏安特性基本上恢复原来状态。将上述结果与晶界附近的导带结构联系起来考虑，则可发现，施加直流引起的劣化是由于离子偏移使肖特基势垒发生变形而引起的。根据在热刺激电流测量中试验添加剂效果的结果认为，与施加电压反向的伏安特性的劣化，是由于在边界层内阴离子向阴极侧界面积聚引起阴极侧肖特基势垒的变形而产生的；而与施加电压正向的伏安特性的劣化，则由于阳极侧肖特基势垒内的阳离子，向阳极侧界面积聚引起阳极侧肖特基势垒变形所致。

（2）炸裂。若过电压引起的浪涌能量太大，超过了所选用的压敏电阻器的极限承受能力，则压敏电阻器在抑制过电压时将会发生陶瓷炸裂现象。

（3）热崩溃。如果 SPD 承受的功率损耗超过外壳和连接件的散热能力，将引起内部元件温度逐渐升高，最终导致其损害，此过程称为热崩溃。

（4）穿孔。若过电压峰值很高，将导致压敏电阻器陶瓷发生电击穿，表现为穿孔。

6.4.3 氧化锌压敏电阻的主要技术参数

1. 压敏电压 U_N

氧化锌压敏电阻的箝位电压与通过电流存在非线性关系。压敏电压即压敏电阻的开关动作电压，其基本定义是：在温度为 20℃时，通过 1mA 直流电流时压敏电阻两端所施加的电压。当通过压敏电阻的电流小于 1mA 时，工程应用上认为该压敏电阻没有动作。但实际上，压敏电阻的动作并不像稳压二极管那样清晰，在电压逐步向上增加至压敏电阻值的过程中，通过压敏电阻的电流也从 μA 级向 mA 级增加，所以，即使仅施加工作电压时，也应确保压敏电阻处于电流比较小的状态。在工程实践中，人们定位工作电压峰值最大不能超过压敏电压的 70%。这是因为当压敏电阻两端施加的电压达到压敏电压的 70%时,通过压敏电阻的电流为几微安甚至几十微安。

考虑到交流电工作电压有+10%的误差,压敏电阻的标称电压允许范围也有 10%的误差,因此一般来讲,在确定压敏电阻的压敏电压 U_{op} 时,必须按照下式来确定:

$$U_n \geqslant \frac{U_{op} \times \sqrt{2} \times 1.10 \times 1.10}{0.7} \tag{6.1}$$

式中,U_n 为压敏电阻的压敏电压,U_{op} 为电源额定工作电压有效值。

如图 6-21 所示为压敏电阻伏安特性曲线图,如 220V 交流电源线路上使用的压敏电阻,压敏电压应选 534V 或以上等级产品。压敏电阻制造商常用有效值来表示,534V 压敏电压也就是通常说的额定电压为 375V(有效值)级别的压敏电阻。国外大量应用了额定电压为 275V(有效值)级别的压敏电阻,但引进我国曾大量出现过热自毁事故,原因是我国电源电压波动过大,若压敏电压达不到式(6.1)的要求,会造成压敏电阻漏电流过大,压敏电阻长期发热,最终起火燃烧。

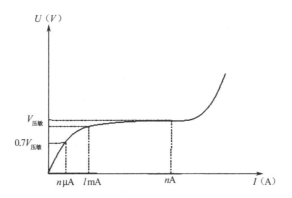

图 6-21 压敏电阻伏安特性曲线

对于直流电用压敏电阻,则可以用下式来确定:

$$V_n \geqslant \frac{V_{op} \times \sqrt{2} \times 1.10}{0.7} \tag{6.2}$$

例如,47V 直流电流线路上使用的压敏电阻,由于直流电源均充时工作电压可能要上调至 57V,所以压敏电压应选择 100V 或以上等级产品。

2. 最大持续工作电压 U_c

压敏电阻能够长期承受的最大交流电压有效值 U_{ac},或者最大直流电压值 U_{dc}。确定 U_{ac} 的原则是交流电压的峰值不大于压敏电压的公差下限。常规 ZnO 压敏电阻的压敏电压为 K 级公差(10%),U_{ac} 可表示为

$$U_{ac} = \frac{U_N(1-0.1)}{\sqrt{2}} \approx 0.64 U_N$$

其中,U_N 为压敏电压。

确定 U_{dc} 的原则是：压敏电阻在 U_N 下的功耗与 U_{dc} 下的功耗大体相等。常规 ZnO 压敏电阻的 U_{dc} 可表示为

$$U_{dc} \approx 0.73 U_N$$

最大持续工作电压不需要进行计算，可直接在产品技术参数中查找，如标称电压 470V 的压敏电阻的最大持续工作电压就是 AC300V 或 DC385V。这个参数是选型的重要依据。

3. 残压 U_{res}

压敏电阻广义的残压是指雷电流通过压敏电阻时在其两端存在的瞬时箝位电压。从压敏电阻的工作机理可以知道，它的瞬时箝位电压与所通过的雷电流幅值密切相关，瞬时箝位电压实际上也一直随雷电流脉冲的变化而变化。狭义的残压是指某个特定波形、特定峰值的雷电流经过压敏电阻时压敏电阻两端存在的最大电压。从电源线路中可以知道，当一个高达万伏的雷电压入侵时，会使并联接在电源线路上的压敏电阻避雷器箝位，并产生强大的雷电流通过压敏电阻下地，同时将压敏电阻两端的雷电压箝位在一个远低于雷电压的残压。需要指出的是，同样一个压敏电阻，用不同波形和不同峰值的雷电流去冲击，得到的残压也不相同。标准规定，用于 220V 电力线路上的 10kA 等级压敏电阻，采用 8/20 μs 冲击电流波形试验，当冲击电流峰值为 1.5kA 时，残压（最大值）应小于 1.3kV。

为了方便对比不同型号的压敏电阻的箝位性能，引入残压比的概念：

$$残压比 = \frac{残压}{压敏电压}$$

用于确定残压比的残压值，一般采用冲击电流波形 8/20μs、雷电流峰值为 3kA 时所得到的残压。而相关标准规定，残压比应小于或等于 3。例如，一个 10kA/534V 规格的压敏电阻，用 3kA、8/20μs 波形冲击电流试验时，最大残压应在 1602V 以下才合格。引入残压比，使大量型号不同、标称压敏电压等级相同的压敏电阻有了一个客观、统一的评判标准，这对选择保护性能好的压敏电阻有指导作用。

4. 最大通流量 I_{max}

压敏电阻的通流容量是指压敏电阻允许通过特定雷电波的最大峰值电流量。统一采用 IEC 确认的 8/20μs 冲击电流波形。

压敏电阻的通流容量决定了压敏电阻或者避雷器的使用环境。通流容量分为额定通流容量与最大通流容量。额定通流容量是指压敏电阻可以多次通过这个等级冲击电流，且对压敏电阻不产生实质性损坏；而最大通流容量是指压敏电阻可以承受一次该等级冲击电流而不发生实质性损坏，但不能保证再次遭受同样冲击时仍然完好无损。

例如，某压敏电阻额定通流容量为 20kA，最大通流容量为 40kA，也就是说这种压敏电阻用 20kA、8/20μs 冲击电流冲击多次还保持完好，但以 40kA、8/20μs 冲击电流冲击 2 次可能就发生严重物理损坏。所以，在进行防雷工程设计时必须考虑所处环境可能会发生的雷电流大小，并做适当比例放大，才能保证压敏电阻和避雷器有足够的承受能力。

5. 漏电流 I_L

漏电流是指在正常情况下当压敏电阻两端加一定电压时通过压敏电阻微安数量级的

电流。它是以额定压敏电压的70%电压值施加到压敏电阻两端产生的电流,即压敏电阻的漏电流指标,一般要求静态漏电流 $I \leqslant 20\mu A$。

对于漏电流特别应强调的是必须稳定,不允许在工作中自动升高,一旦发现漏电流自动升高,就应立即淘汰,因为漏电流的不稳定是加速防雷器老化和爆炸的直接原因。因此,在选择漏电流这一参数时,不能一味地追求越小越好,只要是在电网允许范围内,选择漏电流相对稍大一些的防雷器,反而较稳定。因此,在实际使用中,更关心的不是静态漏电流本身的大小,而是它的稳定性。在冲击试验后或在高温条件下其变化率不超过一倍,即认为该漏电流是稳定的。

漏电流过大意味着发热厉害,对压敏电阻元件损害极大。从目前压敏电阻制造工艺来说,存在两种不同的原料配方和生产工艺:一种生产工艺制造出的是漏电流极低的压敏电阻,仅 $3 \sim 5\mu A$;另一种生产工艺制造出的是较大漏电流的压敏电阻,为 $20 \sim 30\mu A$,有些甚至更大,但它可以维持长期不变。例如,西门子EPCOS公司生产的压敏电阻的漏电流比其他厂家产品的大一些,基本处于 $100\mu A$ 量级,但其漏电流稳定性非常好;而某些质量差的产品,尽管在生产时反复筛选,保证出厂时漏电流很小,但一旦进入使用环节,漏电流逐年增加,最后老化过热失效,甚至引起火灾。从大量经验来看,漏电流稳定性好的压敏电阻比初始漏电流小但逐步上升的压敏电阻更具有实际应用价值。

6. 响应时间

响应时间是指压敏电阻两端施加的电压大于等于压敏电压时,由于压敏电阻内的氧化锌硅晶雪崩效应需要延迟一段时间才能完全导通,这段延长的时间即响应时间。氧化锌压敏电阻的响应时间为25ns左右,一般不大于50ns,比碳化硅压敏电阻或气体间隙放电管都短。从理论上说,当用同一波形冲击电压试验同一电压等级的各种防雷器件时,氧化锌压敏电阻的响应时间最短,保护效果最佳。但实际雷电压波形上升率普遍都在 $1kV/\mu s$ 以下,所以就线路对地放电而言,响应时间在几十纳秒内变化,所带来的残压变化幅度是很小的,也就是说,氧化锌压敏电阻响应时间快的优点未必有很大的实际价值。

冲击伏安特性与冲击残压:尽管各个厂家都可能给出了各种型号压敏电阻的 $V-I$ 特性曲线,但这些曲线都是在慢速上升电流、甚至直流电流作用下测得的动作电压,与冲击电流作用时相差甚远,可见电流变化率 $\dfrac{dI}{dt}$ 不同,对压敏电阻动作电压有很大的影响。残压比可在一定程度上反映冲击电流作用下压敏电阻的动作电压,但也只是看到 3kA 电流时的冲击残压,还不能完全反映出压敏电阻在不同大小冲击电流作用下的伏安特性曲线。所以,目前在防雷标准方面更多的是从实际需要出发,直接规定额定通流容量等级的冲击电流时的冲击残压,而不用"残压比"这个概念。一个 20kA 的压敏电阻,3kA、5kA、10kA、15kA 或 20kA 冲击电流作用时残压数据是人们最关注的,但人们还是无法推测其他等级冲击电流对压敏电阻的冲击残压。用直流或低频电流作用下的伏安特性曲线与冲击或高频电流作用下的伏安特性曲线对比来看,后者残压始终比前者残压高几倍,如图6-22所示。所以,无论是压敏电阻的 1mA 压敏电压指标,还是其他低频时压敏电阻电流动作电压,在实际防雷工程设计中只能作为一个参考系数,不能作为防雷防护电压的保证范围。

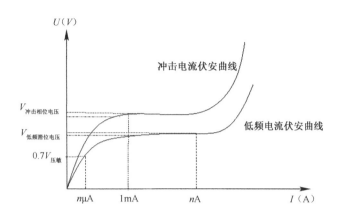

图 6-22　低频和冲击电流的压敏电阻伏安特性线

7．寄生电容

压敏电阻一般都有较大的寄生电容，它的寄生电容一般为几百皮法至几千皮法，因而它不利于对高频电子系统的保护。因为这种寄生电容对高频信号的传输会产生畸变作用，从而影响系统的正常运行。因而对频率较高的系统的保护，应选择寄生电容低的压敏电阻型防雷器。

6.4.4　压敏电阻的优点

压敏电阻器件的优点包括：压敏电压范围宽；残压低；响应时间快，为 25ns 左右；无续流；通流容量大；对称的伏安特性，即产品无极性；电压温度系数低；残压一致性好。缺点包括：有泄漏电流，会引起发热；寄生电容较大，用于电源防雷或低频通信线路防雷基本上没问题，但用于高频通信线路设备防雷则对通信影响极大；老化速度快；热稳定性一般，不利于高频电子线路的保护。

6.4.5　压敏电阻使用

在工程应用时，根据结构不同，压敏电阻保护器广泛应用在 B、C、D 级电源及信号避雷器。但是迫切需要解决的问题是工程中有个别产品存在燃烧现象，所以，在产品选型时应注意厂家使用的外壳材料。

一般，压敏电阻器常常与被保护器件或装置并联使用，在正常情况下，压敏电阻器两端的直流或交流电压应低于标称电压，即使在电源波动情况最坏时，也不应高于额定值中选择的最大连续工作电压，该最大连续工作电压所对应的标称电压即为选用值。对于过压保护方面的应用，压敏电压应大于实际电路的电压，一般应使用下式进行选择：

$$V_{\mathrm{mA}} = \frac{aV}{bc} \tag{6.3}$$

式中，a 为电路电压波动系数，一般取 1.2；V 为电路直流工作电压，交流时为有效值；b 为压敏电压误差，一般取 0.75；c 为元件的老化系数，一般取 0.9。

这样计算得到的 V_{mA} 实际数值是直流工作电压的 1.5 倍，在交流状态下还要考虑峰值，因此，计算结果应扩大 1.414 倍。另外，必须保证在电压波动最大时，连续工作电压也不会超过最大允许值，否则，将缩短压敏电阻的使用寿命；在电源线与大地间使用压敏电阻时，有时由于接地不良而使线与地之间电压上升，所以，通常采用比线与线间使用场合更高标称电压的压敏电阻器。压敏电阻所吸收的浪涌电流应小于产品的最大通流量。

压敏电阻主要用于交流和直流电压系统的防雷保护，也可用于直流或低频信号控制电路的防雷保护。放电管类开关元件可用于各种电源电路和信号电路的保护。TVS 管、玻璃放电管、半导体过电压保护器和自恢复保险丝大多用于信号电路，TVS 管和半导体过电压保护器因通流能力小，一般作为信号电路的第二级保护，以降低残压。

电源产品及电源防雷器的可靠性、安全性在很大程度上依赖于压敏电阻的正确使用，以下原则可供使用参考。特别要指出的是，在电涌保护器设计中还要考虑各个地方的电源质量差别、雷击频度和强度的差别、被保护设备的安装使用情况和冲击耐受能力等的差别，不能用一个公式照搬照套。设计好的防雷保护装置必须在现场使用条件下或尽可能接近真实情况的模拟条件下进行试验验证。

6.5　导通型半导体避雷器件

半导体防雷器件根据其工作原理可以分为稳压（箝位）型半导体防雷保护器件和导通（击穿）型半导体防雷保护器件两大类。例如，稳压二极管是一种典型的稳压（箝位）型半导体防雷保护器件，而瞬态二极管、开关二极管等都是导通（击穿）型半导体防雷保护器件。一般来讲，半导体避雷器件相对于压敏电阻必须安装在大容量避雷器后面，实现精细保护；但在电话线上应用最广泛的一种导通型二极管（俗称固体管），相对于原来的气体放电管而言，则可以直接安装在电话线路最外侧。

半导体过电压保护器是根据可控硅原理采用离子注入技术生产的一种新型保护器件，具有精确导通、快速响应、浪涌吸收能力较强、可靠性高等特点。由于其浪涌吸收能力较 TVS 管强，可用于代替 TVS 管；但它的导通特性接近于短路，不能直接用于有源的电路中，在这样的电路中使用时必须加限流元件，使其续流小于最小维持电流。半导体过电压保护器有贴片式、直插式和轴向引线式三种封装形式，可同时实现差共模保护。

6.5.1　工作原理

一个导通型半导体避雷器件，本质上是一种特殊的闸流管，但其对雷电的防护原理与气体间隙有点类似,对正反两个方向的浪涌电压冲击均能起到保护作用,所以,在通信局(站)保安单元中已经大量使用导通型半导体管替代气体管了。一般来讲,固体管类导通型半导体管的 V—I 特性如图 6-23 所示。从图 6-23 中可以看出,当外界电压提到 V_1 时,管子进入到将击穿状态,也就是开始启动动作了,但这时电流只是逐步增加,同时管子的箝位电压也在缓慢增加;当箝位电压增加到 V_2 时,管子立即进入击穿导通状态,管子的箝位电压处于非常低的水平(大约几伏),同时通过管子的电流也将增加,而增加的幅值则取决于线路阻抗的配合。当线路的阻抗小时,导通电流将很大;当线路阻抗大时,导通电流则很小。

导通型半导体管对单极性雷电瞬变脉冲波形的抑制动作曲线如图 6-24 所示。

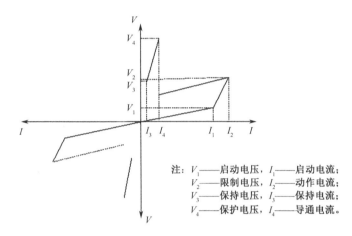

注:V_1——启动电压,I_1——启动电流;
V_2——限制电压,I_2——动作电流;
V_3——保持电压,I_3——保持电流;
V_4——保护电压,I_4——导通电流。

图 6-23　固体管 V—I 特性曲线

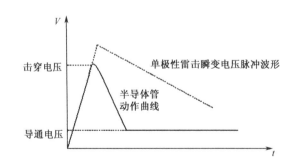

图 6-24　雷击时导通型半导体动作曲线

6.5.2　应用场合

随着技术进步,通信局(站)、石化线路中用固体管取代气体管成为发展趋势。固体管与气体管的差异如表 6-1 所示。

其他应用场合的导通型半导体管也具有类似的工作性质，只是保护动作电压阈值大小不同，同时对结电容也有相应影响。一般地，保护动作电压阈值越低，结电容越大。所以，利用这种半导体管对高频传输线路进行防雷时，很容易遇到结电容过大导致传输性能下降的问题；而气体间隙可放电管的结电容则要比它小得多。

表 6-1　MDF 保安单元固体管与气体管的性能参数比较

	直流击穿电压		冲击击穿电压（1kV/μs）		电　　容		耐冲击能力	
	下限值	上限值	标准值	实际值	标准值	实际值	标准值	实际值
固体管	190V	260V	<400V	<350V	<5pF	<5pF	5kA	10kA
气体管	190V	260V	<700V	<600V	<200pF	<150pF	5kA	5kA

6.6　稳压型半导体器件

6.6.1　基本原理

稳压型半导体管一般包括稳压二极管、瞬态二极管等，其主要特点是：当外界电压高于原件保护动作阈值时，将原件两端电压箝位在一个规定的水平，而不是继续跌落下去。稳态管有单向和双向之分，一般防雷应用都需要采用双向稳压管或者两个单向稳压管的组合。

对于快速上升的雷电压脉冲，稳压半导体管首先到达一个欲击穿点，此时半导体管对击穿动作需要一个响应过程，在这个响应时间内，极间电压无法保持不变而是继续上升到一个最高电压值，最后进入击穿、雪崩状态，箝位到规定的电压水平。一般稳压管所给出的稳压标实际上指稳定箝位的电压值，而不是上升到的最高电压值，如图 6-25 所示。

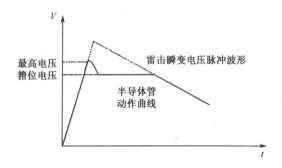

图 6-25　半导体稳压管箝位过冲现象

电压箝位型瞬态抑制二极管 TVS 是一种限压保护器件，也是利用器件的非线性特性将过电压箝位到一个较低的电压值实现对后级电路保护的器件。

电压开关型瞬态抑制二极管 TSS 与 TVS 管相同，但其工作原理与气体放电管类似，而与压敏电阻和 TVS 管不同。当 TSS 管两端的过电压超过 TSS 管的击穿电压时，TSS 管将把过电压箝位到比击穿电压更低的接近 0V 的水平上，之后 TSS 管持续这种短路状态，直到流过 TSS 管的过电流降到临界值以下后，TSS 恢复开路状态。

瞬态抑制二极管主要有两大效应，包括"雪崩"效应和"齐纳"效应。

雪崩击穿是在电场作用下，载流子能量增大，不断与晶体原子相碰，使共价键中的电子激发形成自由电子—空穴对；新产生的载流子又通过碰撞产生自由电子—空穴对，这就是倍增效应。1 生 2，2 生 4，像雪崩一样增加载流子。

齐纳击穿完全不同，在高的反向电压下，PN 结中存在强电场，它能够直接破坏共价键，将束缚电子分离来形成电子—空穴对，形成大的反向电流。齐纳击穿需要的电场强度很大，只有在杂质浓度特别大的 PN 结才做得到（杂质大电荷密度就大），一般的二极管掺杂浓度没这么高，它们的电击穿都是雪崩击穿。齐纳击穿大多出现在特殊的二极管中，就是稳压二极管。

雪崩二极管和齐纳二极管都工作在反向击穿区，二者的区别在于耐受暂态脉冲冲击能力和箝位电压水平等方面有所差异。防雷设计中就是应用这两种二极管的伏安特性来抑制雷电过电压。

特性曲线分为三个工作区：正向区、反向区和击穿区。

齐纳二极管伏安特性的非线性比较差。为了抑制正、负两种极性的过电压，可以把两只雪崩二极管的阴极串联起来，封装成一体。采用这种组装方式，可以减小单二极管连线的寄生电感，改善箝位效果，同时也能减小体积。

温度升高时，齐纳二极管击穿电压会下降；而雪崩二极管，在温度升高时击穿电压会上升。对可能兼备齐纳与雪崩过程的二极管，温度升高时，击穿电压可能会下降，也可能会上升。如图 6-26 所示为齐纳二极管与雪崩二极管的伏安特性区别。

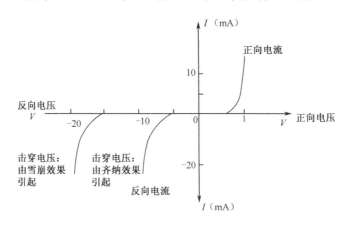

图 6-26　齐纳二极管与雪崩二极管的伏安特性区别

影响泄漏电流大小的主要因素是外加反向电压的大小、二极管结区的温度。泄漏电流总是随反向电压的增大而增大。但是，击穿电压低的二极管其泄漏电流明显高于击穿电压高的二极管。温度对于二极管泄漏电流的影响程度也是不同的：对于击穿电压低的二极管，

不同温度下 I_L—U_R 特性曲线是相互靠近的，且随着反向电压的增大各温度下的特性曲线更加靠近，即温度的影响进一步减小。对于击穿电压高的二极管，泄漏电流的绝对值很小，但温度变化对泄漏电流引起的相对变化是明显的。

响应时间是表征齐纳二极管和雪崩二极管性能的一个重要的指标，为了得到可靠的保护，响应时间总是越小越好。相对于气体放电管和压敏电阻来说，齐纳二极管和雪崩二极管的响应时间是非常短的。

6.6.2 瞬态电压抑制二极管 TVS

TVS 瞬态电压抑制二极管的特点是：响应速度特别快，为 ps 级；耐浪涌抑制电压能力特别强，其脉冲功率从几百瓦到几十千瓦，脉冲峰值电流从几安到几百安。它的击穿电压从几伏到几百伏，甚至可达 600V 的系列值，便于各种不同电压的电路使用。它的封装形式有同轴引线型与贴片型两大类。贴片型有 SMAJ（400W）、SMBJ（600W）、SMCJ（1500W）、SMDJ（3000W）系列，同轴引线型有 P4KE（400W）、SA（500W）、P6kE（600W）、1.5kE（1500W）、5kP（5000W）、15kW、20kW、30kW 系列及低电容的 SAC（500W，50pF）、LCE（1500W，100pF）系列。

TVS 半导体二极管是一种特殊的器件，和齐纳二极管的工作原理相似，它的设计是采用聚烯硅氧制成的 N/P 结，通过控制 N/P 结的掺杂浓度和基片的电阻率产生雪崩现象，使用箝位特性对瞬态电压进行箝位。TVS 的特性与 N/P 结的面积成正比，通过控制"结"的特性来吸收大量的瞬态电流。

TVS 管有单向与双向之分。单向 TVS 管型号后面的字母为"A"，双向 TVS 管型号后面为"CA"；单向 TVS 管的特性与稳压二极管相似，双向 TVS 管的特性相当于两个稳压二极管反向串联。单向 TVS 特性曲线和主要特性参数如图 6-27 所示。

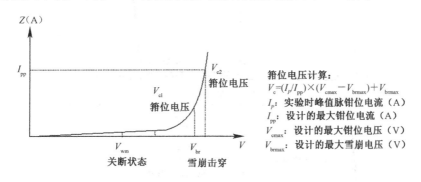

图 6-27 单向 TVS 特性曲线

TVS 管作为保护器件，能够非常有效地保护电路。在选用 TVS 管的时候，必须注意其相关的参数，否则会出现意想不到的问题。V_{rwm}、V_{br}、V_c、I_{pp} 是 TVS 器件选型的重要参数。

（1）最大箝位电压 V_c：当持续时间为 20ms 的脉冲峰值电流 I_{pp} 流过 TVS 时，脉冲电压通过 TVS 后所被箝位，在其两端出现的最大峰值电压即为 V_c。V_c 和 I_{PP} 反映了 TVS 的浪涌抑制能力。V_c 是二极管在截止状态提供的电压，也就是在冲击状态时通过 TVS 的电压，它不能大于被保护回路的可承受极限电压，否则器件面临被损伤的危险。

（2）最大反向工作电压 V_{rwm}：V_{rwm} 表示在规定的最大反向漏电流 I_D 下，TVS 器件两端的电压值成为最大反向工作电压。通常 $V_{rwm}=(0.8\sim0.9)V_{br}$。在这个电压下，器件的功耗消耗很小。选型时应使 V_{rwm} 不低于被保护器件或线路的正常工作电压。一般要求 $V_{op}<V_{rwm}<0.85V_c$，以便 TVS 接入电路时不影响正常电路工作。

（3）反向击穿电压 V_{br}：TVS 管通过规定的测试电流 I_T 时的电压，这是表示 TVS 管导通的标志电压，即从此点开始器件进入雪崩击穿。V_{br} 是 TVS 最小的击穿电压，在 25℃时，低于这个电压 TVS 是不会发生雪崩的。当 TVS 流过规定的 1mA 电流（I_R）时，加于 TVS 两极的电压为其最小击穿电压 V_{br}。

（4）脉冲波形冲击下可以忍受的最大电流值 I_{PP}：根据定义，8/20μs 脉冲波形 8μs 达到 I_{PP}，20μs 达到 $0.5I_{PP}$。

（5）最大峰值脉冲功率 P_{pp}：P_{pp} 峰值脉冲功率为 TVS 器件上瞬间通过的最大功率。这是最大截止电压和此时的峰值脉冲电流的乘积。

如图 6-28 所示为双向 TVS 管的特性曲线。与传统的齐纳二极管相比，TVS 二极管 P/N 结面积更大，这一结构上的改进使 TVS 具有更强的高压承受能力，同时也降低了电压截止率，因而对于保护手持设备低工作电压回路的安全具有更好的效果。抑制二极管具有更快的电流导通能力。TVS 受到反向瞬态高能量冲击时，能以纳秒级的响应速度，将两极间的高阻抗变为低阻抗，吸收高达数十千安的浪涌电流，使两端电压箝位于一个额定值。

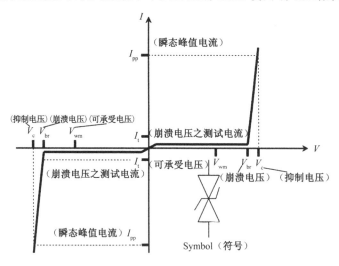

图 6-28 双向 TVS 管的特性曲线

TVS 箝位系数较小（箝位系数是指 TVS 上流过的电流在最大时的端电压与流过的电流最小时的端电压的比值，箝位系数越小，抑制瞬变电压的效果越好）；体积小、响应速度快（小于 1ns）、可靠性高、每次经受瞬变电压后其性能不会下降、瞬态功率大、漏电流低、击穿电压偏差小、箝位电压较易控制、无损坏极限。但 TVS 电容大、放电电流小。

TVS 是在稳压管工艺基础上发展起来的高效能电路保护器件，其电路符号和普通稳压二极管相同，外形也与普通二极管无异。二者的共同点是它们都可以用来稳压，并且都在反向截止状态工作。TVS 其正向特性与普通二极管相同，反向特性为典型的 PN 结雪崩。TVS 管齐纳击穿电流更小，大于 10V 的稳压只有 1mA。相对来说齐纳二极管击穿电流要大不少，但是齐纳二极管稳压精度可以做得比较高。而且 TVS 管强调的是瞬态响应，所以其时间参数就很重要了。也就是说，稳压二极管的响应时间通常要比 TVS 管的响应时间长。同时，TVS 管的功率较大，而稳压管的功率较小。另外，从概念上理解，TVS 管主要是防止瞬间大电压的影响，最终可以达到稳压的目的，这与稳压管的作用是有区别的。TVS 管与压敏电阻比较如表 6-2 所示。

表 6-2 TVS 与压敏电阻的比较

关键参数或极限值	TVS	MOV 电阻
反应速度	10^{-12}s	5×10^{-8}s
有否老化现象	否	有
最高使用温度	175℃	115℃
元件极性	单极性与双极性	双极性
反向漏电流典型值	5μA	20μA
箝位因子（VC/VBR）	≤1.5	≥7～8
密封性质	密封不透气	透气
价格	较贵	便宜

电容量 C 的大小是由 TVS 雪崩截面决定的，是在特定 1MHz 频率下测得的。C 的大小与 TVS 的电流承受能力成正比，C 太大将使信号衰减。因此，C 是数据接口电路选用 TVS 的重要参数。对于数据、信号频率越高的回路，二极管的电容对电路的干扰越大，这会形成噪声或衰减信号强度，因此需要根据回路的特性来决定所选器件的电容范围。高频回路一般应选择电容尽量小（如 LCTVS），低电容 TVS 的电容不应大于 3pF，而对电容要求不高的回路电容选择可高于 40pF。

6.6.3 稳压型半导体器件的应用

稳压型半导体管用途很广泛，无论是通信线路还是电源线路的防雷都可以运用它。但稳压型半导体管一个明显的缺陷是功率太小，因为它工作在一个箝位电压状态，所承受的功率要比导通型半导体管大很多。最近国外发明了一种大功率半导体稳压管，可以耐 20kA 雷击，基本具备了电源线路上使用的条件，但目前半导体稳压管普遍使用的场合还是通信、信号网络线路。由于稳压型半导体管耐雷击功率太小，一般不能将其放在粗保护位置，而要放在精细保护位置。这里所说的位置，不是指物理布局上的位置，而是指雷电进来时防护电路结构上的位置。

在实际应用中，应根据用途选用 TVS 的极性及封装结构。交流电路选用双极性 TVS 较为合理；多线保护选用 TVS 阵列更为有利。TVS 可以在−55~150℃下工作，其反向漏电流随 TVS 结温增加而增大；功耗随 TVS 结温增加而下降，功耗从 25~175℃大约线性下降 50%。因此，必须查阅有关产品资料，考虑温度变化对其特性的影响。

TVS 主要用于对电路元件进行快速过电压保护，其体积小、功率大、响应快、无噪声、价格低、应用广泛，应用于电子仪器、仪表、计算机系统、RS232 及 CAN 等通信端口、音/视频输入、交/直流电源、电机、继电器噪声的抑制等各个领域。它可以有效地对雷电、负载开关等人为操作错误引起的过电压冲击起保护作用。如图 6-29 和图 6-30 所示为 TVS 在电路应用中的典型例子。

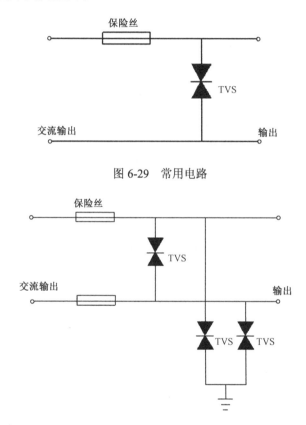

图 6-29 常用电路

图 6-30 全保护电路

串行连接分电压，并行连接分电流，TVS 管使用时一般并联在被保护电路上。为了限制流过 TVS 管的电流不超过半导体管允许通过的峰值电流，应在线路串联加限流元件，如电阻、自恢复保险丝、电感等。

使用时，要确定被保护电路的最大直流或连续工作电压、电路的额定标准电压和"高端"容限。TVS 额定反向关断电压应大于或等于被保护电路的最大工作电压，若反向关断电压太低，器件可能进入雪崩或因反向漏电流太大影响电路的正常工作。TVS 的最大箝位电压应小于被保护电路的损坏电压。在规定的脉冲持续时间内，TVS 的最大峰值脉冲功耗必须大于被保护电路内可能出现的峰值脉冲功率。在确定了最大箝位电压后，其峰值脉冲电流应大于瞬态浪涌电流。当 TVS 管单独使用时，要根据线路上可能出现的最大浪涌电流来选择合适的型号，当 TVS 管在放电管后作为第二级保护时，一般要用 600W 以上的 TVS 管。

对于数据接口电路的保护，一定要注意所传输信号的频率或传输速率，选取具有合适电容的 TVS 器件。当信号频率或传输速率较高时，应选用低电容系列的半导体管。例如，传输速率≥1Mb/s 时，C≤100pF；传输速率≥10Mb/s 时，C≤25pF；传输速率≥100Mb/s 时，C≤10pF。当低电容系列仍满足不了要求时，就应把 TVS 管串联到高速二极管组成的桥路中，如图 6-31 所示。

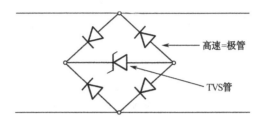

图 6-31　TVS 串联使用方法

6.6.4　TVS 选型总结

对 TVS 主要参数了解后基本上就能知道如何选择一个适合自己电路的 TVS 了。

V_c、I_{pp} 反映了 TVS 器件的浪涌抑制能力。当 TVS 承受额定的瞬时峰值脉冲电流 I_{pp} 时，可能在器件上的瞬时最大电压值（最大箝位电压）为 V_c。此时，如果脉冲时间为规定的标准值，则 TVS 的最大峰值脉冲功率为 $P_{pp}=V_c \times I_{pp}$。因此，在选用 TVS 前，最好对线路中产生的脉冲类型有大致的了解，掌握脉冲是单脉冲还是复脉冲、脉冲的上升时间、脉宽、峰值等，以便确定 V_c、I_{pp}、P_m。V_c 不能大于被保护回路的可承受极限电压，否则器件面临被损伤的危险。

V_{rwm} 应等于或略高于电路的正常工作电压，以确保 TVS 的接入不会影响到电路正常的工作。在交流线路，则需要根据正常工作电压的 1.414 倍，也就是峰值来确定。

V_{br} 不能小于电路的最大允许工作电压，否则 TVS 进入雪崩，漏电流增大，影响电路工作。

如果 TVS 作为 IO 脚保护，需要认真研究结电容和插入损耗，它们会改变信号的相位和强度，可能造成工作不稳定。另外，对于双向的 TVS 管，双向的参数同样适用。

6.7　熔断电阻

熔断电阻（熔丝）又名保险丝电阻器，是一种具有熔断丝（保险丝）及电阻器作用的双功能元件。正常情况下，具有普通电阻器的电气功能；一旦电路出现故障，电阻器便会因过负荷而在规定的时间内熔断开路，从而起到保护其他元器件的作用。

6.7.1 熔断电阻分类

熔断电阻的种类很多。按其工作方式分类，有不可修复型和可修复型两种，通常采用不可修复型熔断电阻器。按其熔断材料分类，有线绕型、碳膜型、金属膜型、氧化膜型、化学沉积膜型。按熔断时间分类，可将熔断电阻分为超快断熔断电阻、快断熔断电阻、惰性熔断电阻和超惰性熔断电阻。按应用场合分类，可将熔断电阻分为电源熔断电阻和线路熔断电阻。熔断电阻器的外形有圆柱形、长方形、腰鼓形等，其额定功率一般有 0.25W、0.5W、1W、2W、3W 等规格，阻值为零点几欧，少数为几十欧至几千欧。在电子电路中，熔断电阻一般情况下是作为通用电阻使用的。它们的外形如图 6-32 所示。

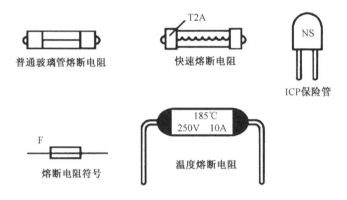

图 6-32 熔断电阻的外形

熔断电阻多为灰色，用色环或数字表示阻值，额定功率由尺寸大小决定或直接标在电器上。熔断电阻主要用于彩电、录像机、仪器等高档电器的电源电路中，熔断时间一般为 10s。熔断电阻常用型号有 RF10 型（涂覆型）、RF11 型（瓷外壳型）、RRD0910 型、RRD0911 型（瓷外壳型）等。RF10 型电阻表面涂有灰色不燃涂料，其电阻阻值用色环表示。RF11 型电阻的阻值用字母表示，如 1W 10Ω、2W 1.2Ω 等，也有不标功率只标阻值的，如 1.2Ω、10Ω 等。熔断电阻在电路中的符号与普通电阻类似，常见的国内外熔断电阻符号与外形如图 6-33 所示。

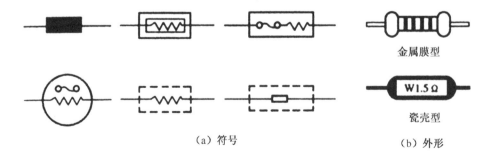

（a）符号　　　　　　　　　（b）外形

图 6-33 常见熔断电阻符号与外形

（1）普通玻璃管熔断电阻：这种熔断电阻应用广泛，额定电流主要有 0.5A、0.75A、1.0A、1.5A、2.0A、2.5A、3.0A、4.0A、5.0A、6.0A、7.0A 和 10A 等，长度尺寸规格主要有 17mm、20mm、22mm 等。这种熔断电阻通常需要与相应的熔断电阻座配套使用，方便更换。

（2）快速熔断电阻：快速熔断电阻的主要特点就是熔断时间短，适用于要求快速切断电路的场合。快速熔断电阻多为玻璃管型，外形与普通熔断电阻基本没有什么差别。现在的电子电路中已很少使用这种快速熔断电阻，取而代之的主要是一种称为"集成电路过流保护管"的 ICP 元件。ICP 管的外形如同普通塑料封装的小功率三极管，但只有两个引脚，使用时一般直接焊接在电路板上，十分方便。ICP 管损坏后可用同规格快速熔断电阻作为应急代替，注意两者额定电流要一致。

温度熔断电阻：这种元件通常安装在易发热的电子整机的变压器、功率管及电吹风、电饭锅、电钻电路等上。当机件因故障发热，温度升高超过允许值时，温度熔断电阻会自动熔断，切断电源，从而保护了相关元器件。温度熔断电阻外壳上常标注有额定温度、电流及电压。常用的 BGDP 和 BGXP 型玻璃管熔断电阻烧断之后，可用一根细铜丝或漆包线作为应急修复用。如表 6-3 所示为普通保险丝代用线径。

表6-3 普通保险丝代用线径

熔断电阻额定电流（A）	采用熔丝材料	熔断电阻直径（mm）	代用铜丝直径（mm）
0.5	康铜丝	0.07	0.04
0.75	康铜丝	0.10	0.05
1.0	康铜丝	0.12	0.06
1.5	康铜丝	0.17	0.07
2.0	康铜丝	0.20	0.09
2.5	康铜丝	0.10	0.10
3.0	银丝	0.125	0.11
4.0	银丝	0.16	0.13
5.0	银丝	0.175	0.15
5.0	银丝	0.19	—
7.0	银丝	0.213	—
10.0	银丝	0.25	—

（3）延迟型熔断电阻：延迟型熔断电阻的特点是能承受短时间大电流（涌浪电流）的冲击，而在电流过载超过一定时限后能可靠地熔断。这种熔断电阻主要用在开机瞬时电流较大的电子整机中，如彩电中就广泛使用了延迟型熔断电阻，其规格主要有 2A、3.15A、4A 等。延迟型熔断电阻常在电流规格之前加字母 T，如 T2A、T3.15A 等，可区别于普通熔断电阻。

6.7.2 保险管、熔断器

保险管、熔断器、空气开关都属于保护器件，用于设备内部出现短路、过流等故障情况下，能够断开线路上的短路负载或过流负载，防止电气火灾及保证设备的安全特性。保险管一般用于单板上的保护，熔断器一般可用于整机的保护。

电源电路上由 GDT、MOV、TVS 管组成的防护电路，必须配有保险管进行保护，以避免设备内的防护电路损坏后设备发生安全问题。

如图 6-34 所示给出了保险应用的两个例子，其中，图 6-34（a）所示电路中防护电路与主回路共用一个保险，当防护电路短路失效时主回路供电会同时断开；图 6-34（b）所示电路中主回路和防护电路有各自的保险，当防护电路失效时防护电路的保险断开，主回路仍然能正常工作，但是此时端口再出现过电压时，端口可能会因为失去防护而导致内部电路的损坏。

两种电路各有利弊，在设计过程中可以根据需要选用。无馈电的信号线路、天馈线路的保护采用保险管的必要性不大。

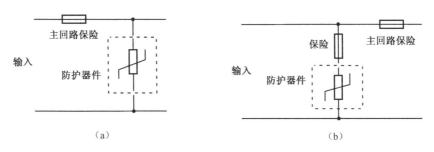

图 6-34 保险应用的两个例子

标称保险管的主要特性有额定电流、额定电压等，其中额定电压有直流和交流之分。

标注在熔断器上的电压额定值表示该熔断器在电压等于或小于其额定电压的电路中完全可以安全可靠地中断其额定的短路电流。作为防止火灾危险的保护措施，对于大多数小尺寸熔断器及微型熔断器，熔断器制造商们采用的标准额定电压为 32V、63V、125V、250V、600V。

熔断器可以在小于其额定电压的任何电压下使用而不损害其熔断特性。防护电路中的保险管，宜选用防爆型慢熔断保险管。

6.7.3 空气开关

空气开关又名空气断路器，是断路器的一种，是一种只要电路中电流超过额定电流就会自动断开的开关，如图 6-35 和图 6-36 所示。空气开关是低压配电网络和电力拖动系统中非常重要的一种电器，它集控制和多种保护功能于一身。除能完成接触和分断电路外，尚能对电路或电气设备发生的短路、严重过载及欠电压等进行保护，同时也可以用于不频繁地启动电动机。

空气开关串联安装在 SPD 的前端。在三相供电系统选择 3P 的空气开关，单相供电系统选择 1P 的空气开关。空气开关额定电流量的选择根据用电回路中的功率来确定。例如，一个 3P 的空调，在使用时需要的电流为：3×750W=2250W×3（冲击电流）=6750W/220V=30.68A≈32A 的电流，一般可选用 32A 额定电流量的开关形状。

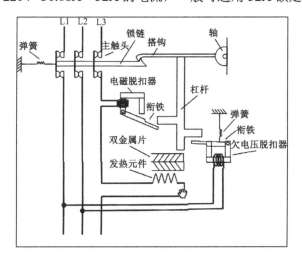

图 6-35 空气开关工作原理

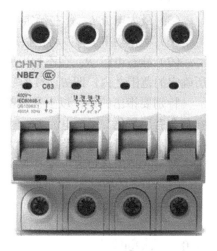

图 6-36 空气开关

空气开关的脱扣方式有热动脱扣、电磁脱扣和复式脱扣 3 种。

当线路发生一般性过载时，过载电流虽不能使电磁脱扣器动作，但能使热元件产生一定的热量，促使双金属片受热向上弯曲，推动杠杆使搭钩与锁扣脱开，将主触头分断，切断电源。当线路发生短路或严重过载电流时，短路电流超过瞬时脱扣整定电流值，电磁脱扣器产生足够大的吸力，将衔铁吸合并撞击杠杆，使搭钩绕转轴座向上转动与锁扣脱开，锁扣在反力弹簧的作用下将三副主触头分断，切断电源。

在正常情况下，过电流脱扣器的衔铁是释放的，一旦发生严重过载或短路故障，与主电路串联的线圈就将产生较强的电磁吸力把衔铁往下吸引而顶开锁钩，使主触点断开。欠压脱扣器的工作恰恰相反，在电压正常时，电磁吸力吸住衔铁，主触点才得以闭合。一旦电压严重下降或断电，衔铁就被释放而使主触点断开。当电源电压恢复正常时，必须重新合闸才能工作，实现了失压保护。

6.8 自恢复保险丝（PPTC）

自恢复保险丝是一种正温度系数聚合物热敏电阻。正常情况下，它的阻值很小，近似于短路；当电路出现过流使它的温度升高时，它的阻值急剧增大几个数量级，从而使电路中的电流减小到安全值以下，其效果与开关元件类似，只是动作速度较慢。自恢复保险丝有三种封装形式：引线型（圆片或方片）、薄片型（带形）和贴装型。

自恢复保险丝的主要特性参数如下。

(1) 保持电流 I_H：不会使电阻值突变的最大电流。

(2) 触发电流 I_T：能使电阻值突然变大的最小电流。

(3) 动作时间 T_{trip}：通过 $5I_H$（LP 系列）或 $3I_H$ 或规定电流的最大动作时间。电流越大或/和温度越高则动作时间越快。

(4) 最大电压 V_{max}：在额定电流下能承受的最大电压。

(5) 最大电流 I_{max}：在额定电压下能承受的最大故障电流。

(6) 动作功率 P_{trip}：动作状态下的消耗功率。

(7) 静态电阻 R：在不加电的情况下电阻值应在静态电阻最小值 R_{min} 和最大值 R_{max} 所确定的范围之内，即 $R_{min} \leqslant R \leqslant R_{max}$。

特别要指出的是，以上参数都是在温度为 25℃的静止空气中的数值，温度不同时各参数会有所变化。保持电流 I_H、触发电流 I_T、动作时间 T_{trip} 和静态电阻 R 都随着温度的升高而减小，随着温度的降低而增大。根据线路最大工作电压 V、正常工作电流 I、故障电流 I_f 及最高使用环境温度 T 选择合适的型号。在最高使用环境温度 T 时，应满足：$I \leqslant I_H$，$I_{max} \geqslant I_f \geqslant I_T$，$V \leqslant V_{max}$。这里的线路电压、电流是指直流或交流有效值。

6.9 晶闸管

晶闸管（Thyristor）是晶体闸流管的简称，又可称为可控硅整流器，以前被简称为可控硅。1957 年美国通用电器公司开发出世界上第一晶闸管产品，并于 1957 年使其商业化。晶闸管是 PNPN 四层半导体结构，它有三个极，分别为阳极、阴极和门极。晶闸管工作条件为：加正向电压且门极有触发电流。晶闸管派生器件有快速晶闸管、双向晶闸管、逆导晶闸管、光控晶闸管等。晶闸管是一种大功率开关型半导体器件，在电路中用文字符号"V""VT"表示，旧标准中用字母"SCR"表示，如图 6-37 所示。

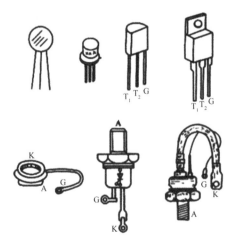

图 6-37　晶闸管

晶闸管具有硅整流器件的特性，能在高电压、大电流条件下工作，且其工作过程可以控制，被广泛应用于可控整流、交流调压、无触点电子开关、逆变及变频等电子电路中。

6.9.1 晶闸管的工作原理

晶闸管在工作过程中，它的阳极 A 和阴极 K 与电源和负载连接，组成晶闸管的主电路，晶闸管的门极 G 和阴极 K 与控制晶闸管的装置连接，组成晶闸管的控制电路。

晶闸管承受反向阳极电压时，不管门极承受何种电压，晶闸管都处于关断状态。晶闸管承受正向阳极电压时，仅在门极承受正向电压的情况下晶闸管才导通。晶闸管在导通情况下，只要有一定的正向阳极电压，不论门极电压如何，晶闸管保持导通，即晶闸管导通后，门极失去作用。晶闸管在导通情况下，当主回路电压（或电流）减小到接近于零时，晶闸管关断。

6.9.2 晶闸管的种类

1. 按关断、导通及控制方式分类

晶闸管按关断、导通及控制方式可分为普通晶闸管、双向晶闸管、逆导晶闸管、门极关断晶闸管（GTO）、BTG 晶闸管、温控晶闸管和光控晶闸管等多种。

2. 按引脚和极性分类

晶闸管按其引脚和极性可分为二极晶闸管、三极晶闸管和四极晶闸管。

3. 按封装形式分类

晶闸管按其封装形式可分为金属封装晶闸管、塑封晶闸管和陶瓷封装晶闸管三种类型。其中，金属封装晶闸管又分为螺栓形、平板形、圆壳形等多种；塑封晶闸管又分为带散热片型和不带散热片型两种。

4. 按电流容量分类

晶闸管按电流容量可分为大功率晶闸管、中功率晶闸管和小功率晶闸管三种。通常，大功率晶闸管多采用金属壳封装，而中、小功率晶闸管则多采用塑封或陶瓷封装。

5. 按关断速度分类

按晶闸管关断速度可分为普通晶闸管和高频（快速）晶闸管。

6.10 隔离变压器

6.10.1 基本原理

隔离变压器是起隔离作用的变压器，在雷电磁干扰、防雷击方面有着独特的效果。作为在防雷接地方面发挥主要作用的隔离变压器，比较注重其绝缘耐压要求。隔离变压器主要针对干扰信号而言，而干扰信号一般可分为共模干扰和差模干扰两种。雷电更多以共模干扰形式出现，有时也会以差模干扰形式出现。为了实现对雷电的隔离，隔离变压器一、二级线圈之间必须具有较高的绝缘，还应具有一定的屏蔽能力，减小感应和辐射干扰的影响。就要求来说，采用输入线圈与输出线圈物理上完全分离的隔离变压器比较适合，但这样做两个线圈之间的耐压水平要特别高。同样，隔离变压器对工频电流的防护作用也比较突出。当地线电流对通信工作干扰比较大时，采用变比 1:1 的隔离变压器可以将电流影响消除得比较彻底。隔离变压器的结构如图 6-38 所示。

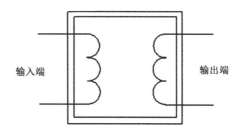

图 6-38　隔离变压器结构示意

一般来讲，隔离变压器对横向电压的衰减取决于变压器的工作频率范围和变比，而对共模电压的衰减则取决于一、二级对的电容之比，当采用屏蔽型变压器时，对地电压衰减非常快。作为防雷用途的通信线路用隔离变压器，应满足如下几个条件：①变压器变比大小合适，自身衰减耗小；②绝缘耐压（包括工频耐压和冲击耐压）应满足相关标准要求，如工频耐压 1kV，冲击耐压 6kV，特别是输入级与输出级之间的绝缘，应该更高才行；③满足共模抑制衰耗指标，如大于 60dB。

6.10.2　应用方法

采用屏蔽隔离变压器对抗共模干扰有独特的优势。例如，对一些保护电压限制得很低的信息设备，若采用动作电压很低的防雷元件作为保护器件，元件电容很大，很容易产生信号衰耗和反射过大的问题，也容易受外界干扰产生误动作，对正常通信传输会产生很大的影响；若采用电容小的元件，一般保护动作电压很高，保护效果很差。而选择隔离变压器，只要参数配置合适，对传输信号衰减很小，且保护效果好。

对于交流电源配电，采用隔离变压器可以有效解决零地电压过高的问题。由于一些服务器或小型机对电源零地电压差要求小于 1V，甚至要求小于 0.5V，一般的配电方式很难满足这样的要求，只有采取电源隔离变压器，可以比较彻底地消除零地电压差。另外，在电源防雷中，可以将隔离变压器与其他防雷元件组合，让它们优势互补，可能会产生意想不到的防雷效果。

6.11 光电耦合隔离器

光电耦合隔离器是一种采用线性光耦隔离原理,将输入信号进行转换输出的仪器。光电耦合隔离器的输入、输出和工作电源三者相互隔离,特别适合于需要电隔离的设备仪表配用,是工业控制系统中重要组成部分。隔离器一般由输入信号处理单元、隔离单元、输出信号处理单元、电源四部分构成。虽然实际应用中隔离器基本上都是由上述四个单元构成的,但由于输入、输出类型和数量的不同,组成了种类繁多的型号。

光电耦合隔离器原理如图 6-39 所示。

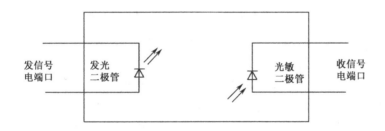

图 6-39 光电耦合隔离器原理

在工业生产过程中实现监视和控制需要用到各种自动化仪表、控制系统和执行机构,它们之间的信号传输既有微弱到毫伏级、微安级的小信号,又有几十伏,甚至数千伏、数百安培的大信号,既有低频直流信号,也有高频脉冲信号。构成系统后往往发现仪表和设备之间信号传输互相干扰,造成系统不稳定甚至误操作。出现这种情况除了每个仪表、设备本身的性能原因(如抗电磁干扰影响)外,还有一个十分重要的因素就是由于仪表和设备之间的信号参考点之间存在电势差,因而形成"接地环路"造成信号传输过程中失真。

独立供电的隔离器需要配备独立 20~35VDC 的直流电源。这种方式的优点是:隔离传输精度高;电源、输入、输出之间完全隔离,多路系统供电电源不需隔离,可保证高抗干扰性能,输入信号可以变换为其他类型的信号。在实际工业监控系统中,DCS、PLC 或其他显示仪表具板卡内部供电的使用越来越广泛,独立供电型隔离器又往往不能满足这些卡件对信号隔离传输精度要求高和二线制变送器配电电压要求高的条件。因此,输出回路供电型的隔离器既保留了独立供电型隔离器的优越性能,又满足输出回路供电接口的要求。

光电耦合隔离器的隔离性能好,输入端与输出端完全实现了电隔离,其绝缘电阻一般均能达到 $10^{10}\Omega$ 以上,绝缘耐压值在低压时都可以满足使用要求,耐压一般能超过 1kV,有的可以达到 10kV 以上。光信号单向传输,输出信号对输入端口反馈,可有效阻断电路或系统之间的电联系,但并不切断它们之间的信号传递。光信号不受电磁干扰,工作稳定可靠；抗共模干扰能力强，能很好地抑制干扰并消除噪声。光发射和光敏器件的光谱匹配十分理想，响应速度快，传输效率高，易与逻辑电路连接，无触点、寿命长、体积小、耐冲击。无源光隔离器比有源光隔离器更有利于防雷。

6.12 去耦器

去耦器也称退耦器，是为协调主（前）级和次（后）级电源防雷器的能量配合而专门设计的。当有源导体的"自有"电感不能完成协调功能时，即安装距离不能满足要求时，需要在主级和次级间安装去耦器，起到退耦分压、增加线路电感、配合两级电涌保护器的动作及能量泄放的功能从而达到最安全的保护效果。

退耦器对瞬时高能雷电流有极佳的电感特性，在雷电来临时可保证电涌保护器的可靠操作。如果电网中有几个电涌保护器，它们将会互相影响，这就意味着，并联的保护器之间必须达到能量的配合。配合的效果是当因雷电形成一个浪涌过电压时，电涌保护器（B级）将可靠地响应，带走高能量的电流，以保护其他电涌保护器（C级或D级）。

所谓退耦压差，指前后电路网络工作电压之差。退耦电路可防止前后电路网络电流变化时，在供电电路中所形成的电流冲击对网络正常工作的影响。换言之，退耦电路能够有效地消除电路网络之间的寄生耦合。退耦滤波电容的取值通常为47～200μF，退耦压差越大时，电容的取值应越大。

目前多数退耦器采用模块式结构，串联连接于前后两级防雷器之间，应依据IEC 61643—1和GB 50343标准，根据线路的负载电流选择相应的退耦器。

退耦器串联安装于额定电压500V及以下的低压供电系统中，用于增加导线感抗，弥补线长度不足，协调不同规格防雷器之间的配合问题。典型应用在B级和C级的防雷器都安装在一个配电箱中。在被保护线路中并联接入多级SPD时，如果开关型SPD与限压型SPD之间线路长度小于10m或限压型SPD之间的线路长度小于5m时，为实现多级SPD间的能量配合，应该在SPD之间线路上串接适当的电阻或电感元件，这些电阻或电感元件称为退耦元件。

第 7 章

电涌保护器

电涌是指瞬态电冲击,包括电压冲击、电流冲击和功率冲击。所谓瞬态,是指持续时间远远低于工频周期的瞬变过程。

雷电电涌是由于 S1 雷击建筑物、S2 雷击建筑物附近、S3 雷击服务设施、S4 雷击服务设施附近而引起的。远方的雷击可以在装置回路中感应电涌电压,如表 7-1 所示。

表 7-1 雷击点、损害成因、各种可能的损害类型及损失对照一览表

雷击点	损害来源	建筑物		公共设施	
		损害类型	损失类型	损害类型	损失类型
	S1	D1 D2 D3	L1、L4(2) L1、L2、L3、L4 L1(1)、L2、L4	D2、D3 D2、D3	L2 L4
	S2	D3	L1(1)、L2、L4		
	S3	D1 D2 D3	L1、L4(2) L1、L2、L3、L4 L1(1)、L2、L4	D2、D3 D2、D3	L2 L4
	S4	D3	L1(1)、L2、L4	D2、D3	L2 L4

(1) 仅对具有爆炸危险的建筑物或因内部系统故障马上会危及人命的医院或其他建筑物。
(2) 仅对可能出现牲畜损失的建筑物。

雷击可能造成损害，取决于需保护对象的特征。其中最重要的特征有建筑物的结构类型、内部物品、用途、服务设施类型及所采取的保护措施。将雷击引起的基本损害类型划分为以下三种。

(1) D1：建筑物内外人畜伤害。

(2) D2：物理损害。

(3) D3：电气和电子系统故障。

雷电对建筑物的损害可能局限于建筑物的某一部分，也可能扩展到整个建筑物，还可能殃及四周的建筑物或环境（如化学物质泄漏或放射性辐射）。

影响服务设施的雷电不但会造成设施上的相关电气和电子系统损坏，而且也会对提供服务的线路或管道本身造成损坏，损坏还可能扩展到与服务设施相连的内部系统。

每类损害，不论单独出现还是与其他损害共同作用，会在被保护对象中产生不同的损失。可能出现的损失类型取决于需保护对象本身的特征及其内存物。应考虑以下几种类型的损失：L1 为人身伤亡损失；L2 为公众服务损失；L3 为文化遗产损失；L4 为经济损失。其中，建筑物中的损失类型有 L1、L2、L3、L4；服务设施中的损失类型有 L2、L4。

当雷电不是直接击在所考虑的建筑物或设施上，有两种耦合机理：电涌直接或间接耦合到电力系统，沿用户进线侵入建筑物；电场和磁场穿越建筑物，通过感性耦合到建筑物的管线上。当雷电直击建筑物或雷击紧邻建筑物的大地，存在三种耦合机理：通过直接耦合在电源系统中产生的电涌、通过感性耦合在电源系统中产生的电涌、由于地电位升导致进线侧 SPD 动作引起的电涌，如图 7-1 所示。

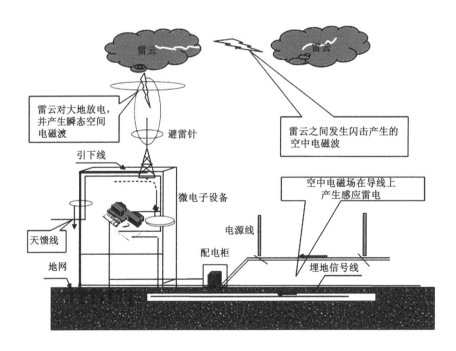

图 7-1　雷电感应耦合示意

电涌保护器（SPD）是用于限制瞬态过电压和分泄电涌电流的器件。它至少含有一个非线性元件。电涌保护器在使用时，并联在被保护设备两端，通过泄放浪涌电流、限制浪涌电压来保护电子设备。其中泄放雷电流、限制浪涌电压这两个作用都是由其非线性元件完成的，这些非线性元件可是一个非线性电阻，也可以是一个开关元件。

电涌保护器的工作原理是：作为一个非线性电阻在线路和地之间连接，正常情况下可以近似认为是断路；在系统中出现过电压的情况下，将超过系统能够承受的瞬态电流自动泄放到大地中，从而降低线路上或设备上的过电压。

7.1　电涌保护器的分类

电涌保护器（SPD）的分类方法有很多种，从其非线性元件的结构原理上可以分为电压开关型电涌保护器、电压限制型电涌保护器、复合型电涌保护器。电压开关型 SPD 的非线性元件为放电间隙、气体放电管、闸流管等；电压限制型 SPD 的非线性元件为 SiC、ZnO 压敏电阻等金属氧化物（MOV）；复合型 SPD 两类元件均在使用。从用途上 SPD 可分为电源 SPD、信号 SPD、天馈线 SPD。按照试验等级分类，又可分为 I 类、II 类、III 类电涌保护器。

电压限制型 SPD 在没有电涌时具有高阻抗，但是随着电涌电流和电压的上升，其阻抗将持续减小。常用的非线性元件是压敏电阻和抑制二极管，这类 SPD 有时也称为箝位型 SPD。限压型 SPD 利用金属氧化物可变电阻的特性，在系统正常工作电压下金属氧化物呈高阻态，一旦系统中有过电压出现并达到一定数值时，电阻值将迅速下降，近似短路状态，将系统中的过电压通过压敏元件形成对地泄放的大电流，金属氧化物电涌保护器在应用中几乎不会出现续流。电压限制型 SPD 是最常用的电涌保护器件，其工作电压与电流曲线如图 7-2（a）所示。

电压开关型 SPD 在没有电涌时具有高阻抗，有浪涌电压时立即变成低阻抗，电压开关型 SPD 常用的元件有放电间隙、气体放电管、闸流管（硅可控整流器）和三端双向可控硅开关元件，这类 SPD 有时也称为"短路型 SPD"，其工作电压与电流曲线如图 7-2（b）所示。

复合型 SPD 是由电压开关型元件和电压限制型元件组成的 SPD，其特性随所加电压的特性可以表现为电压开关型、电压限制型或两者皆有。如表 7-2 所示为各种结构类型 SPD 的优缺点比较。

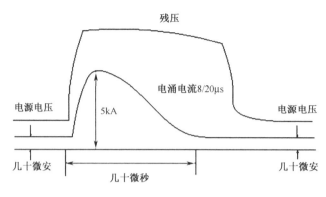

（a）电压限制型

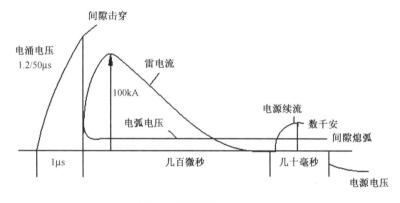

（b）电压开关型 SPD

图 7-2　电压限制型 SPD 和电压开关型 SPD 工作电压与电流曲线

表 7-2　各种结构类型 SPD 的优缺点比较

类型	特性						
	响应时间	动作平稳性	动作分散性	续流	泄漏电流	电压保护水平	老化
电压限制型 SPD	较快 <25ns	平稳	无	极小	有	较低	会 但可延缓
电压开关型 SPD	较慢 <100ns	突变	大	很大 可自熄	基本无	高 但可触发降低	不会
复合型 SPD（串联）	较慢	较平稳	大	较小	基本无	高 但可触发降低	不会
复合型 SPD（并联）	MOV 较快	先平稳，后突变	小	很大 可自熄	有	高 但可触发降低	会 但可延续

表 7-2 中的动作平稳性是指元件的阻抗是否突变，突变会引起电路的振荡和干扰，动作分散性是指击穿电压的分散性，使电压保护水平发生变化。

根据 SPD 的电路形式，有时也将 SPD 按照端口的个数来分类。常见的有一端口 SPD 与二端口 SPD。

一端口 SPD 也称为单口 SPD，在使用时 SPD 与被保护电路并联。一端口 SPD 能分开输入端和输出端，在这些端之间没有特殊的串联阻抗。如图 7-3 所示，在一端口 SPD 的结构中，有单一元件形成的最简单的 SPD，也有元件与单口 SPD 串联或并联起来使用的情况。

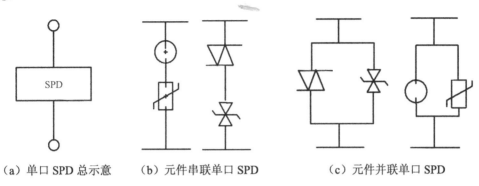

（a）单口 SPD 总示意　　（b）元件串联单口 SPD　　（c）元件并联单口 SPD

图 7-3　单口 SPD

二端口 SPD 也称双口 SPD，它有二组输入和输出接线端子的 SPD，在这些端子之间有特殊的串联阻抗，如图 7-4 所示。

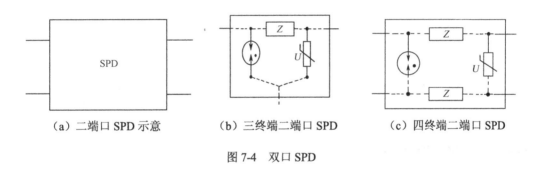

（a）二端口 SPD 示意　　（b）三终端二端口 SPD　　（c）四终端二端口 SPD

图 7-4　双口 SPD

一端口 SPD 与二端口 SPD 对复合波的冲击响应如图 7-5 所示。

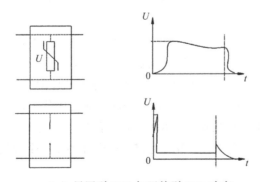

（a）显压型 SPD 与开关型 SPD 响应

图 7-5　一端口 SPD 与二端口 SPD 对复合波的冲击响应

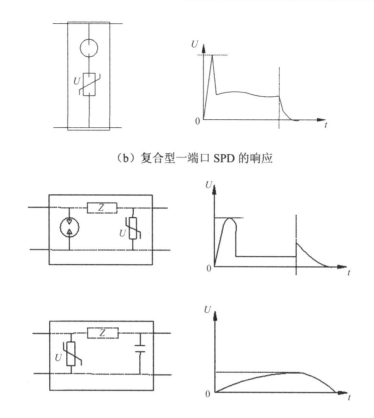

(b) 复合型一端口 SPD 的响应

(c) 复合型二端口 SPD 与带滤波器的二端口的电压限制型 SPD 的响应

图 7-5　一端口 SPD 与二端口 SPD 对复合波的冲击响应（续）

7.2　SPD 性能参数

参数指标体现了 SPD 的技术与安全性能，以下介绍几种对 SPD 应用性能起决定作用的指标参数。

（1）通流容量：通流容量是一组参数，它是由一系列的标准化试验确定出的电涌保护器的技术参数，这些试验由三个分类试验组成。三种试验方法没有等级和高下之分，也没有可比性，每个制造商可以任选其中的一个。在国际上，德国的 VDE 标准采用的是 I 类试验方法，法国 NCF 标准采用的是 II 类试验方法，而美国的 UL1449 标准采用的是 III 类试验方法。我国国家标准 GB 18802.1—2002《低压配电系统的电涌保护器（SPD）第一部分：性能要求和试验方法》等同采用 IEC 标准，里面介绍了三个分类试验，根据客户要求进行测试。

（2）标称放电电流 I_n：流过 SPD 具有 8/20μs 波形的电流峰值，用于 I 级试验的 SPD 分级，以及 I 级、II 级试验的 SPD 的预处理试验。

（3）最大放电电流 I_{max}：电涌保护器可以导通的 8/20μs 波形电流的峰值（2 次）。该参数表示能够安全地泄放而不会明显地影响其功能的最大浪涌电流或复合电流，Z_{max}是电涌保护器的一个非常重要的参数。

（4）击电流 I_{imp}：指通过 10/350μs 波形雷电流的能力，它由电流峰值 I_{peak} 和电荷量 Q 确定，其试验根据动作负载试验的程序运行，用于 I 级试验的 SPD 分类试验。

（5）最大持续工作电压 U_C：允许持久地施加在 SPD 上的最大交流电压有效值或直流电压。其值等于 SPD 的额定电压，超过此运行值电涌保护器将受到热损坏。

（6）短时过电压 U_T：保护装置能承受的持续短时间的直流电压或工频交流电压有效值，它比最大连续工作电压 U_C 要大。

（7）限制电压：施加规定波形和幅值的冲击电压时，在 SPD 接线端子间测得的最大电压峰值。

（8）电压保护水平 U_P：表明电涌保护器泄放标称电流 I_n 时，电涌保护器两端的最大电位差。所需的 SPD 的保护水平取决于被保护设备的安装位置和被保护装置的电气绝缘强度，该值应大于限制电压的最高值。

（9）残压 U_{res}：放电电流流过 SPD 时，在其端子间的电压峰值。

（10）1.2/50μs 冲击电压：是指在波前时间，也就是从峰值的 10% 上升到峰值的 90% 所用的时间为 1.2μs，半峰值时间为 50μs 的冲击电压。

（11）8/20μs 冲击电流：是指在波前时间为 8μs、半峰值时间为 20μs 的冲击电流。

（12）复合波：复合波由冲击发生器产生，开路时施加 1.2/50μs 冲击电压，短路时施加 8/20μs 冲击电流。提供给 SPD 的电压、电流幅值及其波形由冲击发生器和受冲击作用的 SPD 的阻抗而定。开路电压峰值和短路电流峰值之比为 2Ω；该比值定义为虚拟阻抗 Z_f，短路电流用符号 I_{oc} 表示，开路电压用符号 U_{oc} 表示。

（13）SPD 分类试验分为 I 级分类试验、II 级分类试验、III 级分类试验。

I 级分类试验 Class I Test：I 级分类试验是指用标称放电电流 I_n、1.2/50μs 波形冲击电压和最大冲击电流 I_{imp} 所进行的试验，若最大冲击电流在 10ms 内通过电荷为 Q，则参数值 I_{peak}（kA）= 0.5Q（As）。

II 级分类试验 Class II Test：II 级分类试验是指用标称放电电流 I_n，1.2/50μs 波形冲击电压和最大放电电流 I_{max} 所进行的试验，其试验要求与 I 级分类试验有所不同。

III 级分类试验 Class III Test：III 级分类试验是指用复合波（1.2/50μs、8/20μs）所展开的试验。

（14）漏电流 I_L：电涌保护器两端施加 0.75U_{1mA} 时耐流过电涌保护器的电流。该数值表明了正常工作时通过电涌保护器泄漏能量的程度。泄漏的能量会在电涌保护器中发热，影响电涌保护器的寿命、特性及保护性能，一般应控制在 50~100μA。

（15）工作频率范围：电涌保护器通常具有低通的特性，因此，用工作频率范围来界定其截止频率，在电信领域内是比较重要的参数。

（16）冲击通流容量：在工程应用中，经常使用"冲击通流容量"这个参数。它是为了检验 SPD 的性能和老化而测量通过 1mA 电流时 SPD 两端的电压。长期使用情况下，SPD 的 U_{1mA} 电压会逐步下降，下降的幅度用来评估 SPD 的性能。把在规定电流波形条件下满足降低要求的 SPD 所能承受的最大冲击电流幅值称为冲击通流容量。通常在过压保护下，冲击通流容量为 3～5kA，在防雷保护时为 5～20kA。

7.3 SPD 选用

低压电涌保护器在使用时，有一定的环境条件要求。目前常用的 SPD 要求电源电流的工作频率为 48～62Hz。持续施加在 SPD 的接线端子间的电压不应超过其最大持续工作的电压。另外，由于目前 SPD 的多数据技术参数是在试验室获取的，因此，对 SPD 在高海拔高寒地区的应用没有给出具体的说明。通常要求海拔高度不超过 2000m，工作温度正常范围是-5～40℃，极限范围是-40～70℃；同时要求相对湿度在室温下应为 30%～90%。对置于异常使用条件下的 SPD，在设计和使用中可能需要进行特殊考虑，应引起重视，如对置于日光或其他射线下的户外型 SPD 和高寒地区的 SPD，应附加技术要求。

合理选择使用 SPD 的目的是保护用电设备避免瞬态过电压的侵害。但由于用电设备所在线路类别不同，有的是电源线路，有的是信号线路，有的是天线馈线路，因此，对 SPD 的安装位置、对用电设备的保护要求也不同。实际应用中需要安装不同类型或参数的电涌保护器，并且在不同级的电涌保护器之间还存在着配合，必须根据实际要求来选择合适的 SPD。

通常在选择使用 SPD 时，SPD 在满足选用要求的基础上有一条原则是保护水平 U_p 必须小于被保护设备的冲击耐受电压 U_w，以保证被限制后的电压小于设备的绝缘强度，可靠地保护用电设备。SPD 最大可持续运行电压要大于系统电压，对于间隙式电涌保护器，应该有足够的续流熄火能力，用以保证在浪涌电流衰减之后，在系统电流的第一个过零点电弧熄灭。SPD 应该有足够放电能力来保证将雷电流泄放到大地中去，不会因此引起人员的伤亡和设备的损坏，不会明显地影响电涌保护器本身的性能，并且电压和电流不会超过下一级电涌保护器的放电能力。SPD 的频率范围应满足使用要求，特别是天线馈线回路的频率非常高，更值得注意。脱扣装置可及时切断 SPD 回路。

在电涌保护器的选择中要注意彼此级间的配合和低压线缆的耦合效应。如果它与上一级 SPD 安装得过近，就有可能比上一级电涌保护器更早动作，从而要承受本由上一级电涌保护器承受的高能量，因此可能会引起过载、老化进而失去保护作用，甚至发生故障。但是由于雷电流和系统产生的电涌电流都比较大，因此低压线缆的阻抗可以承担的一部分电压降，有时可以保证两级电涌保护器之间的配合。当开关型 SPD 与限压型 SPD 级联配合时，两级电涌保护器之间的线缆连接长度大于等于 10m，这样通常就可以满足配合的求；如果是两级限压型 SPD 级联配合，线缆的长度不得小于 5m，否则应串接去耦扼流圈（电感），电感太小会使下级 SPD 过载，一般来说 10μH 可以满足要求。电涌保护器的安装位置距被保护设备应尽可能近，距离不超过 15m，特别是安装时，SPD 两端的接线长度不得超过 0.5m。

7.3.1 SPD 的选择

SPD 的选择按以下步骤进行。

第一步：选择 SPD 的 U_c、U_T、I_n、I_{max}。SPD 的最大持续工作电压比电力系统的最大持续工作电压要大得多，SPD 的暂态过电压比电网的暂态过电压大得多。

第二步：确定保护距离，即确定 SPD 的位置。

第三步：预期 SPD 的寿命和失效模式。

第四步：SPD 和其他电器的相互关系。正常情况下，I_c 不会引起任何人身安全隐患及损坏其他设备；发生故障时，SDP 不会影响其他电器，如 RCD 或断路器。SPD 和过电流保护器之间的电涌配合，在小于 I_{max} 时，过电流保护器不动作；在大于等于 I_{max} 时，允许过电流保护器动作，但不能引起任何损害。

第五步：电压保护水平 U_p 的选择，应考虑被保护设备的电涌耐受能力 U_w。

第六步：当两个 SPD 用在同一导体上时，应考虑选择的 SPD 和其他 SPD 的配合。

总体步骤的流程如图 7-6 所示。

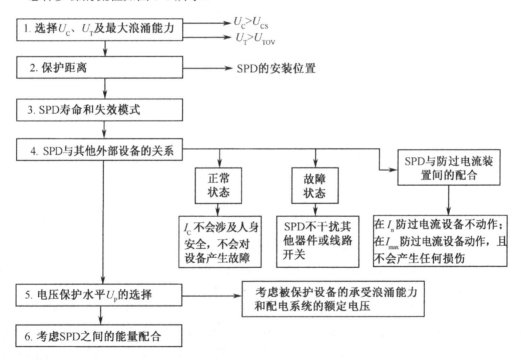

图 7-6　电源 SPD 的选择步骤流程

不同的接地方式中 SPD 的使用是不同的。一方面，因为不同的接地方式下保护的特点不同，选择安装的位置也不同；另一方面，SPD 和漏电保护装置配合，为了避免 SPD 动作时的电流可能同时引起上级的漏电保护装置误动作，因而 SPD 在安装时需要在它上一级安装相应的保护设备，如断路器或熔断器。

7.3.2 SPD 失效时的安全性

当电涌大于设计最大能量吸收能力和放电电流时，SPD 可能失效或损坏。SPD 的失效模式分为开路模式和短路模式。

在开路模式下，被保护系统不再被保护，因为失效的 SPD 对系统影响很小，所以不易被发现，为保证下一个电涌到来之前，更换失效的 SPD，就需要有一个指示。如图 7-7 所示的 SPD，正常情况下为绿色窗口显示，一旦失效，将出现红色窗口指示，图中与 L3 相连接的 SPD 已经出现失效指示。

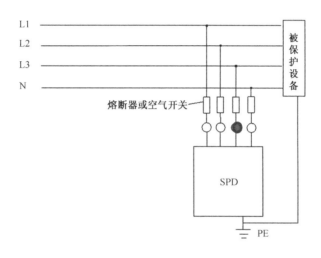

图 7-7　SPD 的失效显示

在短路模式下，失效的 SPD 严重影响系统，如果被保护系统没有合适的装置将失效的 SPD 从系统中脱离，系统中短路电流通过失效的 SPD，短路电流导通时使能量过度释放可能引起火灾。使用具有短路失效模式的 SPD 需要配备脱离器。

当 SPD 被用来保护特定设备或当 SPD 装在主配电盘上而不能为某些设备提供足够的保护时，SPD 应尽可能地靠近被保护设备。如果 SPD 和被保护设备之间的距离太长，设备端产生的振荡电压值一般高至 $2U_p$，在一些情况下，甚至超过这个水平。有些电源系统中尽管装有 SPD，但上述的振荡仍能引起被保护设备失效，合适的保护距离取决于 SPD 样式、系统类型、侵入电涌的陡度和波形、连接的负载。实际上，如果设备的阻抗高或设备内部断开，就有可能产生两倍的振荡电压。

为了达到最佳的过压保护，SPD 的连接导线应尽可能短。长的连接导线将降低 SPD 的保护水平，因此，可选择一个较低电压保护水平的 SPD 来提供有效的保护。传送至设备的残压为 SPD 的残压和沿导线感应电压降之和，这两个电压并不在同一时刻到达峰值，但应用时，可以简单地相加。

一般来说，假定导线的电感是 $1\mu H/m$，当冲击波上升率为 $1kA/\mu s$ 时，电感沿导线长度的电压降为 1kV/m，而且，如果 $\frac{dI}{dt}$ 的陡度更大，电压降值会更高。

SPD 在配电系统中应用时，可采用以下流程：

（1）保护和安装模式，应尽可能靠近装备的电源安装；

（2）震荡现象，应尽可能靠近设备安装；

（3）连接导线长度，SPD 的连接导线长度尽可能短；

（4）需要附加保护，SPD 安装在装备的入口处，并且其他 SPD 应尽可能靠近设备；

（5）根据试验等级选择 SPD 的安装点，Ⅰ、Ⅱ、Ⅲ 类试验的 SPD 可安装在装置的入口处，而 Ⅱ、Ⅲ 类试验的 SPD 可靠近设备安装；

（6）保护区域的概念，在引入这种概念时，SPD 可安装在区域边界处。

7.4 SPD 模块

目前使用最多的电源 SPD 多采用模块化结构。该结构具有安装方便、维护容易、体积小等特点，如图 7-8 所示。和大多数低压终端电器一样，SPD 模块的宽度制成 9mm 的整数倍宽。采用标准 35mm 导轨安装，分为一体式模块与可分式模块两种。

可分式模块的功能件与安装基座之间通过插头座连接，当功能损坏后可以拔出更换。一体式的功能件与安装基座是不可分的。

图 7-8　SPD 模块

7.4.1　外壳

SPD 模块的外壳大多用模压塑料绝缘外壳，常用材料为 PBT 塑料或增强尼龙。SPD 技术标准对外壳提出了多方面的要求，主要是耐热性、机械强度、耐漏电起痕、阻燃性及绝缘性等。针对表征外壳防护阻止外部固体异物进入壳内、防止人手触及带电部分或运动部件、防止水进入壳内防护程度的指标的外壳防护等级要求达到 IP20 等级。

7.4.2 接线端子

SPD与外电路连接的接线端子的质量,对于SPD的可靠工作具有重要意义。在产品设计中应确定流过每一个接线端子的最大放电电流;二端口SPD和输入/输出分开的一端口SPD的接线端子,还应确定最大负载电流。接线端子的接线能力应与上述两个电流的要求相吻合,例如,标称放电电流大于等于5kA时,接线端子至少要能夹紧截面积为4mm²及以下的导线。在SPD的生产和检验中,要进行以下三项测试:按规定将导线接入接线端子后,通过对导线的拉力试验来检验连接的可靠性;经过接线试验后检验导线的外观应没有过度损伤,螺纹没有滑口和损坏;测量接线端子与导线之间的接触电阻不应超过规定值,如0.05Ω。如图7-9所示为SPD模块的内部端子及结构示意。

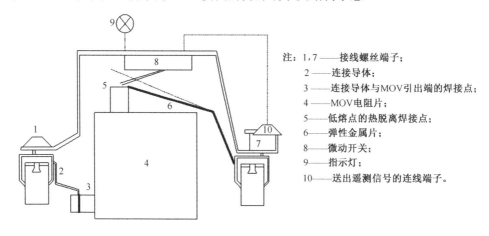

注:1,7——接线螺丝端子;
2——连接导体;
3——连接导体与MOV引出端的焊接点;
4——MOV电阻片;
5——低熔点的热脱离焊接点;
6——弹性金属片;
8——微动开关;
9——指示灯;
10——送出遥测信号的连线端子。

图7-9 SPD模块的内部结构

7.4.3 连接导体

SPD内部的连接导体应有足够的截面积,长度要尽量短。冲击电流载流导体中的电流密度不能超过允许值,否则在大冲击电流下,导体的温升会太高,甚至熔断。现行的SPD技术标准还没有给出内部导体电流密度的规定。如果把冲击电流在导体中引起温升的过程近似作为绝热过程处理,即冲击电流产生的能量全部被导体吸收,使导体温度升高ΔT,即给定允许的导体升温ΔT,就可以计算出导体的允许电流密度J了,铜导体的计算公式为

$$J = 14.1\sqrt{\frac{\Delta T}{k}} \quad (\text{KA/mm}^2) \tag{7.1}$$

其中,ΔT为导体允许温升(K);k为波形系数。对于8/20μs电流波形,k=12.2;对于10/350μs电流波形,k=250。这样,若允许一次冲击电流引起的温升ΔT=40K,则铜导体的允许电流密度对8/20μs的电流波形为25.5KA/mm²,对10/350μs的电流波形为5.6KA/mm²。

SPD中连接导体的长度要尽量短,以减小浪涌电流在连接线上所产生的电阻性压降和

电感性压降，以及导线所受的电动力。一般来说，SPD中连接导体的电阻性压降比电感性压降要小得多，因此，通常只考虑电感性成分。导体的分布电感可按 0.01μH/cm 来估计，于是一个 8/20μs 的 40kA 冲击电流在 1cm 长导体上所产生的电感性压降大为

$$U = L\frac{dI}{dt} = \frac{40000}{8 \times 10^{-6}} \times 0.01 \times 10^{-6} = 50V \tag{7.2}$$

在计算 SPD 的限制电压时，严格来说不能把导体的电感性压降与电压限制元件的限制电压简单相加，因为两者的相位不相同。在实际工作中，作为一种留有余地的粗略估计，可以直接相加来计算整个 SPD 的限制电压。

7.4.4 SPD 中的电动力问题

SPD 中的放电电流峰值，有时高达几十千安培，甚至更高。因此，结构设计时必须考虑电动力问题，使 SPD 能经受住电动力的反复作用。一对在空气介质中的方向平行的载流导体，电流分别为 I_1 和 I_2，如果它们平行相对的长度为 L，相互间距为 d，则平行的载流导体相互作用的电动力 F 为

$$F = 2.04\frac{I_1 I_2}{d} \times 10^{-8} \; (kg/m) \tag{7.3}$$

如雷电流 $I_1 = I_2 = 100kA$，$d = 50cm$，则 $F = 408$（kg/m）。

一根弯曲的导线（或金属结构）在成角处受力最大，雷电流在成角处的电动冲力可能造成导线折断。此力与角度有关，锐角受力大，钝角受力小。所以，常采用钝角的拐弯。

7.4.5 电气间隙和爬电距离

电位不等的金属之间的电气间隙和爬电距离，要满足 SPD 技术标准 GB 18802.1 的要求，以防止浪涌入侵时构件之间发生跳火。

7.4.6 灌封材料

有的 SPD 采用灌封环氧树脂或硅树脂等绝缘材料的办法，来将内部构件与外壳固定起来，在这种情况下，灌封绝缘材料的选择及确定正确的灌封工艺是非常重要的，灌封材料应满足以下几个要求。

（1）足够的绝缘性、防潮性和机械强度。

（2）不燃性。SPD 必须保证在 TOV 条件下和短路失效条件下不会起火。多数有机灌封材料，尽管阻燃性能满足 V_0 级的要求，但它仍是一种燃料，因此少用为好。

（3）与被灌封元件的化学稳定性。事实证明，有的灌封材料会与 MOV 的陶瓷体发生化学反应，使 MOV 型 SPD 的漏电流越来越大，最后烧坏。

（4）热胀系数与外壳的匹配性。灌封材料的热胀系数与外壳不匹配，就会导致 SPD

存放一段时间后或经过温度循环试验后外壳开裂。

7.4.7 SPD结构的冲击验证试验

一个新设计的SPD,应当在规定的最大放电电流范围内,从小到大地进行冲击验证试验,试验中重点检查以下五个方面:
(1) 测量SPD内部的温度分布,找出过热点;
(2) 检查是否有跳火和击穿部位,以确定空气间隙和爬电距离是否足够;
(3) 检查SPD内部各构件上的限制电压,研究进一步降低它们的可能性;
(4) 检查放电时和放电后一个短时间内是否有高频振荡,若有应改进设计将它消除;
(5) 检查电动力的影响和结构牢固性。

7.4.8 安全性

SPD本身是一种安全保护器件,但在电路中特别是电源电路中接入SPD后,又可能带来新的安全问题。SPD的电压限制元件是并接在系统上的,无论是箝位特性元件还是开关特性元件,都有可能发生老化失效或短路,从而导致SPD本身或系统失火,甚至出现人身电击的危险性。

SPD的这种不安全性有两种情况。一是进入SPD的电功率及其持续时间,超过了它保持热平衡的允许值,致使SPD的温度持续上升而引起燃烧。解决这一问题的对策是在SPD中设置"过热脱离器"。二是一个过强的冲击电流或暂时过电压使SPD突然击穿短路,且SPD的短路阻抗相对于电源阻抗很小,因此,击穿后进入SPD的功率并不大,结果它的温度达不到过热脱离器的动作温度,而是短路状态长时间维持。解决这一问题的对策是在SPD的电路中再加入"后备保护"。

7.4.9 SPD过热脱离器

目前SPD的大多过热脱离器(热脱扣装置)都如图7-6所示,是在MOV的引出片上设置一个低熔点的焊接点,其融化温度一般为120~150℃,当焊接点的温度超过该熔点时,依靠弹性片或弹簧的弹力将电路连接拉断。这个脱离机构应满足下述四个基本要求。

(1) 在给SPD通入电流、检验过热脱离器动作的试验中,应满足IEC61643—1的三项要求:SPD的表面温升不超过120K,脱离器动作后5min内相对于环境温升不超过80K;脱离器的断路应可靠,在SPD的U_c电压下的漏电流不超过0.5mA。

(2) 在SPD规定的机械试验和气候试验中,以及SPD的动作负载试验中,脱离器不应动作。脱离器在SPD的U_c电压下动作时应有一定的开断能力。SPD的过热脱离器是依靠热传导来工作的,它的响应时间一般要数秒钟,对于强过载引起的MOV"立即击穿"来不及响应;而MOV短路后,因其阻抗小,电源系统又供不出足够大的电流,因此热脱离接点始终不能脱离。在这种情况下，就要求在 SPD 的内部或外部有其他保护电器来将 SPD 短路后的工频电流切断，这种保护电器称为"后备保护"。

（3）对于具有过电流保护功能的脱离器，多数 SPD 采用外置式。通常是在 SPD 外部的进线前端装设过电流保护电器（熔断器或断路器），因此我们可把过电流保护电器当作 SPD 的具有过电流保护功能的外置式脱离器。采用熔断器的问题是它不能同时满足 SPD 的最大放电电流和工频额定电流的要求。于是，有人建议用 n 个小规格的 MOV 并联来保证放电能力，而在每个小规格 MOV 中串联熔断器。这个办法可以解决大浪涌电流值和小工频电流值的矛盾，但实施起来麻烦，使用断路器的问题是它的阻抗使限制电压明显升高，可以比使用熔断器所产生的残压高 0.1~0.25 倍。

（4）我国邮电行业标准 YD/T 1235 依据通信行业中 SPD 的运行经验，对 SPD 的过热脱离器提出了更严格的要求，规定无论是箝位特性 SPD 还是开关特性 SPD，都应设置脱离器，并将试验电流提高到 5A，要求 5A 工频电流通入 SPD 时，脱离器能有效脱离。

提高热脱离器的工作可靠性是 SPD 行业最重要的技术课题之一。目前 SPD 热脱离器主要有三个问题。一是误动作，即 SPD 并未发生过热，脱离器就脱离了，主要原因是低熔点焊点的机械强度差，弹性力就将它拉脱了。二是不动作，主要原因是热设计不合理和 MOV 电阻片质量差。三是脱离特性不一致、分散性大，主要原因是手工焊接，质量一致性差。如图 7-10 所示为 SPD 在高温环境下燃烧后状态。

图 7-10　SPD 高温燃烧后状态

7.4.10　SPD 的状态指示

SPD 中设置脱离器后，应有相应的状态指示器，使 SPD 安装现场和远地的工作人员知道 SPD 是否处在正常的工作状态，脱离器是否已动作。

安装在 SPD 本体上的状态指示器有机械式指示和信号灯指示两种。机械式指示实际上是在 SPD 指示窗后设置一个绿红两色的指示片（杆），脱离器动作前为绿色，动作后为红色。如果是信号灯指示，约定的做法是脱离器动作前为绿灯信号灯亮，动作后绿色信号灯熄灭。

送向远地的所谓"遥测信号"一般是微动开关接点的状态，脱离器动作时推动微动开关，使其接点状态改变，也可以送出两个不同电平的电压信号来表示脱离器是否动作。

7.4.11 MOV 漏电流持续增大的原因

MOV 漏电流持续增大有如下原因：(1) SPD 安装点的浪涌过电压的频度、幅度大，加速了 SPD 的劣化；(2) 持续较大的系统工作电压，超过 U_c；(3) 存在制造缺陷，如封灌材料与 MOV 发生化学反应、MOV 性能达不到技术要求等。

7.5 防雷箱

在低压配电系统中，由于诸多因素的影响，箱体电涌保护装置也得到了广泛的应用。这些箱体 SPD 除了满足一般的模块 SPD 的功能之外，还具有电源指示、防雷指示、劣化报警及指示、雷击计数器、防雷熔断丝状态指示等功能。在箱体中，可以将 SPD 模块采用电压开关型模块和电压限制型模块集成组装，安装在配电房、配电柜、交流配电屏、开关箱和其他重要设备、容易遭受雷击设备的电源进线处，以保护设备免遭沿电源线路侵入的雷击过电压造成的损害。

复合型电源防雷箱广泛应用于通信、电力、厂矿、金融、民航、铁路等系统的主电源防雷击及过电压保护，如图 7-11 所示。建筑物总配电屏、配电柜、配电箱、须安装第一级防雷设施的环境、无人值守但必须安装第一级带遥信指示的防雷设备的环境、需要有第一级防雷失效指示和报警指示和雷电泄放记录的环境、面积小但要求两级电涌保护的环境中可安装箱体电涌保护器。

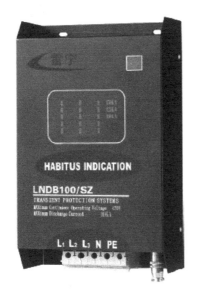 

图 7-11 防雷箱

防雷箱其实是一个综合的过电压保护装置。一方面，它可以将常用的防电涌模块集成其中；另一方面，由于防雷箱多用于建筑物内的第一级电源保护，通流量和过压耐受能力要求较高。因此，在许多防雷箱体中，利用足够大的箱体空间特点，过流保护采用了 MOV 阵列结构。该阵列结构利用多片同批次、性能一致的 MOV 芯片组合代替防电涌模块中的一片 MOV，从而大大提高了整体的雷电流防护能力。目前使用的防雷箱体，阵列元件从原来单一的 MOV 组合已经发展到具有时间、温度等采集功能的复合 MOV 芯片。如图 7-12 所示为基于 MOV 阵列设计的一种防雷箱的电路结构。

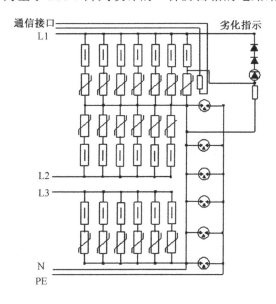

图 7-12　三相电源防雷箱电原理

如图 7-13 所示为用于单相过压保护的防雷箱及其电路。

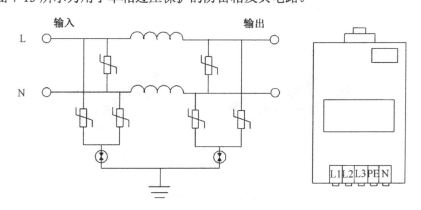

图 7-13　单相防雷箱

如图 7-14 所示为防雷箱在电源系统的安装示意。

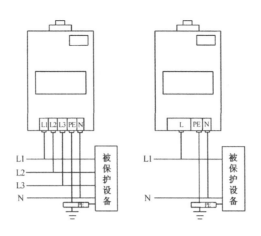

图 7-14 三相、单相防雷箱在电源系统的安装示意

7.6 信号网络的电涌保护器

7.6.1 信号 SPD

由通信设备、计算机、控制和仪表系统、无线电系统和电力电子装置构成的电子系统，受到雷电感应能量的损害经常遇到。雷电过电压的破坏除了从电源系统进入外，通过各种信号接口与线路的侵入也十分普遍。

信号 SPD 是用于保护信号系统（如数据回路、通信、控制电路）的电涌保护器，如图 7-15 所示。信号系统可能会直接或通过感应而遭受雷电和电力线路故障的影响，致使系统因承受足够高的过电压或过电流或者两者同时作用而损坏。

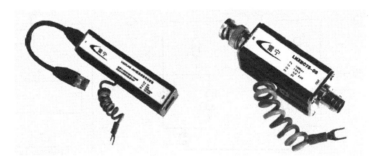

图 7-15 信号 SPD

与电源 SPD 不同，由于信号 SPD 在使用过程中，对所在线路的数据传输影响巨大，因此，除了要满足电涌脉冲防护的功能之外，自身还必须具备对线路的匹配功能、减小损耗、最大限度不影响原线路的传输特性，因此对以下几个参数要求严格。

（1）插入损耗：电气系统中，在给定频率下，连接到给定电源系统的电涌保护器的插入损耗定义为，电源线上紧靠电涌保护器接入点之后，在被试电涌保护器接入前后的电压比。在电子系统中，由于在传输系统中插入一个电涌保护器所引起的损耗，它是在电涌保护器插入前传递到后面系统部分的功率与电涌保护器插入后传递到同一部分的功率之比。插入损耗通常用分贝（dB）表示，通常这个值不超过 0.2dB。

（2）回波损耗：反射系数倒数的模，一般用分贝（dB）表示。

（3）近端串扰：串扰在被干扰的通道中传输，其方向与产生干扰的通道中电流传输的方向相反。在被干扰的通道中产生的近端串扰，其端口通常靠近产生干扰的通道的功能端，或与之重合。

7.6.2 信号 SPD 选择

（1）分布电容：信号 SPD 不管其内部元件是使用气体放电管还是半导体放电管或压敏电阻，在信号线路与地线之间都或多或少存在着分布电容，高频信号会通过这个旁路电容旁路到地，造成高频信号的损失。在各种元件中，气体放电管的分布电容最小，半导体放电管的分布电容次之，压敏电阻的分布电容最大。

（2）带宽：信号线的种类很多，传输速率各不相同。电话拨号的传输速率为 64kbit/s，而 ADSL、DDN 为 2Mbit/s，网络双绞线有 10Mbit/s、100Mbit/s、1000Mbit/s 等，同轴电缆有 2Mbit/s、10Mbit/s、40Mbit/s 等。不同的传输速率对信号带宽的要求不同，速率越高，要求的带宽越宽。另外，信号载波频率对电路的带宽也有不同的要求。通常，低频信号要求电路的幅频特性是低通，中频信号一般是带通，而高频信号则是要求是高通或带通。SPD 的带宽既要满足传输速率对信号带宽的要求，又要满足载波频率对电路带宽的要求。如果 SPD 的带宽不足，会使得部分信号无法传输。

（3）阻抗匹配：阻抗匹配也是影响信号传输的一个因素。如果 SPD 的阻抗和线路不匹配，就会在线路上产生反射波，形成驻波，造成信号功率的衰减。这一点对同轴电缆尤为重要，同轴电缆抗干扰能力很弱，尤其是 LEMP 对其影响很大，需要通过安装 BNC 接头的 SPD 来防止过电压的入侵，安装时就需要做到线路的阻抗匹配，根据情况其匹配阻抗分为 50Ω 和 70Ω 两种情况。

（4）工作电压：传输信号的种类很多，有模拟信号、数字信号、控制信号、数据信号、音频信号、视频信号、低频信号、高频信号等。信号电压也各不相同，有直流、交流，电压有 5V、12V、24V、48V、100V 等。信号电压不同，对 SPD 的标称导通电压有不同的要求。如果 SPD 的标称导致通电压过低，会使 SPD 频繁导通，影响信号的通过，也使 SPD 容易损坏；而标称导通电压过高，又可能会使得雷电过电压进入被保护设备，起不到应有的防雷作用。

信号的电涌防护需要根据信号的特性及信号接口的类型来设计，需要符合 GB 18802.21《电信与信号网络 SPD 的性能与试验方法》的技术要求。

7.7 电源 SPD 的分类

按照 IEC 61643-1/E 标准，将低压配电系统的电源 SPD 防护细分为 A、B、C 和 D 四个等级。A 级电涌保护器用于低电压架空线路，B、C 和 D 级电涌保护器用于建筑物中的电气装置。对放电能力要求最高的是 B 级 SPD，用于雷电保护等电位连接目的，这级 SPD 是在防雷保护区 $LPZ0_A \sim LPZ1$ 的界面上防护雷电和电涌，必须能够多次承载波形为 $10/350\mu s$ 的雷电流而不被损坏。SPD 的任务是防止破坏性的雷电流侵入建筑物内的电力系统，抗雷电流 SPD 也可安装在电表的前面。C 级电涌保护器用于固定设备的电涌保护，尤其是 III 类冲击耐压的设备中，常在防雷保护区 $LPZ1 \sim LPZ2$ 的交界面上安装 SPD，用来防护带电导体 L1、L2、L3、N 与保护线 PE 之间出现的电涌，该级 SPD 放电能力约为 $8/20\mu s$ 波形下的 $10 \sim 20$ kA 的冲击电流。电涌防护的最后环节是终端设备保护，也就是防雷保护区 $LPZ2 \sim LPZ3$ 的边界，选用的 D 级 SPD 的任务是防护 L 和 N 之间出现的电涌，主要是操作过电压和前级 SPD 的残余能量，用于 II 类与 I 类冲击耐压的设备电涌保护。

表 7-3 根据不同防护级别的 SPD，给出了它们的防护对象、防护模式及安装位置。

表 7-3 不同防护级别的防护特点

保护器的名称	保护措施的特点	保护措施的目的	安装地点
雷电流避雷器（B 级）	防雷保护等电位连接	保护电气系统进来的雷电流	建筑主配电板
浪涌避雷器（C 级）	配电级的电涌保护	防共模电涌（L、N 对 PE）	分配电柜
浪涌避雷器（D 级）	终端设备的电涌保护	防差模电涌（L 对 N）	明敷线槽插座设备终端

如图 7-16 所示为 TN-S 模式下的电源系统的多级防护示例，该图详细描述了在低压供电系统中，不同的耐冲击过电压类别及耐冲击过电压额定值和 SPD 安装位置。

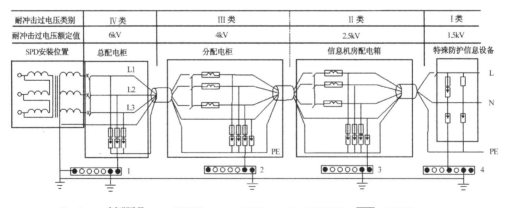

图 7-16 耐冲击过电压类别及浪涌保护器安装位置（TN-S）

如图7-17所示为电子信息工程的电源系统中，针对不同的耐冲击过电压的分类及各类别对应的电气设备。

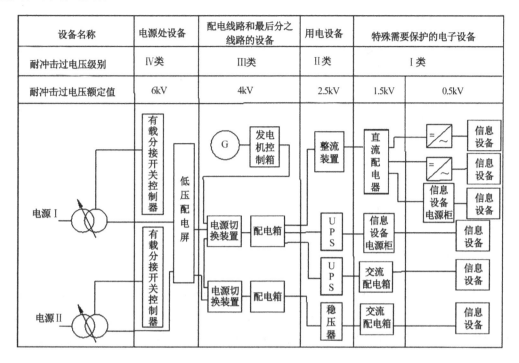

图7-17 电子信息系统电源设备分类

7.7.1 A级SPD

A级SPD用于低电压架空线路的防雷保护。用于低电压架空线路的浪涌避雷器通常由火花间隙和压敏电阻串联构成，A级SPD设计的8/20μs标称放电电流为5kA，这种负荷在远处雷击情况下出现于供电系统。在直接雷击情况下，火花间隙烧熔且非线性电阻熔化，脱离器将失效的SPD与系统脱离。

如图7-18所示为释放5kA（8/20μs）浪涌电流时架空线和"地"之间产生的电压 U_M。U_M 由以下几部分组成。

（1）电压保护水平 U_P（约2kV）。

（2）接地导线电感上的电压降，对5kA（8/20μs）浪涌电流，$\dfrac{dI}{dt}$ 最大值约为1kA/μs，因此电压降的峰值约为10kV。

（3）冲击接地电阻 R_E 上的电压降，峰值约50kV。

所有这些时变电位梯度的总和 $U_M = f(t)$ 的峰值约为65kV。因此，这种避雷器用于低电压架空线路释放标称放电电流时，不能有效保护所连接的用户设施，它们主要保护低电压架空线路系统本身。

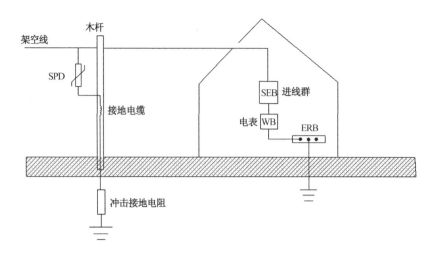

图 7-18 安装在架空线上的避雷器的保护效果

7.7.2 B 级 SPD

B 级 SPD 主要用于防雷保护等电位连接。B 级 SPD 在电源系统中的应用和熔断电阻需要合理配合，考虑到它们首先要承载雷电浪涌电流，接着要承载电源短路电流，与电源续流相比，雷电浪涌电流在配电系统中是不可避免的。而熔断电阻有三种不同的特性：不熔化、熔化、爆炸。

（1）不熔化：雷电浪涌电流输入的能量太低不足以使熔断电阻熔化。

（2）熔化：雷电浪涌电流的能量足够熔化熔断电阻，并因此中断了通过的电流通路。典型的熔断电阻性能是外加的雷电浪涌电流可以流过而不受熔断电阻性能的影响。当雷电浪涌电流超过熔断电阻的熔化点以后，在熔断电阻中产生电弧，体现为熔断电阻上的电位差。

（3）爆炸：雷电浪涌电流的瞬时能量够大，以至于熔断电阻在爆炸中蒸发，结果是熔断电阻的外壳可能破裂。

在 SPD 与熔断电阻的应用问题上，不同的问题需要不同的 SPD 后备熔断电阻。当 SPD 失效时，熔断电阻提供间接接触防护，这是所有 B 级、C 级和 D 级 SPD 的后备熔断电阻的任务，因此熔断电阻必须设计成能将失效 SPD 在要求的时间内安全地从低压系统中切除。同时，为了保证 SPD 的短路承受能力，在任何情况下都不得超过允许的最大后备熔断电阻承载能力。基于火花间隙的 SPD，可能出现电源续流，在应用最大允许后备熔断电阻时，也会达到 SPD 的最大续流熄灭容量。如果后备熔断电阻较小，可能会切断本可以由避雷器本身安全熄灭的电源续流。因此，SPD 后备熔断电阻必须尽可能大。如果条件允许，应当避免装设避雷器支路上的独立后备熔断电阻。

为了克服上述 SPD 与熔断电阻之间的配合问题，一种采用 Radax 吹弧技术得到了应用。该 SPD 火花间隙电弧电压在幅值上几乎等于系统电压，不会出现普通火花间隙典型的系统电压降，避免了对电压降或供电电压偏移敏感的电子设备的干扰。电源续流限制的效果明显。即使在 36kA 的冲击短路电流下，通过被测试的采用 Radax 吹弧技术的避雷器的弧前电流也只有约 1.6kA。在主电源系统中应用具有 Radax 吹弧技术的 B 级 SPD，可以避免在供电入口端或表盘上的后备熔断电阻被电源续流熔断。

7.7.3　C 级 SPD

C 级 SPD 用于永久性建筑电气装置。在防雷保护区 LPZ0$_B$ 和 LPZ1 及更高保护区之间的界面上，在电源的相线上安装浪涌保护器。在 TT 和 TN-S 系统中，中性线 N 和保护地线 PE 分开，中性线 N 与保护地线 PE 之间应装有 SPD。在 C 级的电涌防护中，通常基于 ZnO 的 SPD 有 15kA（8/20μs）的泄流能力，保护元件必须能安全地传导这一放电电流，并且至少 20 次特性不变。在后备 SPD 和去耦阻抗正确配置的情况下，足以防止 SPD 过载。

7.7.4　D 级 SPD

D 级 SPD 常用在电源插座上，在电源插座上的过电压防护可应用移动式 SPD。这种保护器常可装备附加滤波器，通过运行指示器绿灯和故障指示器红灯的提示，告知 SPD 的运行状态。过载时将负载从电源自动切除，不中断供电，如图 7-19 所示。

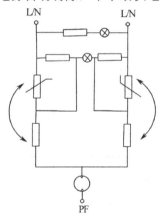

图 7-19　带过电压保护的插座电路

7.8　电源 SPD 保护模式

由于 380V 电源线路和电源设备上有 3 根相线 L1、L2、L3，以及 1 根中性线 N、1 根地线 PE。进行电源线路和电源设备防雷保护的避雷器一般也应考虑对这 5 根线所形成的所有端口进行保护，包括 L-E 之间保护、L-N 之间保护、N-PE 之间保护及 L-L 之间保护。电力线路需要提供的各种保护模式如图 7-20 所示。

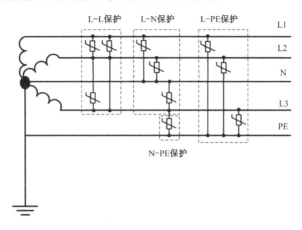

图 7-20 电力线路需要提供的各种保护模式

我国在电源接地方面存在多种接零接地方法,要根据实际防护需求选择对某些端口做保护,一般不直接提供 L-L 的保护,只提供 L-N、L-PE 及 N-PE 的保护。因为大部分用电负载都是 L-N 模式工作的,提供 L-N 或 L-PE 的保护,就已经达到了防雷保护的目的。对三相电源来说,有三个 L-N 保护电路的 SPD,如图 7-21 所示;三个 L-PE 保护电路的 SPD,如图 7-22 所示;三个 L-N 保护电路加 1 个 N-PE 保护电路的避雷器;3 个 L-PE 加 1 个 N-PE 保护电路的避雷器等多种保护方式。对单相电源来说,有 1 个 L-N 保护电路的避雷器、1 个 L-PE 保护电路的避雷器、1 个 L-N 保护电路加 1 个 N-PE 保护电路的避雷器、1 个 L-PE 加 1 个 N-PE 保护电路的避雷器。但对于一些属于 L-L 模式工作的负载,由于多方面的工作需要,一般不采用直接 L-L 模式的防雷保护,而是另外提供 L-L 的保护或滤波衰减电路,否则即使前面提供了各种 L-N 或 L-PE 或 N-PE 的防雷保护,L-L 之间还是可能存在超过负载抗力水平的浪涌冲击,造成对 L-L 模式工作的负载损害。

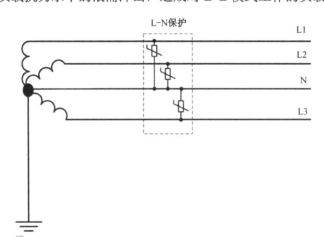

图 7-21 3 个 L-N 保护电路的三相电源 SPD

第 7 章 电涌保护器

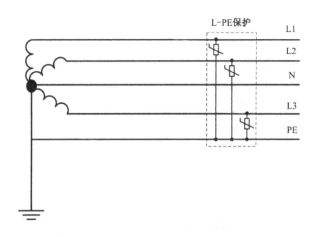

图 7-22 3 个 L-PE 保护电路的三相电源 SPD

TN 系统的接地过电流比较大，TN 系统中电涌保护器只能安装在过电流保护设备之后，以便在电涌保护器发生故障时及时切断故障，保证人员和设备的安全。同时在发生接地故障的情况下对地电压虽然会降低，但持续的时间比较短，相间和 L-N 之间的电压也不会升高，对地升高的幅度仍可以接受。在 TN 系统中使用的电涌保护器的额定电压为系统电压的 1.15 倍，如下式：

$$U_c \geqslant 1.15 \times U_n \tag{7.4}$$

TN 系统又可以分为 TN-S 系统、TN-C 系统、TN-C-S 系统。

7.8.1　TN-S 电力接地系统安装 SPD

对于 TN-S 接线体制，零线除在变压器接地点与地线、大地相接，其他地方与地线、大地完全分离。从理论上讲，L-N、L-PE、N-PE、L-L 之间都有防雷保护的需要。但在实际应用中，应考虑采用 L-E 和 N-E 的保护模式，因为 3 根相线处于平行状态，雷电在各相线之间的电压差不可能很大，即使各相线上有不同雷电脉冲，由于 L-PE 之间保护的存在，相线之间的雷电脉冲电压差会受到抑制，一般不需要专门对 L-L 之间进行保护。另外，有了 L-E 和 N-E 之间的保护，L-N 之间雷电压也受到 L-E 和 N-E 这两个保护模块的串联保护，专门的 L-N 之间的保护也可加可不加。在 TN-S 接地系统中，PE 线和 N 线分开，只有回路阻抗太高导致故障电流非常小的情况下才需要剩余电流保护。即使在这种情况下 L-N 之间的操作过电压所泄放的电流也可以从 N 线返回，不会产生使漏电保护误动的电流。因此，电涌保护器安装在漏电保护之后。

若设备接地系统总接地排从变压器所在电力房引出，SPD 一般要对 3 个 L-PE 与 1 个 N-PE 采用相同的保护模式（4+0 保护模式），如图 7-23 所示。

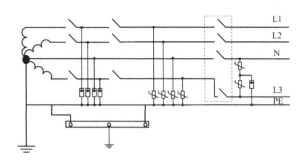

图 7-23　TN-S 系统 SPD 保护模式

7.8.2　TN-C 电力接地系统安装 SPD

对 TN-C 三相四线制系统或 TN-C-S 系统，只需要采用如图 7-24 所示的 SPD 保护方式。但实际通信局（站）必须利用局（站）大楼地网为设备保护接地，因此，这种标准的 TN-C 或 TN-C-S 配电方式通信局（站）一般不采纳，更多采用其变种方式：零、地线（PEN）局内重复接地方式，即零、地线在局（站）建筑内与主地网重复连接一次。

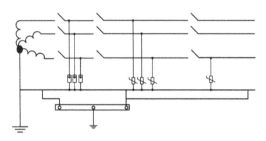

图 7-24　TN-C 系统 SPD 保护模式

7.8.3　TN-C-S 系统安装 SPD

TN-C-S 系统中最末一级的 D 级电涌保护器的保护设备是带有漏电保护功能的断路器，应使用浪涌保护的漏电断路器。因为在 LN 之间泄放电流时，没有电流会释放到 PE。TN-C-S 接地系统的电涌保护器的安装如图 7-25 所示。

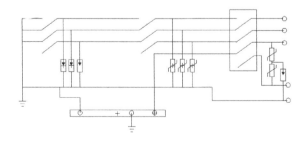

图 7-25　TN-C-S 接地系统的 SPD 安装

7.8.4 TT 电力接地系统安装 SPD

对于 TT 电力接地系统，若在机房内零线不得与机房地网复接，应在 L-N 和 N-E 之间采用不同的保护方式。由于前面已经介绍 TT 电力系统的负载相线碰地时，无法利用相线对地短路产生大电流来促使前面的串联保护开关跳闸，只有采用对地漏电保护开关方式来实现相线对地保护，但若 N-PE 采用压敏电阻 SPD 时压敏电阻在交流电源工作时就会产生一定的漏电流，很容易造成相线对地漏电流过大而跳闸，所以 N-PE 保护模式应采取完全没有漏电的气体间隙，才能保证原有 TT 系统的漏电保护机制不会因 SPD 的接入而破坏。在野外或乡村通信局（站）中，虽然 TT 电力系统中并没有安装漏电保护开关，但由于野外或农村电力电网稳定性非常差，相地之间、零地之间电位差也会非常高，所以，采用高动作电压的气体间隙作为零地之间的保护。实际上，不仅零地之间漏电流被切断，相地之间漏电流也会被切断，从而大大减小了 SPD 因工频漏电流过大导致 SPD 发热起火的危险性。TT 系统中发生接地故障时，由于受电流接地电阻和电气设备接地电阻的影响，故障电流比较小。在系统和负荷的各种参数不利的情况下，发生接地故障时的故障电流可能不会使断路故障保护装置动作，因此，需要在末端采用剩余电流保护，来保障人身和设备的安全。由于 N 线和 PE 线之间没有太多的联系，需要在 N 线和 PE 线安装雷电流 SPD。并且该雷电流 SPD 必须满足比较高的要求，因为它必须能够承受 L1、L2、L3 和 N 线上的雷电流的分电流。在 TT 系统中应用电涌保护器的额定电压如下：

$$L 线和 N 线之间的电涌保护器 \ U_c \geq 1.1 \times U_n \qquad (7.5)$$
$$N 线和 PE 线之间的电涌保护器 \ U_c \geq 1.1 \times U_n \times 0.5 \qquad (7.6)$$

TT 接地系统的电涌保护器的安装如图 7-26 所示。

若 TT 电力接地系统的零线在机房内与机房电网重复接地一次，则 N-E 之间再加保护已经没有多大意义了，仍可以在 L-N 和 N-E 之间采用不同的保护方式。

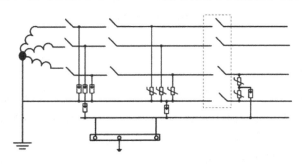

图 7-26　TT 接地系统的电涌保护器安装

7.8.5 IT 电力接地系统安装 SPD

IT 系统中，单相接地时的故障电流比较小，可以在故障状态下继续运行。剩余电流保护通常动作为报警，而不是跳闸。在单相接地之后继续运行，故障相对地电压为零，中性点和非故障相对地电压会升高$\sqrt{3}$倍,如图 7-27 所示。因此,IT 系统中的电涌保护器的额定电压应考虑故障状态下运行,如下式:

$$U_c \geqslant 1.15 \times \sqrt{3} \times U_n \tag{7.7}$$

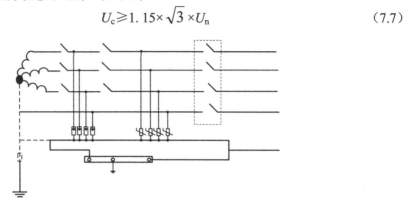

图 7-27　IT 接地系统的电涌保护器安装

7.9　电源 SPD 保护模块的内部结构

7.9.1　压敏电阻模块

压敏电阻模块的保护回路有多种组成方式:有利用单个大通流容量的压敏电阻构成的模块,有利用型号规格一样的多个中小通流容量的压敏电阻并联组成的模块,有同时实现 L-N 和 N-E 多层保护功能的模块等。对于通流容量小的保护模块,基本上利用一个与通流容量相称的压敏电阻再配置其他辅助电路即可组成一个保护模块。对于通流容量大的保护模块,存在利用一个通流容量大的压敏电阻组成模块和利用多个通流容量小的压敏电阻组成模块两种方式。

1. 多压敏电阻并联问题

有些场合需要使用多个压敏电阻并联的方式组成一个保护模块,这就要求必须解决好多个压敏电阻并联的各元件均流的问题。由于压敏电阻伏安特性的非线性特点,在直流或低频交流通过时所表现的伏安特性曲线可能与雷电脉冲电流通过时相差甚远,所以即使在直流或低频交流测试时严格筛选、精确配对的多个压敏电阻并联在一起,雷电脉冲通过时不均流现象可能还很严重,这意味着先动作的压敏电阻要承担比平均电流大得多的电流,很容易造成先动作压敏电阻提前损坏,进而导致其他压敏电阻也损坏。例如,利用 3 个 20kA 压敏电阻并联起来做一个 60kA 模块,如图 7-28 (a) 所示,理论上是可行的。但是,由于元件不均流现象或元件引线长度不均等现象的存在,当 60kA 雷电流通过时,动作电压低的压敏电阻可能要通过 30kA 雷电流,而动作电压高的压敏电阻只通过 10kA 雷电流,如图 7-28 (b) 所示,这将导致前者老化失效加快。

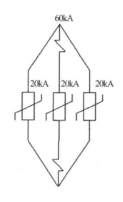 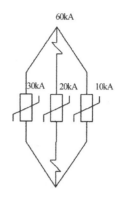

（a）雷电流均分效果好的压敏电阻模块　　　（b）雷电流均分效果差的压敏电阻模块

图 7-28　多压敏电阻并联的模块雷电流均分效果示意

2. 老化发热问题

压敏电阻模块在老化失效或电源电压波动过大时，都会出现通过压敏电阻的工频漏电流过大，导致压敏电阻发热严重的安全隐患。当持续通过压敏电阻的工频电流过大时，压敏电阻容易起火燃烧，对通信局（站）安全会造成严重威胁。质量越好的压敏电阻起火燃烧的可能性更大，这是因为质量差的压敏电阻在温度过高时容易膨胀开裂，从而切断了流过压敏电阻的工频电流，而质量好的压敏电阻能耐高温，甚至 200～300℃都能继续通电流，从而会导致包封材料和模块塑料外壳等物质承受不了如此高温而燃烧。因此压敏电阻模块要防范发热燃烧事故，必须具备热脱扣要求，即当压敏电阻片子温度上升到某个温度时，压敏电阻必须与电源回路断开，切断通过压敏电阻的电流，也就是发热源。

3. SPD 最大持续工作电压选择问题

根据防雷元件工作机理，最大持续工作电压越低，SPD 压敏电压就越低，保护效果也越好，因此很多 SPD 厂家总是希望能降低防雷元件的压敏电压。但电源电压波动上升时，也会上升到防雷元件动作阈值，导致 SPD 有工频电流通过而发热，长期下去，就会使得 SPD 发热起火。

根据多年来对通信局站使用 SPD 起火事故的案例分析，SPD 最大持续工作电压应该在 380V 以上。原因是尽管我国配电系统工频电压额定值为 220/380V，但这个电压的波动性非常大，特别是农村电网或小水电站或有耗电大户的地方，电压日夜变化很大，而且浪涌非常严重，SPD 发生起火燃烧事故的概率也大。

4. 热脱扣与空开配合保护问题

空气开关是靠大电流来促使短路开关断开，热脱扣保护装置靠高温来促使脱扣装置断开。空气开关必须具有很大的通流力，能承受 50～100kA 雷电流冲击而不跳闸，一般要选择 63A 以上甚至 126A 工作电流的空气开关。但这种大电流的空气开关在压敏电阻失效而产生的工频电流不大时不会跳闸，此时将失去对失效压敏电阻的保护作用。

压敏电阻存在高阻失效与低阻失效两种失效方式。当压敏电阻处于低阻失效时，压敏电阻的电流非常大,压敏电阻产生的热量也大,因此空气开关可能很快会动作跳闸也不排除热脱扣装置动作。当压敏电阻处于高阻失效时,通过压敏电阻的工频电流不大,但压敏电阻产生的热量却很大,此时空气开关很难断开,唯有靠压敏电阻热脱口装死动作断开保护回路。

常见的热脱扣装置有多种。第一种是将热脱扣装置触发器设置在压敏电阻引脚上,如图 7-29 所示。利用压敏电阻元件通过交流电流发热升温时其引脚会出现高温,将引脚上的低温焊锡溶解,引起脱扣机构在弹性装置的作用下脱扣,实现压敏电阻回路断电,机械脱扣装置一旦动作将永久失效,不可重复使用。第二种是将热脱扣装置焊锡紧贴在压敏电阻表面上,如图 7-30 所示。压敏电阻在通过交流电流时其表面会产生高温,溶解紧贴在压敏电阻表面的热脱扣机构焊锡,引起机械脱扣机构在弹性装置的应力作用下脱扣动作,实现压敏电阻回路断电,该装置动作后也不可重复使用。第三种是将与压敏电阻串联的电阻值极低的正温度系数热敏电阻紧贴在压敏电阻表面,如图 7-31 所示。交流电流通过热敏电阻将引起升温变成高阻态,从而实现压敏电阻回路电流处于极低的水平,当交流电流消失后,热敏电阻将恢复至低阻态,可重复使用。第四种是将热敏电阻更换为温断电阻贴在压敏电阻表面,如图 7-32 所示。当压敏电阻表面温度上升到一定高度时,温断电阻永远断裂,从而实现压敏电阻回路断电,该装置一旦动作也不能重复使用。

好的压敏电阻基本上是高阻失效,意味着在实际使用中无论如何发热都很难使压敏电阻彻底短路。空气开关因压敏电阻短路、工频电流过大而动作的可能性极小。也就是说,不能期望空气开关能有效解决 SPD 过热起火的安全隐患问题。

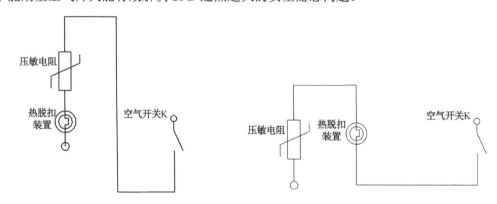

图 7-29 SPD 的热脱扣装置于空开装置　　　图 7-30 SPD 的热脱扣装置与空开装置

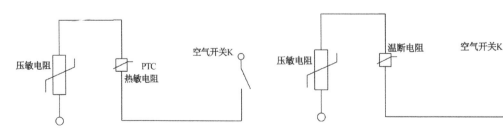

图 7-31 SPD 的热脱扣装置与空开装置　　　图 7-32 SPD 的热脱扣装置与空开装置

安装空气开关主要是考虑它能对 SPD 的维护操作起隔离作用；同时在 SPD 发热起火或遇到因外围电路发生短路情况时，空气开关能起到跳闸断路作用。所以，SPD 的空气开关安装在 SPD 机箱外比安装在 SPD 机箱内更有利于操作。

7.9.2 气体间隙模块

单个气体间隙的容量可以做得很大，但冲击击穿电压很高，电源 SPD 上使用的间隙动作电压阈值为 2000～3000V，而且每次雷击动作时击穿电压很不一致，因此间隙类模块只适合用作粗保护。

由于间隙导通时存在续流遮断问题，当间隙内部遭受多次大电流产生的弧光冲击后，会产生污损物质沉淀在电极板表面，如图 7-33 所示。这将会导致击穿电压值偏离设计值，对续流遮断影响更大。因为大电流产生的弧光温度会很高，即使是金属电极也可能被熔化、汽化，很容易将间隙的两个电极表面形成焦炭状细微颗粒，这些颗粒附着在电极平面，将改变电极之间的放电距离和结构，造成击穿电压明显下降，当雷击再次发生时，原来可以灭弧的间隙，可能变得无法快速灭弧。当间隙不能灭弧时，电力线上短路工频大电流必将引起 SPD 前面的开关、熔丝因过载而断开或者间隙自身承受不了高温而引起燃烧。为了安全起见，通信行业标准不提倡在通信局（站）电源线路的相线与零线或相线与地线之间采用间隙作为防雷保护，气体间隙仅适用于零线与地线之间的防雷保护。

电极表面光滑的间隙

电极表面污损不光滑的间隙

图 7-33　间隙的电极随雷击次数增加的变化

7.9.3　压敏电阻与间隙串联组合模块

为了避免压敏电阻因长期在交流电源的作用下而出现漏电流指标老化，有的 SPD 生产厂家开发了压敏电阻与间隙串联的组合模块，如图 7-29 所示。当交流电源电压低于间隙的直流击穿电压时，压敏电阻不会有漏电流通过，这对压敏电阻的保护有很大帮助；当交流电源电压高于间隙的击穿电压时，间隙处于低压状态，交流电流会通过压敏电阻和间隙，导致压敏电阻和间隙过热，这有可能引起间隙发热起火。因此，根据电力线路电压波动情况，合理选择和保持间隙的直流击穿电压是这种保护模式的关键。这种保护模式还有一个缺点是由于电路上串联了压敏电阻和间隙，雷击时保护限制电压比较高，对保护效果有一定的不利影响。

7.9.4 压敏电阻与间隙并联组合模块

一些需要对大雷电流冲击进行精确防护的电源 SPD，单纯使用压敏电阻作为保护模块可能在通流容量方面受到一定限制，单纯使用间隙作为保护模块也存在动作电压偏高的弊端，因此有人开发了一种压敏电阻与间隙电阻并联的模块，如图 7-34 所示。当雷电波侵入时，首先动作的是压敏电阻，随着通过压敏电阻的雷电电流逐步增加，压敏电阻元件极间电压也随之增加，但电压变得更平缓了，到一定高度就可以击穿间隙，大部分雷电流通过间隙入地，从而整个模块的保护电压也立即下降到一个很低的水平，既保护了后面的负载，又保护了压敏电阻元件。

使用这种组合模块最大的问题还是在长期的使用过程中间隙续流能否顺利遮断。

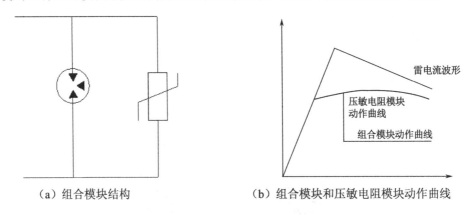

（a）组合模块结构　　　　（b）组合模块和压敏电阻模块动作曲线

图 7-34　压敏电阻与间隙并联组合模块动作曲线示意

7.9.5 压敏电阻与半导体管并联组合模块

当雷电脉冲入侵时，压敏电阻模块的保护动作电压比较高，且与最大持续工作电压有密切关系。为了在不降低持续工作电压的前提下降低压敏电阻的保护动作电压，可利用稳压型半导体管与压敏电阻并联的做法，如图 7-35（a）所示。这种做法利用半导体管响应速度快、箝位电压精确的优点，在压敏电阻还未完全动作的前夕，较好地将压敏电阻向上过冲的电压峰值截止，而压敏电阻完全动作后，确保绝大部分雷电流从压敏电阻通过，从而保护了半导体管。但这种并联模块也存在两种元件之间动作电压和通流功率匹配的问题，当半导体管动作电压选得比压敏电阻低太多时，半导体管要承受过大的雷电流，会导致在压敏电阻完全动作之前半导体管已经彻底损坏。

7.9.6 二次保护式压敏电阻模块

压敏电阻 SPD 在使用过程中，会遇到较大的雷电流损坏的情况，这种损坏不容易及时发现，有一种二次保护式压敏电阻模块如图 7-35（b）所示。采用两种不同等级压敏电压的并联。其中，低电压等级压敏电阻通流容量为 SPD 额定通流容量；高电压等级的压敏电阻为前者的 20%，仅作为一种应急保护。当低电压的压敏电阻被雷击损坏后，高电压压敏电阻能立即顶上去，避免整个 SPD 失去基本保护作用。

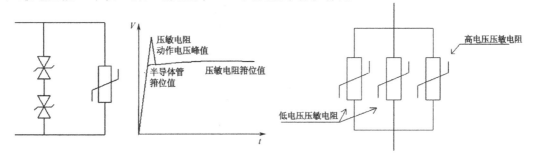

(a) 压敏电阻与半导体管并联组合模块　　(b) 二次保护式纯压敏电阻模块

图 7-35　压敏电阻的并联使用

7.10　电源 SPD 组合结构

7.10.1　单级并联 SPD

最简单的电源 SPD 结构是多个防雷模块直接与主回路并联连接的单级并联式 SPD，也是最通用、安装最便捷的一种 SPD。但一个 SPD 中除了有多个防雷模块外，实际上还有一些辅助电路存在，如电源电压显示装置、雷电计数显示装置、模块失效告警显示装置、模块失效节点输出装置、模块有效程度显示装置等。实际上无论何种 SPD，都可能包含这些辅助电路，常见单级并联 SPD 主模块的电路原理如图 7-36 所示。

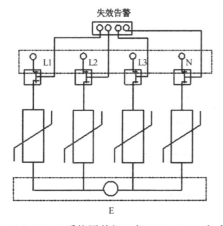
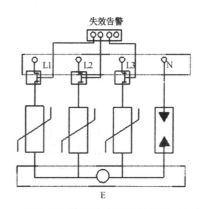

(a) TN-S 系统用单级三相 SPD（4+0 方式）　　(b) TT 系统用单级三相 SPD（3+1 方式）

图 7-36　常见单级并联 SPD 主模块的电路原理

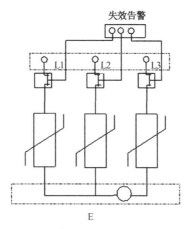

（c）TN-C 系统用单级三相 SPD（3+0 方式）

图 7-36　常见单级并联 SPD 主模块的电路原理（续）

7.10.2　多级并联 SPD

通过在电源线路上多个位置安装 SPD 来实现防雷目的是防雷工程的基本要求。但在一些空间紧张的地方，要在多个位置安装 SPD 很困难，因此，有一种能同时完成第一级、第二级 SPD 职能的（B+C）多级并联 SPD 产品，例如，前面已提到的压敏电阻与间隙并联组合模块组成的 SPD。

为了最大限度地降低 SPD 的保护电压，也可在压敏电阻两端并联稳压管电路，形成另一种多级并联 SPD 产品，例如，前面已提到的压敏电阻与稳压管并联组合模块所组成的 SPD。

常见多级并联电源 SPD 主模块电路原理如图 7-37 所示。

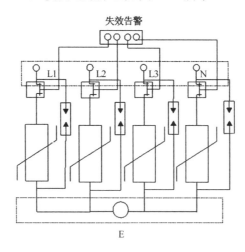

图 7-37　压敏电阻与气体间隙并联模块 SPD

7.10.3 多级串联 SPD

多级串联 SPD 集中了多种防雷电路和滤波或退耦电路，这种 SPD 可以将前面入侵的强雷电脉冲箝位、抑制后，变成幅值很低的雷电脉冲向后面负载输出，起到比单级并联 SPD 好的保护效果。下面介绍几种常见的多级串联 SPD 产品。

1. 含有 LC 滤波电路的多级串联 SPD

常见的含有 LC 滤波电路的多级串联 SPD 主模块电路原理如图 7-38 所示。

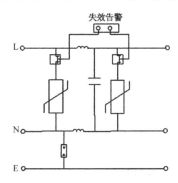

图 7-38　含有 LC 滤波电路的多级串联 SPD 模块原理

由于主回路中串联电感对工频电流、工频电压有一定阻碍作用，因此要根据 50Hz 电源电压在 SPD 中衰减大小限值及电源电流在电感上的发热程度确定滤波电路电感和电容参数，或者说根据串联式 SPD 对电源电压电流的限制来选择合适的 SPD。串联式 SPD 比较适合用在电流小、对防雷要求高的场所。

2. 含退耦电感模块的多级串联 SPD

为了让电源 SPD 能适用多种环境，许多厂家开发了可以根据环境需要选择增加或拆除退耦电感模块的 SPD。当多级防雷的安装距离小于 5m，无法满足两级 SPD 退耦距离时，可通过增加电感来退耦，如图 7-39 所示。

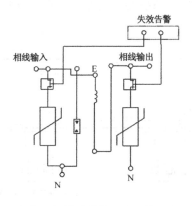

图 7-39　含接退耦模块的第一级、第二级 SPD 原理

3. 含隔离变压器的多级串联 SPD

许多设备的防雷，由于布线条件限制，不能采用多级 SPD 实现防雷保护。如果有天馈线进入室内，一种方法就是采用含隔离变压器的串联 SPD，如图 7-40 所示。

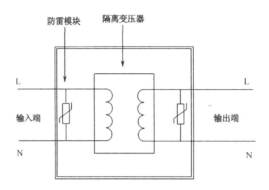

图 7-40 含隔离变压器多级串联 SPD 的电路原理

7.11 信号 SPD 模式及结构

为了保证电子信息系统的安全可靠工作，对在电子信息系统中出现的干扰必须限制到低于设备的干扰限值。然而，设备的干扰限值和破坏限值大多未知。为了避免信息技术设备被干扰甚至损坏，信号 SPD 必须将干扰影响限制到被保护设备的电涌抗扰度值以下。与电力系统中保护器的选择相比，信号 SPD 在 220/380V 系统中电压和频率是固定的，而在信息系统中传送的信号有不同的种类。被传送信号的每一个电气参数都包含实际传送的信息，因此在电子信息系统中电源 SPD 和信号 SPD 的安装均不能影响信号传输。

图 7-41 表示信号 SPD 按照防雷保护区的概念在计算中心的安装。为了减小电磁场的影响，建筑物或房间的屏蔽措施已经到位。在防雷保护区 LPZ0 和 LPZ1 之间的界面上，电力系统通过 B 级雷电流 SPD 接入防雷保护等电位连接。LPZ1 到 LPZ2 通过局部等电位连接由 C 级 SPD 实现。信息技术系统的电涌保护也有类似的结构。

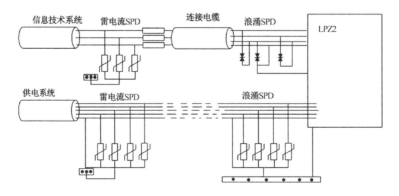

图 7-41 计算机中心在保护区界面上的 SPD 安装示意

7.11.1 信号 SPD 的保护模式

1. 平行线对

一般双绞线、平行线对的两个信号线对地完全均衡，所以它们的防雷要求也是完全一样的，而且多对平行线的防雷与一对平行线的原理完全相同，如图 7-42 所示。对于一对平行的通信线路，一般要求任意导线对大地、导线与导线之间都需要考虑防雷保护要求。对于那些连接精密设备、防雷要求高的平行线对，还要考虑多级防雷电路。

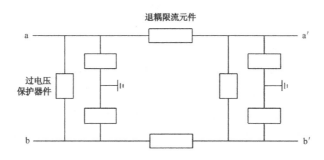

图 7-42 平行线对 SPD 原理

2. 同轴线

普通同轴线只有金属芯线与金属外皮层，这类同轴线的防雷保护主要集中在芯线与金属外皮层之间。也有的同轴线在芯线和金属外皮层外还有一层接地屏蔽层，这种同轴线的防雷除了芯线与外皮层之间外，还需要在外皮与屏蔽层之间采取防护措施。同轴线的避雷原理如图 7-43 所示。

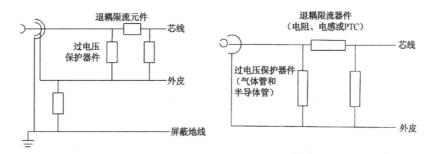

（a）带屏蔽地线的同轴线避雷电路原理　（b）不带屏蔽地线的同轴线避雷针电路原理

图 7-43 同轴线防雷电路原理

7.11.2 信号 SPD 的结构与电路设计

1. 电话线 SPD

电话线属于对称双绞线，也可看作平行线，其工作电源有直流 48V、铃压 90V，工作频率为 64kbits/s，因此，使用在这种线路上的 SPD，应满足直流动作电压大于 190V 而小于 260V、冲击击穿电压小于 700V 的要求。由于用户环路电缆的长度一般都为 4km，少数线路甚至超过 7km，因此，一般要求 SPD 也能耐雷击电压 4kV、耐雷击电流 5kA 以上。我国的市话交换机防雷保护用 MDF 保安单元基本上都是采用一级过压保护加一级过流保护，而国外还有很多交换机 MDF 保安单元采用二级过压保护加一级过压保护。同样的要求和方法也适用于接有 Modem 的窄带线路。MDF 保安单元的保护电路结构如图 7-44 所示。

2. RS232 接口 SPD

RS232 通信线路一般分为几种：一种是 25 针电缆线路直接连接的方式；一种是双绞线直接连接方式；还有一种是双绞线两端加调制解调器，再转换成 25 针电缆方式。此外，还有 15 针或 9 针接口的 RS232 电路板。对于不同的通信线路方式，可以采用不同的保护模式。一般来讲，最需要保护的针脚有第 2、3 号两个，但也有 1～9 针或 15 针或 25 针全保护的 SPD。由于 RS232 接口工作电压在 15V 以下，传输速率为数百 kbits/s，此时工作频率范围内插入衰耗不大于 1dB，因此，对于 RS232 的 SPD 参数选择也应确定在直流箝位电压不小于 15V、冲击箝位电压不大于 26V、传输速率不小于 1Mbits/s、耐电压不小于 1.5kV、耐雷电流能力不小于 3kA。

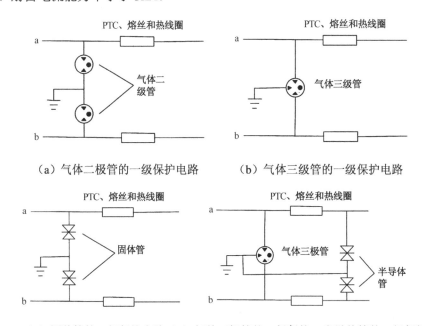

图 7-44 MDF 保安单元的保护电路结构

RS232 的 SPD 直流箝位电压不小于 15V，是指芯线之间箝位电压，而芯线对地箝位电压则根据应用环境条件分为 30V 和 500V 两种。因为在很多长距离通信线路上，经常会有野外电力线的工频感应电磁场存在，所以，电缆的芯线对地常常有很高的工频感应电压，有时这种感应电压高达上百伏。芯线对地箝位动作电压必须高于这个电压值，否则，SPD

安装上去后，会因为工频高于电压超过芯线对地保护元件动作值而使通信工作无法进行。所以，在很多室外线路的场合要选择芯线对地电压 500V 等级的数据信号 SPD。同样，RS485、LAN 网卡、ADSL、E1 等线路接口处的 SPD 芯线对地箝位电压均有类似要求。对于不同的对地箝位电压采用对应的保护电路，如图 7-45 所示。

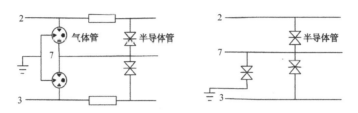

（a）地箝位电压为 500V 的保护电路　（b）地箝位电压为 500V 的保护电路

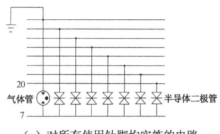

（c）对所有使用针脚均实施的电路

图 7-45　对不同的对地箝位电压采用对应的保护电路

3. RS485 接口 SPD

RS485 通信线路有 9 针电缆线路连接方式，但更多的是双绞线连接方式。对于不同的通信线路方式，可以采用不同的保护模式。一般来讲，最需要保护的针脚有第 3、7、4、9 号 4 个，但也有 1~9 针全保护的 SPD。由于 RS485 接口工作电压在 12V 以下，传输速率为 100kbits/s，工作频率范围内插入衰耗不大于 1dB，因此，对于 RS485 接口 SPD 的参数选择也应确定在：直流箝位电压不小于 12V、冲击箝位电压不大于 22V、传输速率不小于 1Mbits/s、耐雷电压不小于 1.5kV、耐雷电流能力不小于 3kA。RS485 接口 SPD 保护电路如图 7-46 所示。

4. LAN 网卡接口 SPD

网卡遭雷击事件发生频率越来越多，特别是在一些以 LAN 网络为公众客户开发宽带上网的居民区内，由于缺少必要的防雷接地措施，用户侧网卡和以太网交换机均经常遭雷击损坏。由于 LAN 网卡是以 4 对 7 芯的 5 类电缆中的第 3 线和第 6 线为一组，第 4 线和第 5 线为另外一组传输信号，因此，必须保护的线序为 3、6 和 4、5。对于 LAN 网卡 SPD 的参数选择应确定为：直流箝位电压不小于 11V、冲击箝位电压不大于 30V，传输速率不小于 100Mbits/s，工作频率范围内插入衰耗不大于 1dB、耐压能力不小于 1.5kV、耐雷电流能力不小于 5kA。LAN 网卡接口防护电路如图 7-47 所示。

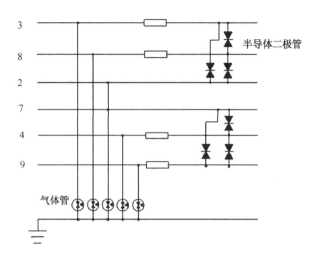

图 7-46　RS485 接口 SPD 保护电路

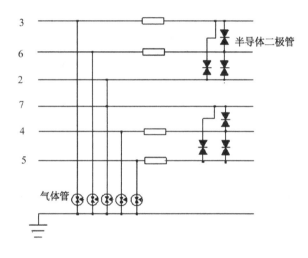

图 7-47　LAN 网卡接口 SPD 保护电路

5．E1 接口 SPD

E1 的 2Mbits/s 接口线路类型有双绞线型、同轴线型和 RJ45 网线型，但本质上均为收、发各一个回路，如图 7-48 所示为 RJ45 端口防雷器。E1 专线的信号电平一般不大于 3V，传输速率为 2047kbits/s，因此，E1 接口的 SPD 的参数选择应确定在直流箝位电压不小于 5V、冲击箝位电压不大于 20V、传输速率不小于 2Mbit/s、工作频率范围内插入衰耗不大于 1dB、耐压能力不小于 1.5kV、耐雷电流不小于 5kA。其他 $N \times 64$kbits/s 接口 SPD 防护要求类似，只是传输速率要求比 E1 低。

对于一些 DDN 专线 Modem，通信线路上工作电压高达 14V，使用的数据 SPD 必须采用与之相适应的元件参数，线间保护一般应考虑直流击穿电压下限大于 20V，冲击击穿电压大于 50V。

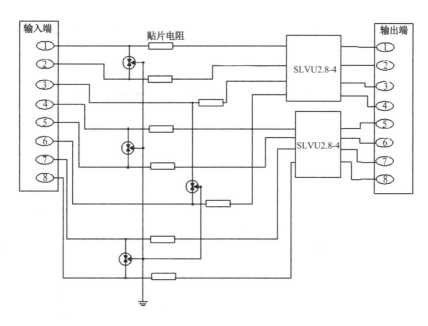

图 7-48 RJ45 端口防雷器

6. ADSL 宽带 Modem 接口 SPD

ADSL 线路的信号传输速率一般为 2～3Mbits/s，但由于在线路上同时有数据信号、话音信号、48V 直流电压、90V 铃流电压、170V 数据信号电压。因此，在选择 ADSL 用 SPD 参数时，在工作频率范围内插入衰耗不大于 1dB 时，除了传输速率不小于 3Mbit/s 外，其他防护指标应同普通电话线路最优水平一致。

7. 专线 Modem 接口 SPD

专线 Modem 有多种，主要用于远距离双绞线上传输接口信号，如 DDN 专线 Modem。这些 Modem 基本上不承载话音类业务，因此不需要考虑 48V 直流电压和 90V 铃流电压，仅需要考虑调制信号电压，DDN 调制信号电压为 14V 左右。专线 Modem 的耐压能力应不小于 4kV，耐雷电流应不小于 5kA。

8. 同轴线 SPD

普通同轴线接口 SPD，比如 BNC 型，有两种电路：一种是把外皮当作地，只考虑芯线对外皮的保护；另一种是外皮不直接接地，SPD 除了考虑芯线对外皮的保护外，还有外皮对地的保护。这种 SPD 由于通信线路上雷电冲击能量不很大，所以对耐雷电流能力也要求不高，一般耐雷电流 10kA 已足够，但由于通信频段高，对衰耗和驻波比要求比较高，一般要求工作频段插入衰耗不大于 0.2dB，驻波比不大于 1.1。

7.11.3 信号 SPD 的参数要求

（1）我国通信行业标准 YD/T 1235.1—2002《通信局（站）低压配电系统使用电涌保

护技术要求》关于交流 SPD 冲击测试电流分类的规定如表 7-4 所示，关于交流 SPD 限制电压的要求如表 7-5 所示。

表 7-4 交流 SPD 冲击测试电流分类的规定

冲击电流	SPD 类型				
	T 型（特高）	H 型（高）	M 型（中）		L 型（低）
I_n（7/20μs）	≥60kA	≥40kA	≥25kA	≥15kA	≥5kA
I_{max}（7/20μs）	≥150kA	≥100kA	≥60kA	≥40kA	≥15kA
U_{oc}（混合波）	—	—	—	—	≥10kA
I_{peak}（7/350μs）	≥25kA		≥15kA		≥15kA

表 7-5 限压特性的 SPD 的等级限制电压 U_B

最大持续运行电压 U_c	交流 SPD 的 U_B 上限值（V）					直流 SPD 的 U_B 上限值（V）	
	T 型（I_B=60）	H 型（I_B=40kA）	M 型		L 型（I_B=5kA）	H 型（I_B=5kA）	M 型（I_B=2kA）
			I_B=25A	I_B=15kA			
45V	—	—	—	—	—	425	250
52V	—	—	—	—	—	450	265
65V	—	—	—	—	—	500	325
75V	—	—	—	—	—	550	350
50V	待定	待定	待定	待定	待定	—	—
65V	待定	待定	待定	待定	待定	—	—
265V	2600	2100	1600	1250	950	—	—
320V	2750	2300	1600	1450	1150	—	—
375V	3200	2600	2000	1700	1400	—	—
420V	3450	2700	2200	1900	1600	—	—
460V	3600	3000	2500	2100	1650	—	—
510V	3950	3200	2600	2300	1900	—	—
600V	4400	3600	3100	2600	2300	—	—

（2）我国公安部标准 GA163—2004《计算机信息系统防雷保安器》关于三相交流 370V 电源防雷保安器限制电压的分级如表 7-6 所示。

表 7-6 三相交流 370V 电源防雷保安器分级表

	级 别	1	2	3	4	5
限制电压	标称放电电流为 40kA 的产品	≤2000V	≤1500V	≤1000V	≤500V	≤330V
	标称放电电流为 20kA 的产品	≤1500V	≤1000V	≤500V	≤330V	—
	标称放电电流为 10kA 的产品	≤1000V	≤500V	≤330V	—	—

（3）我国国家标准 GB 50343—2004《建筑物电子信息系统防雷技术规范》关于用于电源线路的浪涌保护的标称放电电流的规格参数如表 7-7 所示；电子信息工程电源系统的

分类如表 7-8 所示；配电线路各种设备耐冲击过电压的额定值如表 7-9 所示。

表 7-7　电源线路浪涌保护器标称放电电流参数值

保护分级	LPZ0 区域 LPZ1 区交界处		LPZ1 区与 LPZ2 区、LPZ2 区与 LPZ3 区交界处			直流电源标称放电电流（kA）
	第一级标称放电电流（kA）		第二级标称放电电流（kA）	第三级标称放电电流（kA）	第四级标称放电电流（kA）	
	10/350μs	7/20μs	7/20μs	7/20μs	7/20μs	7/20μs
A 级	≥20	≥70	≥40	≥20	≥10	≥10
B 级	≥15	≥60	≥40	≥20	10	直流配电系统中根据线路长度和工作电压选用标称放电电路≥10kA 适配的 SPD
C 级	≥12.5	≥50	≥20			
D 级	≥12.5	≥50	≥10			

注：SPD 的对外封装材料应为阻燃材料；第一级防护采用两种波形的说明见各说明文件。

表 7-8　电子信息工程电源系统的分类

设备名称	电源处的设备	配电线路和最后分支线路的设备	用电设备	需要特殊保护的电子信息设备	
耐冲击过电压类别	IV 类	III 类	II 类	I 类	
耐冲击过电压额定值	6kV	4kV	2.5kV	1.5kV	0.5kV

表 7-9　配电线路各种设备耐冲击过电压额定值

设备位置	电源处的设备	配电线路和最后分支线路的设备	用电设备	需要特殊保护的电子信息设备
耐冲击电压类别	IV 类	III 类	II 类	I 类
耐冲击过电压额定值	6kV	4kV	2.5kV	1.5kV

7.12　天馈线 SPD

7.12.1　天馈线 SPD 的设计要求

移动通信基站等无线通信用的天馈线的同轴线只有芯线和外皮，往往采用同轴线接口 SPD，比如 N 型，一般仅考虑芯线对外皮（地）的保护。由于移动通信往往采用特定高频段通信信号，比如 GSM 移动通信采用 700MHz 附近频段工作，而 CDMA 通信则采用 900～1700MHz 附近频段工作，对保护器件的电容、电阻参数极为敏感，不适合使用压敏电阻、半导体等电容大的器件。

在实际应用中，对于雷达、卫星接收机等具有收发天线的通信设备的收发射机来说，经常直接受到雷电电磁脉冲进入收发通道的干扰。此时接入天馈线 SPD 应保持收发射机与天线的最佳匹配，即天馈线 SPD 在满足频带要求的前提下，驻波系数和插入损耗应小到对收发射机和天线的匹配影响可以忽略不计。近年大多数天馈线 SPD 产品将驻波定为

≤1.15，插入损耗定为≤0.2dB，这是目前产品的最佳指标。

对天馈线 SPD 直接面临雷电辐射能量的侵入，一般要求承载能量的能力较大，同时也需要尽可能的最低残压。在微波频段通信设备的收发射机与大多是用 FET 器件，工作电压为 3~28V，故残压 40V 最佳。

天馈线一般安装在建筑物最高处，处于接闪竿防直击雷保护的 $LAZO_B$ 区，电磁辐射能量无衰减入侵，所以尽管大部分雷电流要沿引下线入地，但天馈线 SPD 仍要耐受很强的雷电流冲击。与普通同轴线 SPD 不同的是，天馈线 SPD 要通过很大的发射功率，一般达几十瓦甚至上百瓦。对雷电通流量的要求要视设备的直击雷防护接地的设计情况而定，考虑到同轴电缆对雷电电磁场感应有一定的屏蔽作用，以及内导体的电磁感应与同轴电缆外屏蔽的接地方式等因素相关，故合理的雷电通流量选择一般在 20kA 以上。

天馈线 SPD 有两种电路。一种采用电容值极小的大通流容量的气体间隙做保护，如图 7-49（a）所示；另一种则利用移动通信工作频率范围与雷电脉冲频率范围之间有很大差异的特点。无线通信工作频率在 2GHz 左右，而雷电脉冲频率则在 1MHz 以下。合理设计带通与带阻滤波电路，将雷电脉冲泄放到地，而不影响工作信号的传输，如图 7-49（b）所示。两种 SPD 在保护电压水平方面存在较大的差异，利用间隙进行保护时，雷击保护电压在 500V 水平，而利用电感、电容组成滤液电路时，保护水平可以限制在 60V 以下，所以，现在越来越多使用滤波电路做防雷保护 SPD，其外形结构如图 7-50 所示。

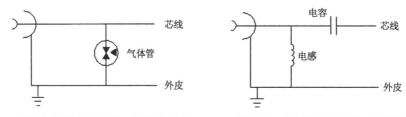

（a）利用间隙进行防雷的天馈线避雷器　　（b）利用滤波电路进行防雷的天馈线避雷针

图 7-49　天馈线 SPD 保护电路

图 7-50　常见天馈线 SPD 外形结构

7.12.2 天馈线 SPD 的分类

1. 天馈线 SPD 按频率分类（见表 7-10）

表 7-10　天馈线 SPD 按频率分类

频　段	可选择的设计方案
60GHz 以上	按分布参数设计，如 1/4 波长短路线、π 或 T 型微波高通滤波器、带通滤波器等。
2～6GHz	按分布参数设计或集中混合电路设计，如 1/4 波长短路线、π 或 T 型微波高通滤波器、带通滤波器等。
300MHz～2GHz	按分布参数和集中混合电路设计设计，如 1/4 波长短路线、π 或 T 型微波高通滤波器、气体放电管。
60MHz～300MHz	按分布参数设计，如 1/4 波长短路线、π 或 T 型微波高通滤波器、气体放电管。
中长波～60MHz	按分布参数和集中参数的混合电路设计，采用气体放电管、放电隙等。

2. 天馈线 SPD 按传输功率分类（见表 7-11）

表 7-11　天馈线 SPD 按传输功率分类

传输功率	适应的设备和频率范围	可选择的设计方案
0.5kW 以下	中长波、短波、超短波、移动通信微波通信、卫星通信等 0.1～3000MHz	按 2.1 节天馈系统 SPD 安频率分类中所描述的方案选择
1kW～5kW	中长波、短波广播发射机、电视发射机、0.1-870MHz	气体放电管、放电隙等；或 T 型微波高通；滤波器
5kW 以上	中长波广播设备	气体放电管、放电隙等

3. 天馈线 SPD 按应用分类

馈电型天馈线 SPD：天线塔身设有放大器或天线上设置有室外单元（ODD），需通过同轴电缆内导体馈送直流电，天馈线 SPD 应保证能够通过直流电而不影响 SPD 的防雷效果。这类通信系统有：卫星通讯部分 GSM、CDMA、移动通信系统和 GPS 等。

不馈电的天馈线 SPD：如气体放电管或间隙等。

7.13　低压电涌保护器 SPD 的安装

7.13.1　电源 SPD 的安装

电源线路的各级浪涌保护器应分别安装在线路进入建筑物的入口、防雷区的分界面和靠近被保护设备处。各级浪涌保护器连接导线应短直，其长度不宜超过 0.5m，并固定牢靠。浪涌保护器的接线端应在本级开关、熔断器的下桩头分别与配电箱内线路的同名端相线连接，浪涌保护器的接地端应以最短距离与所处防雷区的等电位接地端子板连接。配电箱的保护接地线（PE）应与等电位接地端子板直接连接。

带有接线端子的电源线路浪涌保护器应采用压接；带有接线柱的浪涌保护器宜采用接线端子与接线柱连接。

电源 SPD 在安装时，要用到的工具及附件有连接线、钳子、螺丝刀、万用表等。其中连接导线：L1——红色线、L2——黄色线、L3——绿色线、N——蓝色线、PE——黄绿线。如表 7-13 所示为导线的截面选择。

表 7-13 导线截面的选择

配电电源线（mm²）	≤35	50	≥70
连接电线	10	16	25
接地线	≥16	25	≥35

电源 SPD 的安装均为与负载回路的并联式安装，SPD 与供电系统及接地线的连接线长度应小于 50cm。如果现场情况达不到上述要求，可采用凯文接地方式，如图 7-51 所示。

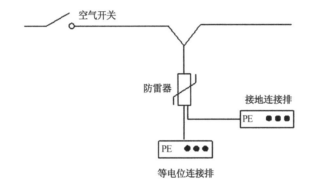

图 7-51 凯文接地方式

不可将已保护的线路与未保护的线路或地线进行布线，如果 SPD 安装于漏电保护器（RCD）的下方，应该注意当 SPD 动作时，不应出现跳闸现象，否则将防雷器安装于 RCD 上方，如图 7-52 所示。

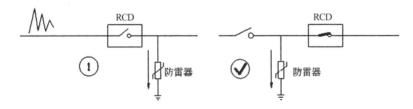

图 7-52 SPD 与 RCD 的安装示意

SPD 一般安装于大楼的主配电柜内，它并联于主断路器的出线侧，如图 7-53 所示。

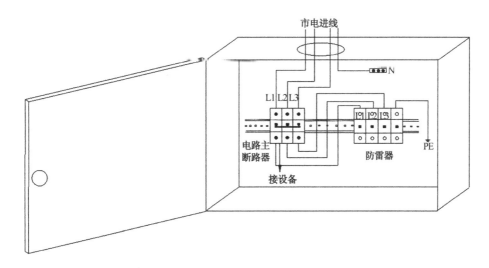

图 7-53 SPD 的安装位置

SPD 在安装时的连接线如图 7-54 所示。

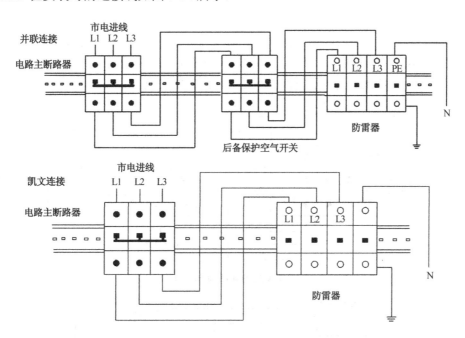

图 7-54 SPD 在安装时的连接线

开关型 SPD 用于第一级（B 级）电源防护，一般安装于主配电柜内；限压型 SPD 用于第二级（C 级）防护，一般安装于分路配电柜内或 UPS 的交流输入端。例如，OBO 的 V25-B 和 V25-C 并联安装于断路器的出线侧，如图 7-55 所示。

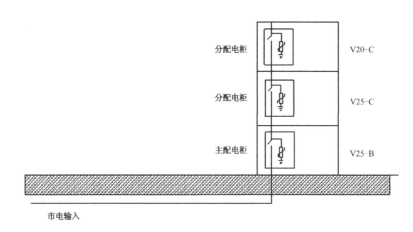

图 7-55　配电柜中 B、C 级的 SPD 安装

V25-B 和 V25-C 连接线的安装是将导线从主断路器的出线端，并出一路接入后备保护空开，再通过后备保护空开接入相应防雷器接线端，如图 7-56 所示。

第三级防雷保护可以用防雷保护插座，一般安装于被保护设备的前端，代替传统插座，如图 7-57 所示。

防雷保护插座的安装要确保防雷插座之地线端子有良好的接地。将防雷插座通电，则有绿灯亮起，表示防雷插座工作正常，将被保护设备接上防雷插座；如果防雷插座的状态显示灯绿灯灭，红灯亮，则表示防雷插座已损坏，需要更换。

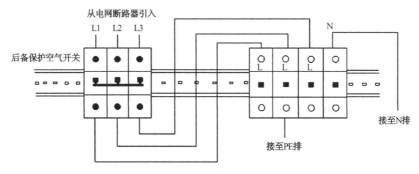

（a）V25-B/4 或 V20-C/4

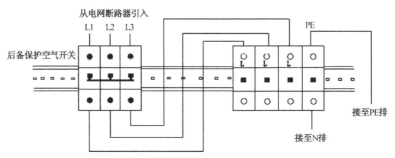

（b）V25-B/3+NPE 或 V20-C/3+NPE

图 7-56　V25-B 和 V25-C 连接线的安装

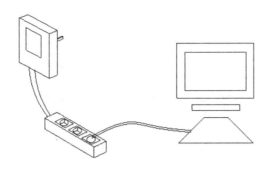

图 7-57　防雷插座的安装位置

7.13.2　信号 SPD 的安装

在进行信号 SPD 安装时，要用到的工具与附件有网络接头（如 RJ45、RJ11 水晶头）、压线钳、转接头、固定装置、万用表等。

例如，RJ45 信号 SPD 的安装，一般安装于被保护设备的前端，它是串联安装在线路上的。RJ45 接口 SPD 是形式上串联安装在通信线路上，本质上依然是防雷器件与保护接口之间的并联。SPD 本身配有接地线，如图 7-58 所示。

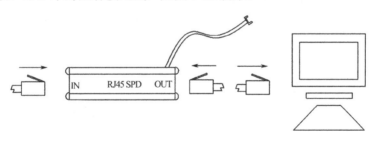

图 7-58　RJ45 信号 SPD 的安装

在使用信号 SPD 时，要确认信号线所使用的芯线编码是否与 SPD 的保护芯线编码一致。如果一致，直接将信号线的 RJ45 接头插入 SPD 的 IN 接线口，然后使用 SPD 所配有的短线连接线连接于 SPD 的 OUT 接口与设备接口之间。如果不一致，则需要进行跳线。例如，信号线引入，使用 1、2 芯线作为信号传输而 SPD 对 3-6/4-5 进行保护，则需要按图 7-59 进行跳线，将 1、2 线对跳至 4、5 或 3、6，后接入防雷器的 IN 接线口。

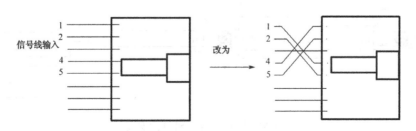

图 7-59　RJ45 信号跳线

SPD 的 OUT 接口与设备接口之间的连接短线，同样需要进行跳线，即将设备输入端的 4、5 线跳至 1、2 线后直接接入设备，如图 7-60 所示。

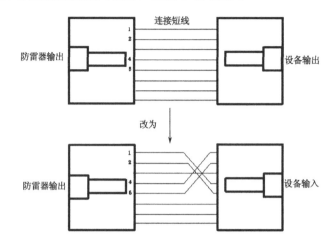

图 7-60　RJ45 接头跳线

在确保设备机壳有良好的接地时，可将 SPD 接地线直接接于机壳上，或接于接地排上，但引线不宜过长，如图 7-61 所示。

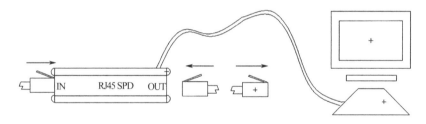

图 7-61　信号 SPD 的接地

同轴线信号 SPD 一般安装于被保护设备的前端，它也是形式上串联安装在线路上的，然后卡紧，如图 7-62 所示。

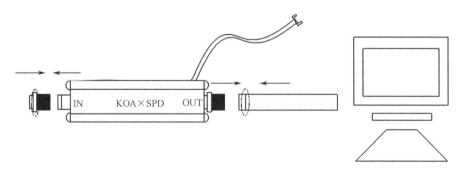

图 7-62　同轴线信号 SPD 的安装

在确保设备机壳有良好接地的前提下，将 SPD 地线接至设备机壳；否则，单独接至接地排上，但长度不宜过长，一般小于 50cm，如图 7-63 所示。如果信号线输入接口和设备输入接口的类型与 SPD 不统一，则需要加装转换接头。

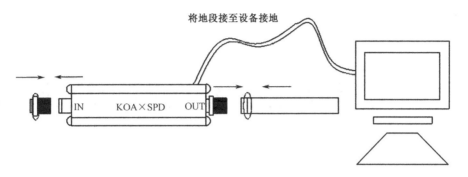

图 7-63　同轴线信号 SPD 的接地

7.13.3　天馈线 SPD 的安装

天馈线路浪涌保护器应安装在天馈线与被保护的设备之间，宜安装在机房内设备附近或机架上，也可以直接安装在设备射频端口上。

天馈线路浪涌保护器的接地端应采用截面积不小于 $6mm^2$ 的铜芯导线就近连接到 $LPZO_A$ 或 $LPZO_B$ 与 LPZ1 交界处的等电位接线端子板上，接地线应短直。

第 8 章

三相串联型电源防雷箱的设计

SPD 通常安装在每个雷电防护区进线入口处,把入侵线路的雷电流和雷电电磁脉冲在回路中产生的浪涌泄放到地,以保护人身安全和设备安全。

防雷箱按其在电路中的接入方式可分为串联型和并联型。前者串联在电路中,电源先通过防雷器再从防雷器连接到被保护的用电设备;后者并联在被保护设备的前端,或并联于被保护设备的电源开关处。如图 8-1 所示为两种防雷箱的接线方式示意。

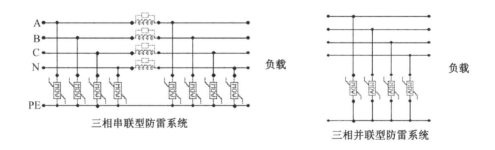

图 8-1 三相串联型、并联型防雷箱示意

串联型防雷箱是两级防雷器同时并联在电路上,两级防雷器之间通过电感耦合,使得前后二级进行能量匹配,电感具有延时的作用,使雷电能量在通过防雷器的过程中更多地通过前级泄放,其后级残压波形要优于并联型,前沿陡度得到大大的改善,波形平滑;残压值更低(可减少 5 倍左右),保护性能更好。

并联型防雷箱是简单的一级防雷器并联在电源电路上,残压较高,优点是可以不断电进行安装和维护,因此使用比较普遍。

8.1 热脱离机构原理

电涌保护器被工频电压、操作过电压、雷击感应过电压加载到了 SPD 的两端。除去 MOV 芯片制造过程中的瑕疵（如混有杂质、配方比例不正确、内部裂纹等），在电涌保护器的使用周期内，导致 MOV 芯片失效发热的原因有以下几方面。

（1）电涌保护器接入电力线路后，经受工频过电压、操作过电压、雷击感应过电压的多次冲击，MOV 芯片到达使用寿命，漏电流不断增加，最终引发热崩溃，导致过热。

（2）因工频电网故障导致在较长时间内（几毫秒）产生超过电涌保护器动作电压的工频过电压，造成 MOV 芯片被击穿，导致过热。

（3）线路中的雷电流超过 SPD 的标称通流容量或 SPD 即将失效时发生较强的雷击，造成 MOV 芯片被击穿短路，致使工频电流持续通过失效 MOV 芯片，导致过热。

（4）SPD 使用不当，启动电压过低与其接入的工频线路不匹配，因此，持续受到电网波动与操作过电压侵扰，引发 MOV 芯片热崩溃，导致过热。

MOV 芯片被击穿后，流过电涌保护器的电流将高达几安培，若不能及时从电路中脱离，有可能引起 MOV 的封装材料燃烧，极易引发火灾。因此，需要在电涌保护器中加装热脱离机构。

常用的热脱离保护机构，是将脱扣弹片用低温焊锡焊接在压敏芯片的金属电极（脱扣脚）上，当压敏芯片产生的热量使低温焊锡熔化时，脱扣弹片弹开，从而达到使压敏芯片乃至整个浪涌保护器从电路中断开的效果。这种保护机构能够在压敏芯片的漏电流增大到一定数值，导致发热劣化，但尚未被击穿时就将其从电路脱离，能够有效地消除起火隐患，是一种较好的保护方式。

衡量热脱离机构优劣的主要技术性能是脱离动作的"安秒特性"。它表示了与脱离动作对应的故障电流 I、故障电流的持续时间 T 之间的相互关系。试验表明，对于确定结构的热脱离装置来说，它的安秒特性一般符合下式：

$$\log I = I_0 - k\log T \tag{8.1}$$

式中，I_0 和 k 是两个常数，可将从两次测量中得到的 I、T 代入式（8.1）而求得。

通过分析式（8.1），可以看出热脱离机构的"安秒特性"应满足如下要求：热脱离器动作的故障电流小，故障电流的持续时间短。国家标准要求热脱离器的安秒特性应保证故障时 SPD 的表面温度低于 120℃，且在热脱离器动作 5 分钟后表面温度能降到 70℃ 以下。

热脱离器设计安装一些原则如下。第一，热熔焊锡的焊点应与 MOV 芯片有良好的热耦合，应直接设置在电阻片上；同样的道理，多个 MOV 电阻片并联，应在每个电阻片上分别设置热熔接点。第二，应尽量减少 MOV 电阻片劣化发热所产生的热量的损失，使这种热量尽快和尽量多地集中到热熔接点上。

8.2 压敏电阻的选型及配置

8.2.1 两级通流容量的配置

两级通流容量采用 100/20kA 配置，但在电路板上预留一定的空位，既可以防止实际测试结果不合格时重复制造电路板，又可以在客户对产品性能要求高时实现热备份功能。

8.2.2 压敏型号的选择

MOV 芯片的主体部分是一个陶瓷件，它主要包含 ZnO 化合物，还掺杂了其他的一些化合物，如铋、钴、锰、铬、锡等。在对 MOV 的研究中，经常使用通流密度 J（A/cm²）来衡量 I_{max}。一个面积为 S 的 MOV 芯片，它的 I_{max} 可以达到：

$$I_{max}=JS \tag{8.2}$$

其中，S 表示 MOV 芯片的两个电极间的表面积。根据这个简单的式子可以知道，要提升 I_{max} 有两种方法：提升通流密度 J、增加陶瓷件面积。

当 MOV 芯片的直径大于 20mm 且小于 60mm 时，易于生产并能很好地控制其厚度和通流密度；当 MOV 芯片的直径大于 60mm 时，能够但很难生产，且生产成本也随着面积的增加急速增长，比如现在通流容量最高的 70kA MOV 芯片，其市场价格在千元以上。

第一级电涌保护器的通流容量需要达到 100kA，而现在市场上 MOV 芯片通流容量最大的也只有 70kA，显然不能满足要求。根据电路并联分流的原理，可以将几个 MOV 芯片并联起来以达到设计指标。

通常选用型号为 34S621K 的压敏电阻，其电气性能如表 8-1 所示。

表 8-1 34S621K 压敏电阻电气性能

最大持续交流电压有效值	375V
压敏电压范围	620V
漏电流	两端施加 75%压敏电压时流过 MOV 的电流 I 稳定且小于 10μA
标称通流容量	20kA
最大通流容量	40kA

8.2.3 压敏芯片配对

在电涌保护器的生产过程中，一般要求对 MOV 芯片进行配对，可以改善均流性，降低残压并规避风险，这里的风险是指因为电流的不同步性，先击穿的 MOV 芯片有可能在另一个 MOV 芯片被击穿前就已经被大电流烧毁了。均流性的含义是流入 MOV 的冲击电流可以平均地分配给每个包含 MOV 芯片的并联支路。

一般采用两种简单的方法来对 MOV 芯片进行配对：一种是用 MOV 芯片测试仪来测量每个 MOV 的 U_{1mA}（直流参考电压）和 I_1（漏电流），然后挑选这两个值比较接近的进行配对（不超过 1%）；另一种是对每个 MOV 芯片进行冲击电流测试，然后挑选其中 V—I 特性曲线比较接近的进行配对。

因为电流的显著差异只存在于低冲击电流中，而如此低的冲击能量一个 MOV 芯片完全可以吸收，并且对 MOV 芯片进行配对会增加工序及成本，所以，对 MOV 进行配对是完全不必要的。

8.3 热脱离机构设计

为了防止因 MOV 芯片起火造成火灾，在压敏芯片漏电流增大到一定数值，已发生劣化，但尚未被击穿时应尽快使其脱离电路，在电涌保护器中实现此种功能的装置称为热脱离机构。目前，电涌保护器中采用的热脱离机构多为机械型，即将弹性元件（弹簧、弹片等）用低温焊锡焊接在 MOV 芯片的出线端，当 MOV 芯片劣化发热时，低温焊锡熔化，弹性元件动作使 MOV 芯片从电路中脱离。本设计采用弹片作为弹性元件。

电涌保护器的热脱离机构设计应遵循 GB 17702.1—2002《低压配电系统的电涌保护器（SPD）第一部分：性能要求和试验方法》中的相关条款进行。总体来说，热脱离机构应满足以下条件。

（1）能够通过耐热试验，即在环境温度为 70±5℃ 的加热箱中保持 24 小时，热脱离结构不动作。

（2）在动作负载试验时，脱离机构不应动作；试验后，脱离机构能正常工作。

（3）热稳定试验时，电涌保护器的温度总低于 120℃；脱离机构动作 5 分钟后，电涌保护器的表面温度应低于 70℃。

（4）在脱离机构动作之后，该电涌保护器应具有明显、有效和永久断开的迹象。

对于并联型电涌保护器，IEC 60366.5.534 推荐每个电涌保护器均有一个脱离器，可以提高供电可靠性。因此，每一个 MOV 芯片均搭配一个热脱离机构，可以使电涌保护器的可靠性更高。

8.3.1 脱扣弹片材料的选择

要取得良好的脱扣性能，应尽量减少压敏芯片劣化发热所产生的热量损失，使这些热量迅速和尽量多地集中到脱扣焊点上，所以，脱扣弹片应选用高热扩散系数和低导热率的金属材料制造。

以一定的温度加热压敏芯片的脱扣焊点时，脱扣弹片的热扩散系数越高，脱扣焊点的温度达到稳定状态的速度就越快，这样就能够有效减少脱扣所需的时间；脱扣弹片的导热率越高，热量在其上的分布也就越均匀，而这对于脱扣速度而言是不利的。如表 8-2 所示为几种常见金属的热扩散系数和导热率。

表 8-2 几种常见金属的热扩散系数和导热率

材　料	导热率（W/(m·K)）	热扩散系数（m²/s）
银	429	1.765
铜	401	1.140
金	317	1.172
铝	237	0.960
铍青铜	195	0.775
铁	70	0.197
锡	67	0.393

从表 8-2 中可以看出，铜的热扩散系数较高并具有良好的热分布，且从经济性考虑，宜采用铜作为脱扣弹片的金属材料。但铜的导热系数很高，且硬度偏软，抗疲劳性不好，难以在较长的使用时间里保持良好的弹性。

铍青铜是铍铜合金，且在所有的铍合金中是用途最广的一种；同时，铍青铜是一种沉淀硬化型合金，经过固熔时效处理后具有很高的强度、硬度、弹性极限和疲劳极限，弹性滞后小，并具有耐蚀、耐磨、耐低温、无磁性、高导电性、冲击无火花等特点。

综上所述，实际应用中通常采用铍青铜作为脱扣弹片材料。

8.3.2 脱扣弹片上的热传导分析

热量在脱扣弹片上的传导过程可以从横向与纵向两个方面讨论，如图 8-2 所示。

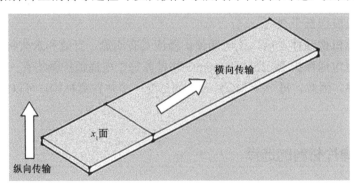

图 8-2 弹片上热量的横向与纵向传输

1. 纵向热传导过程

纵向热传导过程是指由压敏电阻产生的热量沿着垂直于焊接面（x_1）的方向，通过其脱扣引脚传递到焊接面背面（x_2）的过程。

$$v = \frac{T_2 - T_1}{t} = \frac{\lambda}{pC} \frac{\left[\left(\frac{\Delta T}{\Delta x}\right)_1 \left(\frac{\Delta T}{\Delta x}\right)_2\right]}{\Delta l} \quad (8.3)$$

式中，$v = \dfrac{T_2 - T_1}{t}$ 为脱扣弹片的温度升高速度；$\dfrac{\lambda}{pC}$ 为脱扣弹片热扩散率；$\dfrac{\left[\left(\frac{\Delta T}{\Delta x}\right)_1 \left(\frac{\Delta T}{\Delta x}\right)_2\right]}{\Delta l}$ 为 Δl 中温度梯度的变化率，取决于温度在该时刻的分布。

2. 横向热传导过程

横向热传导过程即热量从脱扣弹片与 MOV 芯片焊接的一端（减去焊接部分）传递到另一端的过程。设脱扣弹片的体积为 V，则其横向传导过程传递的热量 q_h 为

$$q_h = Pt = pCV(T_t - T_0) = pCS'l(T_t - T_0) \quad (8.4)$$

由式（8.4）可以看出，在脱扣弹片的材料一定时，脱扣弹片达到稳温度 T_t 的时间 t 与弹片的表面积 S' 成正比，即弹片的表面积越小，其升温也就越快。

3. 弹片整体热传导分析

由脱扣弹片纵向热传导分析可以看出，弹片的纵向热传导过程仅与其金属材质有关，材质的热扩散率越高，弹片温度升至脱扣所需要的温度也就越快；而弹片的横向热传导过程在弹片材质一定时则仅与弹片的表面积相关，其表面积越小，对热量传导的阻碍作用也就越明显，则热熔焊接点升至脱扣温度的时间也就越短。

压敏芯片的脱扣时间取决于脱扣弹片的纵向热传导过程。如果将压敏芯片传至脱扣弹片的热量视为一个整体 q，则 $q = q_h + q_v$，横向传导热量 q_h 越小，则纵向传导热量 q_v 越大，脱扣时间越短。因此，减小脱扣弹片的表面积可以有效地缩短脱扣时间。但是，减小弹片的表面积会减弱其通流能力，从而使整个 SPD 的残压值增加。

8.3.3 脱扣弹片结构设计

在实际应用中比较常见的脱扣弹片结构有三种，即普通型、圆孔型、缺口型，如图 8-3 所示。

三种弹片结构脱扣性能的优劣分析采用试验与仿真结合的方式，如图 8-4 所示。由图 8-4 的模拟结果可以看出：在材料相同的条件下，脱扣弹片的脱扣性能主要由其表面积决定，即弹片的表面积越小则脱扣时间越短。在常见的弹片结构中缺口型及普通型的

弹片对电涌保护器脱扣性能的提升并不理想，而圆孔型弹片能显著地阻碍热量传输，缩短脱扣时间，因此宜选用圆孔型脱扣弹片。

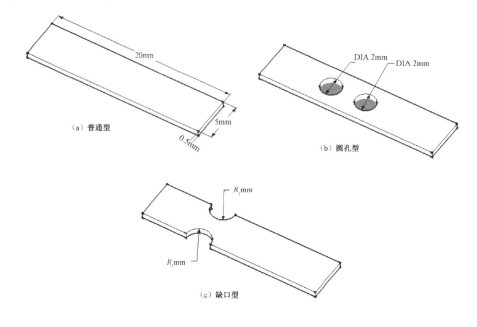

图 8-3　三种常见脱扣弹片结构

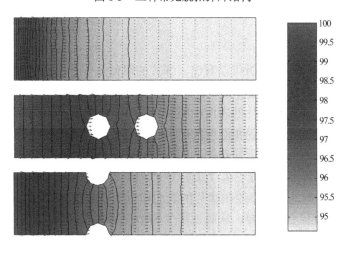

图 8-4　弹片上热量横向传输仿真

8.3.4　低温焊锡的选择

当 MOV 芯片由于各种原因发热时，由于 MOV 外层一般是树脂封装，树脂绝缘层的导热率相比 MOV 芯片脱扣电极的导热率要小得多，因此，可以近似认为 MOV 芯片产生的热量只通过脱扣电极向外部传导，即 MOV 芯片内部温度可由脱扣电极准确反映。

目前最常用的热熔断材料就是低熔点合金，其选择往往能决定脱扣装置的优劣。低于

173℃且高于 50℃的熔点称为焊锡的低温熔点,大多数符合这一要求的合金都是由以下几种成分组成:Sn(锡)、Pb(铅)、Bi(铋)、In(铟)和 Cd(镉),低熔点合金的选择应注重以下几点。

(1)可浸润性。在焊接中浸润性是很重要的,因为它保证了焊接点不会从焊接界面脱开。

(2)长期稳定性。随着时间的流逝,因为微结构变化,晶粒生长和再结晶使得低温焊点的机械性能会发生变化,因此,要确保这些变化是缓慢和稳定的,不能使焊点的机械性能达到不能接受的程度。

(3)实用性。合金在量产时应该价廉且可以大量采购得到,也能做成焊锡膏,而且要有相应的助焊剂配合使用。根据欧盟 ROHS 标准,其毒性要尽量低。

根据 GB 18802.1—2002,必须选择熔化温度为 120℃左右的低温焊锡。通常选择的某公司低温焊锡产品特性如表 8-3 所示。

表 8-3 低温焊锡特性

化学成分	56.74%Bi、41.16%Sn、2%Pb
液相温度(℃)	133
固相温度(℃)	127

8.3.5 热脱离结构整体设计

在实际应用中,由于制造工艺问题,很难将使脱扣弹片在电路板上的焊接位置保持一致,这就导致脱扣弹片的弹力大小不一,在压敏芯片达到脱扣温度时弹片过早脱扣、虚脱扣或者不脱扣,后两者危害尤其大,容易造成火灾隐患。为了克服这个问题,应该从脱扣弹片的焊接工艺上着手。

焊接工艺上可控的有两个方面,即脱扣弹片的安放位置、脱扣脚与弹片之间的焊锡厚度。但是,在实际操作中,以人工焊接的方式去控制焊锡厚度是很难做到完全精确的。如图 8-5 标注部分是本设计所做的一个工装,在电路板上预留其放置位,进行压敏电阻和脱扣弹片的安装时,首先放置工装,便可相对精确地控制两者的高度及位置。

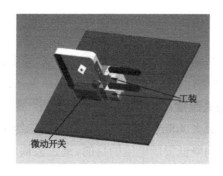

图 8-5 热脱离结构总体设计

深色部分标注是一个微动开关,主要起脱扣报警电路的开关作用,但借助其弹力也能有效地增加弹力的一致性。

8.4 去耦装置设计

雷电波在导线中的传播速度为

$$v = \frac{1}{\sqrt{L_0 C_0}} \tag{8.5}$$

式中,L_0 为单位长度导线的电感,C_0 为单位长度导线的电容。雷电波在典型导线中的传播速度为 1.5×10^7 m/s。一般来说,MOV 芯片的响应速度约为 25ns,因此,为了保证前级防雷器首先动作,两级保护器之间的线路距离应该为

$$s = vt = (1.5 \times 10^8) \text{m/s} \times (25 \times 10^{-9}) \text{s} = 3.75 \text{m} \tag{8.6}$$

另外,综合响应时间的不确定性及不同 MOV 芯片中的个体差异,因此 GB 50343—2010《建筑物内电子信息系统防雷技术规范》中规定两级限压型电涌保护器之间的距离不宜小于 5m。

然而,每米导线的电感大约为 1.5μH,因此,两级间的去耦元件应满足

$$L = 1.5 \times 5 = 7.5 \mu\text{H} \tag{8.7}$$

8.5 防雷箱电路设计

防雷箱的电路设计分为主电路部分和辅助电路部分,其中,主电路部分是防雷箱的核心,实现过电压保护功能;辅助电路部分包括雷击计数、电源指示、遥信告警三个部分,可以根据客户需求自行选配。

8.5.1 主电路设计

主电路设计采用 "4+0" 模式,可适用于 TT、TN-C 等电源系统,如图 8-6 所示。为提高安全性,选用最大持续运行电压为 375V,启动电压为 620V 的压敏电阻器;为达到标称 70kA、最大 160kA 的通流量,并考虑均流系数影响,第一级承担主要泄流的功能,故应选用单片标称 20kA、最大 40kA 的芯片共 5 只,第二级主要功能是将第一级泄流后的高峰值电压箝位,从而达到降低限制电压的目的,通过去耦电感实现,根据分析使用 7μH 的去耦电感线圈。

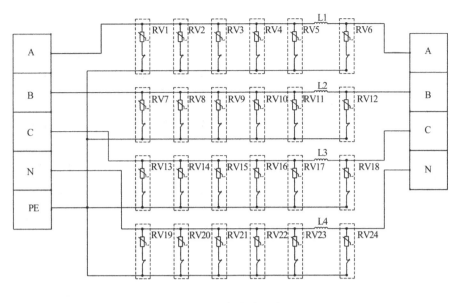

图 8-6　主电路示意

8.5.2　辅助电路设计

1. 电源指示电路设计

当各相电源正常时，通过 75kΩ 电阻降压，使回路电流达到 3mA，是显示电源正常工作状态的绿色 LED 的工作电流，当电源故障时，绿色指示灯熄灭。

劣化指示采用的是红灯，每一个压敏的状态都由一个微动开关反馈。当压敏电阻老化后，由于漏电流增大，压敏发热，簧片低温焊锡丝处过热脱离，簧片的位置与微动开关关联。当压敏正常时，微动开关节点为常开；压敏劣化后，节点变为常闭。因为使用环境的常规性，并不需要任意一个压敏劣化时就发出指示，因为即使有个别压敏劣化，劣化后的压敏立即在簧片低温焊锡处与电源回路彻底脱离，而剩余的压敏仍可实现防雷功能，故本方案劣化指示的方式采用串联后并联的方式，即当第一级 5 个压敏全部劣化或者后级压敏劣化后，红色指示灯才会亮起的指示方式，该回路同样采用 75kΩ 电阻降压。电路示意如图 8-7 所示。

2. 遥讯报警电路设计

本设计提供远程遥信功能，即当防雷箱失去防雷功能后，提供一组常开或常闭干接点信号，向远端控制处发出信号，提醒更换防雷箱。同时，给三极管 VT2 的基极注入电流，使三极管 VT2 开始工作，继电器 K1 所在回路导通，继电器状态发生翻转，从而实现遥信告警功能，如图 8-7 所示。

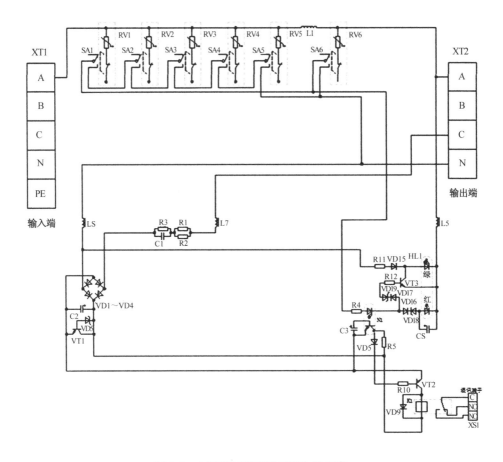

图 8-7 电源指示及遥讯报警电路示意

3. 雷击计数电路设计

从设计角度，由于是"4+0"方式，所以，无论是 A、B、C、N 都是对 PE 放电，所有的电流都会流过 PE 线，故采样点选在 PE 上。通过一个带磁芯的耦合线圈，见图 8-7 中的 L9，对流过 PE 线的电流进行耦合，耦合电流的大小取决于线圈匝数，一般希望在 PE 线上流过至少 1kA 脉冲电流时开始计数。这里，线圈匝数为 7 匝，耦合过来的电流首先通过一个启动电压为 200V 的压敏电阻（R25）进行限压，再通过一个桥堆进行整流，整流后电容 C7 再进行滤波，使电压稳定于 12V，进而可以驱动 12V 干簧继电器进行动作。计数器（PC1）的动作是通过继电器节点实现的，当继电器节点在继电器动作后，常开触点变为常闭，继电器每动作一次，即节点状态每翻转一次，计数器进行计数一次。电路示意如图 8-8 所示。

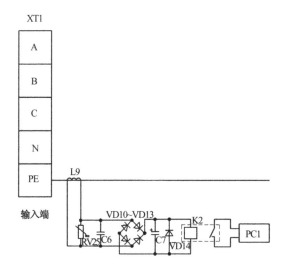

图 8-8 雷击计数电路示意

反侵权盗版声明

电子工业出版社依法对本作品享有专有出版权。任何未经权利人书面许可，复制、销售或通过信息网络传播本作品的行为；歪曲、篡改、剽窃本作品的行为，均违反《中华人民共和国著作权法》，其行为人应承担相应的民事责任和行政责任，构成犯罪的，将被依法追究刑事责任。

为了维护市场秩序，保护权利人的合法权益，我社将依法查处和打击侵权盗版的单位和个人。欢迎社会各界人士积极举报侵权盗版行为，本社将奖励举报有功人员，并保证举报人的信息不被泄露。

举报电话：（010）88254396；（010）88258888
传　　真：（010）88254397
E-mail：   dbqq@phei.com.cn
通信地址：北京市万寿路173信箱
　　　　　电子工业出版社总编办公室
邮　　编：100036